# 長野電鉄百年探訪

公文書・報道・記憶でたどる地方鉄道の歴史

今尾恵介 著

信濃毎日新聞社

# 長野電鉄鉄道事業の基盤をつくった恩人たち

## ～今後も事業を続けていくために～

長野電鉄代表取締役社長　笠原　甲一

当社創立１００周年が２０２０年5月30日に当たることを記念して、地図研究家・今尾恵介氏に執筆いただいた内容に加え、公募した「長野電鉄思い出エッセイ・作文」の優秀作品を併せて収録し、本書を出版する運びとなりました。序文を記すに当たり、当社１００年の歴史において、特に鉄道事業の現在の基盤をつくっていただいた恩人４人を、私なりに選び書きとどめておきたいと思います。

まず初めに、長野電鉄の創業者・神津藤平（こうづとうへい）であります。

日本有数の製糸業を誇った須坂にとって、明治21年に千曲川の対岸に敷設された国鉄信越線とのつながりは悲願であったが、大正11年6月に河東鉄道を須坂―屋代間で実現させた。そして、当初こそ蒸気機関車による運行であったが、電力による運行を見越して架線スペースを確保したトンネルや自前の発電所を建設、さらに電圧も当時の国鉄がまだ蒸気主流、電車であっても６００～１２００Ｖ（ボルト）のところを、現在の在来線でも使われる１５００Ｖを創業時から採用した。電気設備も、変電所の水銀整流器や架線を張る四角鉄柱は当時の最先端を行くもので、特に鉄柱は多くが現在も健在である。

２０１９年10月、当社線エリアに洪水の被害をもたらした台風19号においても、線路の冠水箇所はなく、鉄道敷設においても優れた技術が駆使されていた。常に時代の先を見る慧眼（けいがん）を持った素晴らしい経営者であった。

２人目と３人目は、長野線建設当時の長野市長・丸山弁三郎（まるやまべんざぶろう）氏と吉田町長・倉澤（くらさわ）与吉郎（よきちろう）氏。現在の主幹線で、北信濃の大動脈でもある須坂―長野間を結ぶ長野線敷設の立役者となった２人です。

河東鉄道により須坂―屋代間がつながったが、それまで須坂で作られた生糸等は、人馬による運搬で千曲川を渡り、信越線吉田駅（現北長野）が集積地となって吉田町は大いに繁栄した。信越線開通当初には豊野―長野間に駅はなく、両駅は須坂から荷を持ち込むにはあまりに遠かった。須坂の製糸業者を挙げて吉田町に新駅設置を請願した結果、吉田駅が明治31年に実現したが、河東鉄道の開通で集積地が屋代に移ると、吉田町は寂れてしまった。

折しも、丸山市長は市勢発展のために吉田町、芹田村、古牧村、三輪村の1町3ヵ村の編入合併をもくろんでいたが、鉄道の威力を目の当たりにした倉澤町長が丸山市長に「吉田町に電車を通してもらわなければ、合併に同意しない」と条件を提示、大長野市を構想する丸山市長も積極的にこれを支持し、株式募集や建設費1割負担などを条件にして神津社長に敷設を懇請した。こうした丸山市長、倉澤町長の熱意が礎となって長野線が実現し、現在も走り続ける路線となっているのである。

最後は、長野線長野駅から2キロ余の地下区間実現に道筋を付けた元長野市長・夏目忠雄（なつめただお）氏です。

昭和40年代は東京オリンピックの終了と軌を一にして、モータリゼーションの波が地方に押し寄せてきた時期であった。長野市街地の踏切も、車が増える中で渋滞が顕在化した。一方、当社の鉄道収入は昭和41年、バスは46年をピークに落ち込んでいった。長野線の連続立体交差化事業が浮上したのは、このような社会情勢の時だった。昭和50年2月、当社は長野県と事業実施協定書を締結、同年3月には起工式を行い、7月には地下鉄の工事事務所を開設して急速に動き出した。

とはいえ、立体交差の方式を高架にするか地下にするか――。この選択は重く、輸送事業が不振の折、費用の捻出は死活問題であった。

当社が日本交通技術(株)に依頼した概略設計書によると、高架方式の工事費は

18億円で、完成後は高架下を店舗、倉庫、駐車場として活用できるメリットがあった。対して地下方式の工事費は33億円と膨らむ上に、車両不燃化のために保有車両50両のうち29両を大幅に改造する必要も生じ、その改造費も6億円が見込まれた。地下の場合の総額は、実に高架の2倍以上との試算であった。

しかし、都市改造に非常に熱心な夏目市長から「長野電鉄の実情を踏まえ、迷惑のかからないようにするから、将来の長野市を展望して地下方式の方向で検討してもらいたい」との要請があった。さらに2年後には、最終的な市側の結論として①建設費の負担は最大限でも高架化の場合以上としない、②車両改造にかかる資金の手当てについては十分配慮する——等、数項目が提示され、地下方式に同意するに至った。投資費用に対する夏目市長の配慮、決断があってこその地下化であった。

以上が当社鉄道事業の基盤を築いた恩人の方々でした。

われわれはこれらの恩人の方々と、当社にまつわる思い出のエッセイを寄せていただいた皆さま、当社をご利用いただいているお客さまに対しての感謝、そして地域への感謝の気持ちを忘れずに、今後も安全に事業を続けていきたいと思っています。

最後に、今尾恵介氏、本書の企画から編集、執筆まで尽力いただいた信濃毎日新聞社出版部・内山郁夫氏、また「思い出エッセイ・作文コンテスト」審査員を務めてくださった堀井正子氏に、感謝申し上げます。

目次



●本扉の写真
地上線時代の権堂駅舎（昭和40年）と、歴代会社の社章（上から河東鉄道、長野電気鉄道、現在の長野電鉄）

Column



## 資料編



## 第3章 私と長野電鉄
### ～思い出エッセイ・作文コンテスト秀作選～



▼表見返し　長野電鉄鳥瞰絵図　村松　昭
▼裏見返し　長野電鉄線路縦断面図・略平面図　今尾　恵介

# 長野電鉄 路線図

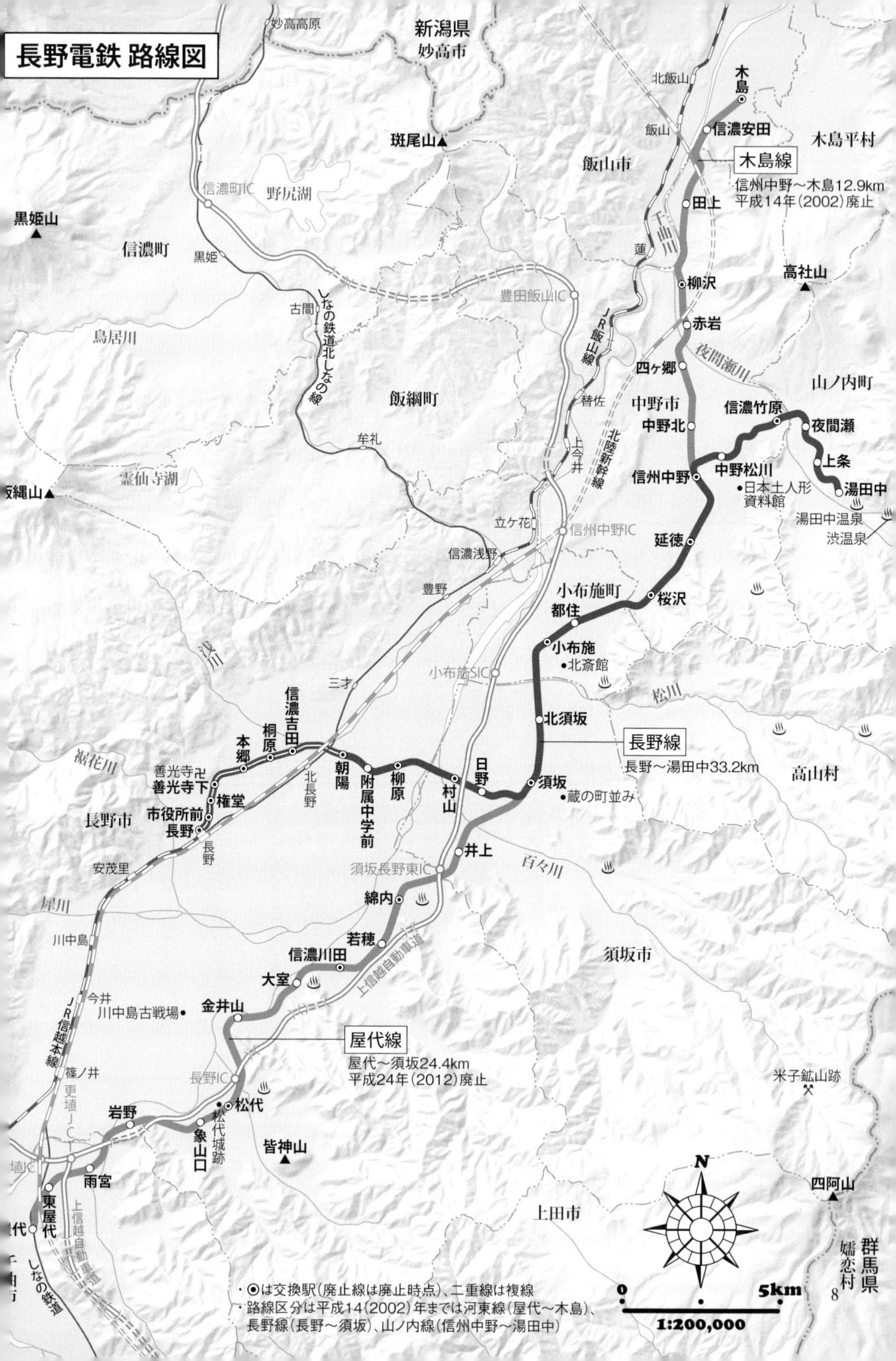

新潟県
妙高市
妙高高原
北飯山
木島
信濃安田
飯山
斑尾山
木島平村
飯山市
木島線
信州中野〜木島12.9km
平成14年(2002)廃止
信濃町IC
野尻湖
黒姫山
田上
千曲川
信濃町
黒姫
蓮
高社山
柳沢
豊田飯山IC
古間
しなの鉄道北しなの線
鳥居川
JR飯山線
赤岩
夜間瀬川
四ヶ郷
山ノ内町
飯綱町
替佐
中野市
信濃竹原
夜間瀬
中野北
牟礼
上今井
北陸新幹線
上条
中野松川
信州中野
湯田中
日本土人形資料館
霊仙寺湖
飯縄山
湯田中温泉
渋温泉
立ケ花
信州中野IC
延徳
信濃浅野
豊野
小布施町
桜沢
都住
小布施
北斎館
浅川
小布施SIC
三才
松川
北須坂
信濃吉田
桐原
本郷
長野線
裾花川
善光寺
善光寺下
朝陽
附属中学前
柳原
村山
日野
須坂
長野〜湯田中33.2km
高山村
北長野
権堂
蔵の町並み
市役所前
長野
長野市
井上
須坂長野東IC
百々川
安茂里
犀川
綿内
川中島
若穂
信濃川田
上信越自動車道
須坂市
大室
今井
川中島古戦場
金井山
JR信越本線
屋代線
屋代〜須坂24.4km
平成24年(2012)廃止
篠ノ井
長野IC
松代
米子鉱山跡
更埴JCT
岩野
松代城跡
象山口
皆神山
埴IC
雨宮
東屋代
四阿山
上田市
屋代
群馬県
嬬恋村
しなの鉄道
N
0
5km
1:200,000
・◉は交換駅(廃止線は廃止時点)、二重線は複線
・路線区分は平成14(2002)年までは河東線(屋代〜木島)、長野線(長野〜須坂)、山ノ内線(信州中野〜湯田中)

# 第1章 鉄道省公文書と地図で読む長野電鉄創成期の歩み

今尾 恵介

鉄道の敷設は今も昔も全て許認可事業であり、路線の設定から駅の設置、ほんの少しの車両や構造物の設計変更に至るまで、許可が得られなければ先に進まない。長野電鉄が創設され、路線を延ばす過程でも、膨大な数の文書が国に提出されたが、それらをめくっていくと経営者の思惑、発展を望む地域の期待、さらには路線の延伸や事業継続の難しさを読み取ることができる。長野電鉄が北信濃を舞台にどのような夢を描き、実現してきたのか——。国立公文書館に保管されている公文書を、当時の地形図等と突き合わせながら読み解いていく。

完成した村山橋。千曲川に架かる7連トラスが美しい。大正15年（長野電鉄提供）

▷本文中、公文書の引用部分は文字を黄土色にした▷引用部のうち、特に戦前のものは句読点がないため、読みやすさを考慮して適宜加えたほか、漢字は現代字に改めた箇所がある▷原典の明らかな誤りと思われる箇所、また補足説明は必要に応じて文中［ ］内に補記した▷本文中に併用の地図は、特記あるもの以外は著者所蔵

# 河東地域へ鉄道を敷く

## 信州へ伸びてきた鉄道

〽吾妻（あずま）はやとし日本武（やまとたけ）
嘆（なげ）き給（たま）ひし碓氷山（うすいやま）
穿（うが）つ隧道（トンネル）二十六
夢にもこゆる汽車の道

長野県歌「信濃の国」6番に登場する歌詞である。信越本線随一の難所として知られた碓氷峠の区間であるが、穿たれたトンネルが26の数字とともに詠（うた）われているのは、そこに例外的な急勾配が存在したためだろう。

この区間はふつうの機関車ではまったく太刀打ちできない勾配1000分の66・7（66・7‰（パーミル））が採用された。レールの間には歯の刻まれた特別なレールが3列接して敷設され、これに車両側の歯車をかみ合わせてよじ登る。日本で初めて採用された「アプト式」だ。スイス出身のカール・ローマン・アプトCarl Roman Abt（1850〜1933）が発明した

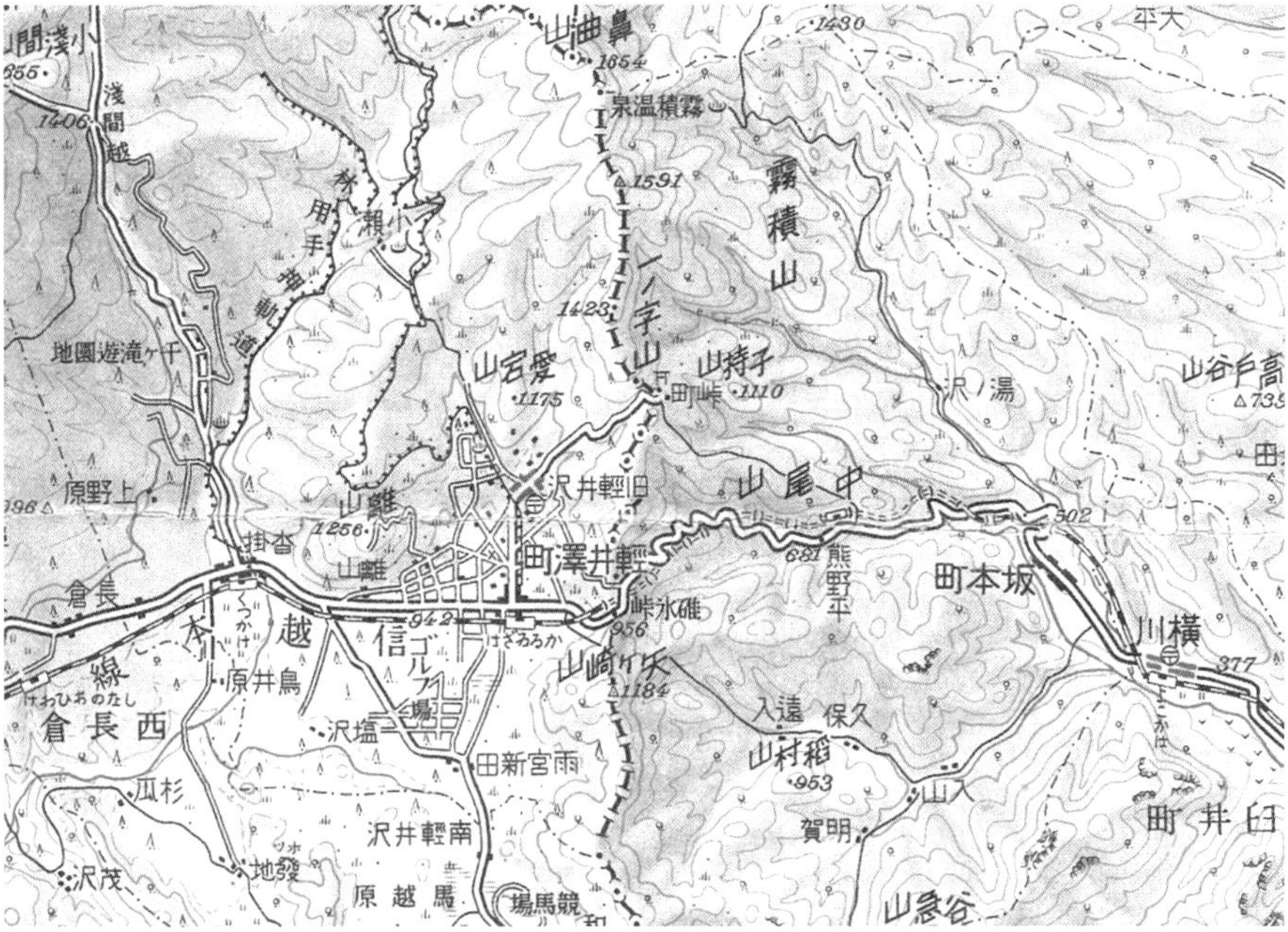

アプト式時代の信越本線横川—軽井沢間とその周辺。1：200,000 帝国図「長野」昭和11年修正

この登山鉄道システムは、初めて採用したドイツのハルツ鉄道の運行開始が1886（明治19年）だから、同26年に碓氷峠に開通した時点ではまだ最新のシステムだったのである。

本家たるドイツから輸入したアプト式蒸気機関車は、横川─軽井沢間のわずか7マイル（約11・3キロ）を実に75分もかけ、喘ぎながら上ったため、平均すれば時速わずか9キロにすぎなかった。トンネル内でひたすら〝煙責め〟に耐え忍んだ乗客からすれば、それぞれは短いはずの26のトンネルも、早く抜けてくれと恨めしい限りであったに違いない。75分といえば、今なら北陸新幹線「かがやき」に東京駅から乗って「間もなく長野」という車内放送がそろそろ流れるほどの時間である。

官営鉄道・横川─軽井沢間の開通は、明治26年（1893）という全国的に見ても早い時期だが、のちに信越本線となる区間では高崎─横川間が明治18年（1885）、関山─直江津間が翌19年と南北から工事が進み、軽井沢─直江津間は同21年に開通した。難所の横川─軽井沢間の完成で、上野から直江津に通じる「列島横断線」が初めて実現したのである。

明治の初期にあって、東京から大阪までを結ぶ東西幹線鉄道の経由地をめぐっては議論があった。東海道と中山道のいずれに沿った線を採用するかであるが、まず明治9年（1876）に英国人技師リチャード・ボイル Richard Vicars Boyle（1822〜1908）が推したのは中山道ルートであった。日本の真ん中に通すことにより、後で途中から支線を両側へ伸ばせば太平洋、日本海のどちら側の地域にも利便を提供することになる、という論理である。

地形が日本よりはるかに緩やかなアイルランドで生まれ育った人であるがゆえにそう考えたのかもしれないが、中山道経由は同16年に正式に決定した。しかも、その決定前にすでに着工していた日本鉄道中仙道線が上野─熊谷間を明治16年（1883）7月に開業、翌17年には高崎まで延伸した。そこから先は官営鉄道として横川まで同18年という速いペースで突き進んでいる。西欧に一刻も早く追い付き、近代化を遂げようとする明治政府の「スピード感」を象徴しているようだ。

### 資材陸揚げ地点――長野への鉄道は直江津から

当時は日本初の地形図「迅速測図」も、作成されたものは関東地方の主に平野部のみで、線路を敷くべき地形の詳細は実際に測量するまでよくわからなかった、というのが正直なところだろう。調べるほどに中山道ルートの急勾配が鉄道の敷設には到底向かないことが判明、明治19年（1886）に中山道ルートは撤回され、東海道経由に決まる。

明治期の鉄道建設にあたっては、資材の陸揚げ地点が問題となった。当然ながら自動車も存在せず、ヨーロッパのように安定して大量輸送を行える河川交通もない。『日本鉄道請負業史（明治篇）』によれば、明治17年（1884）に鉄道局長・井上勝は中山道鉄道の資材について「直江津より搬入するを以て最も便利なり」とした。翌18年3月には聴許されて直江津に出張所を設けている。7月には直江津―新井（現妙高市）間を起工した。

直江津から南下してきたこの官営鉄道が長野県内に入った明治21年（1888）5月1日、柏原（現黒姫）、牟礼、豊野、長野の4駅が「長野県初の停車場」として開業した。その後は8月15日に上田、12月1日には軽井沢まで延伸された。搬入に便利とはいっても工事用の鉄道というわけではなく、将来に必ず必要となるルートを選んだ結果である。線路がほぼ北国街道に沿い、停車場がその主な宿駅に設けられたのを見ても、それは一目瞭然だ。

その鉄道――のちの信越本線が千曲川を渡る唯一の地点が、北国街道の渡河地点と同じ屋代―篠ノ井間だ（下流の新潟県内で再び渡るのは「信濃川」）。全国的に内陸輸送の主役が河川交通から鉄道にシフトしていく時代にあって、そこから下流の右岸側に位置する地域の危機感は強まっていた。そちらを通るのが谷街道で、北国街道の稲荷山（千曲市）から千曲川を船で屋代に渡り、松代、須坂、小布施、中野を経由し、綱切橋を渡って左岸の飯山に至る。そこからは、いわゆる「十日町街道」とも呼ばれるが、川沿いに十日町まで下る。おおむね現在の飯山線ルートだ。

## 千曲川右岸への鉄道計画

この千曲川右岸ルートに、最初に線路を敷設しようとしたのが佐久鉄道である。計画は遠大で、まずは山梨県・甲府から北西へ進み、おそらく佐久甲州街道（JR小海線）沿いに長野県に入り、佐久平を通って小諸から善光寺平へ出て、松代から須坂、中野を経て千曲川沿いに谷街道を下る。

このあたりは千曲川右岸で明治末期から盛り上がっていた「信越河東鉄道」構想と合流したものであるが、十日町を経て最終的には新潟県長岡に、また飯山で分岐して北上、直江津へのルートも考えられていた。甲府から南へは当時計画が進んでいた富士身延鉄

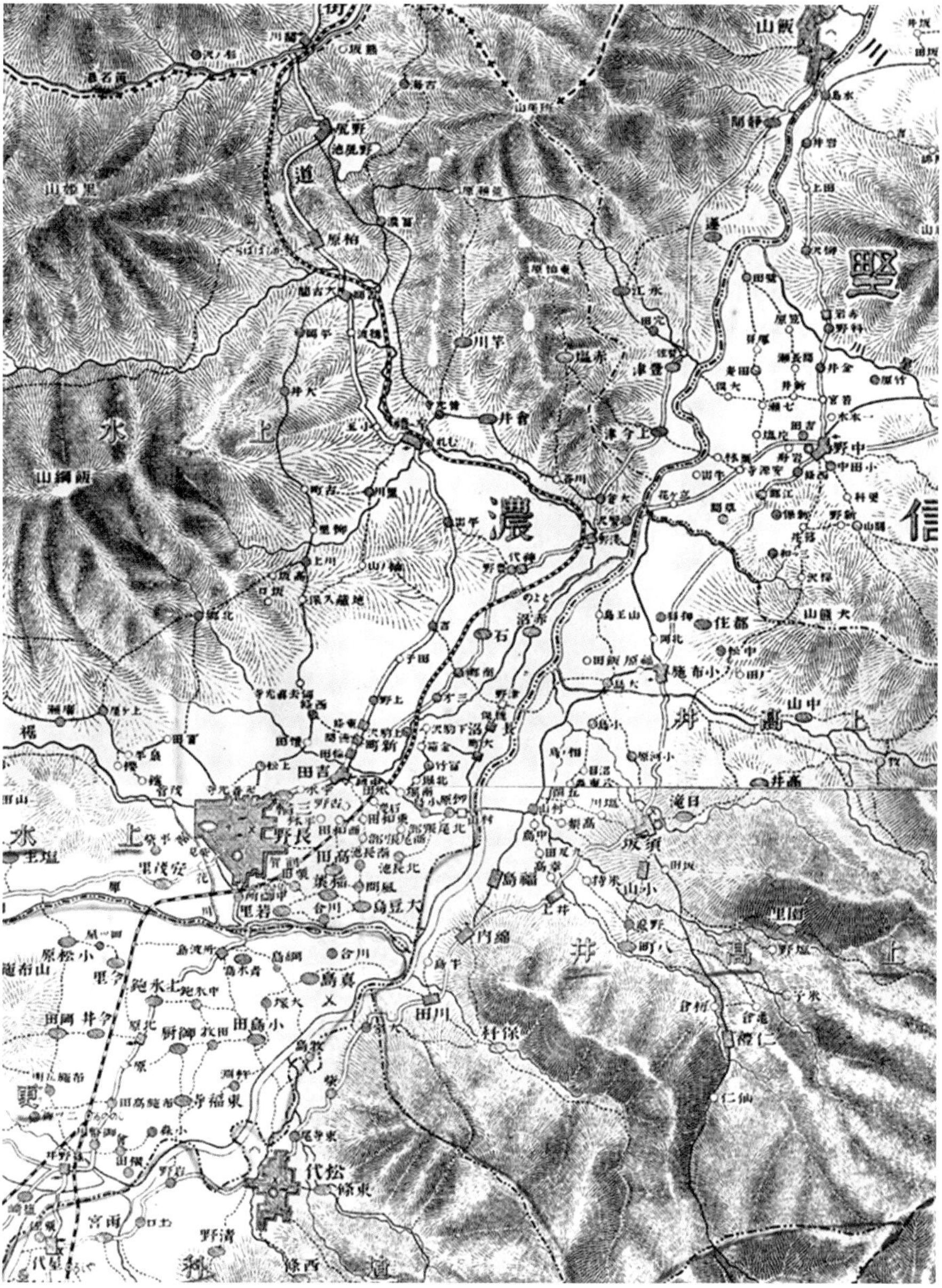

北国街道沿いに敷設された官営鉄道（のちの信越本線）は篠ノ井以北で左岸を通る。1：200,000 輯製図「高田」明治32年修正＋「長野」明治34年再修

道（現JR身延線）を結んで静岡県の清水（現静岡市清水区）あたりまで結ぼうとするものであった。

ところが、佐久鉄道は地元の小諸―小海間を大正8年（1919）に開通させた後、第1次世界大戦に伴う景気拡大が一転して収縮した「戦後不況」の影響で、計画の縮小を余儀なくされる。このため翌9年5月3日に敷設認可が出た屋代―須坂間の免許を同年5月30日設立の河東鉄道に譲渡することとなった。

「河東」は文字通り千曲川の東側を意味するが、昭和53年（1978）まで長野電鉄常務取締役を務めた小林宇一郎氏は後年『鉄道ピクトリアル』誌に「『かとう』と読んだはずであるが、『下等』との同音を嫌い、社員は『かわひがし』と称していたようである」と記している（通巻431号、昭和59年4月臨時増刊「長野電鉄よもやま話」）。

河東鉄道社長には神津藤平が就任した。元は佐久鉄道の相談役で、昭和35年（1960）に逝去するまで、長らく長野電鉄の社長を務めた人物である。神津は佐久鉄道の地盤である北佐久郡志賀村（現佐久市東部）の豪農の出身で、慶應義塾では後に阪急を大私鉄に育て上げる小林一三などと同時期に学んでいる。その後は電力会社の東京電灯に入ったが、家庭の事情で帰郷した。故郷「志賀」の名が、のちに神津が観光開発を手がける志賀高原の名に採用されたという。

国立公文書館に収められた鉄道省文書のうち「河東鉄道」の簿冊の1冊目には、第1期開業区間である屋代―須坂間の起業目論見書が綴じられている。

河東鉄道株式会社甲線起業目論見書

第一、本会社ハ地方鉄道法ニ依リ鉄道ヲ敷設シ旅客貨物ノ運輸ヲ営ムモノトス

第二、本会社ハ商号ヲ河東鉄道株式会社、名称ヲ甲線ト称シ、本社ヲ長野県長野市ニ置ク

第三、本事業ニ要スル資本金ハ弐百万円トシ、之ヲ四万株ニ分チ壱株ヲ金五拾円トス

第四、本鉄道ハ長野県埴科郡埴生村信越線屋代停車場ヲ起点トシ、仝県仝郡屋代町、雨宮県村、清野村、及更級郡東福寺村、西寺尾村ノ一部ニ入リ再ヒ埴科郡松代町、寺尾村ヲ経テ上高井郡川田村、綿内村、井上村、豊丘村ヲ過キ須坂町ニ至ル此延長拾五哩弐拾五鎖［約24・6キロ］トス

第五、軌間ハ参呎六吋［1・067メートル］トス

第六、本鉄道ニ於テ使用スル動力ハ蒸気力ニ依ルモ

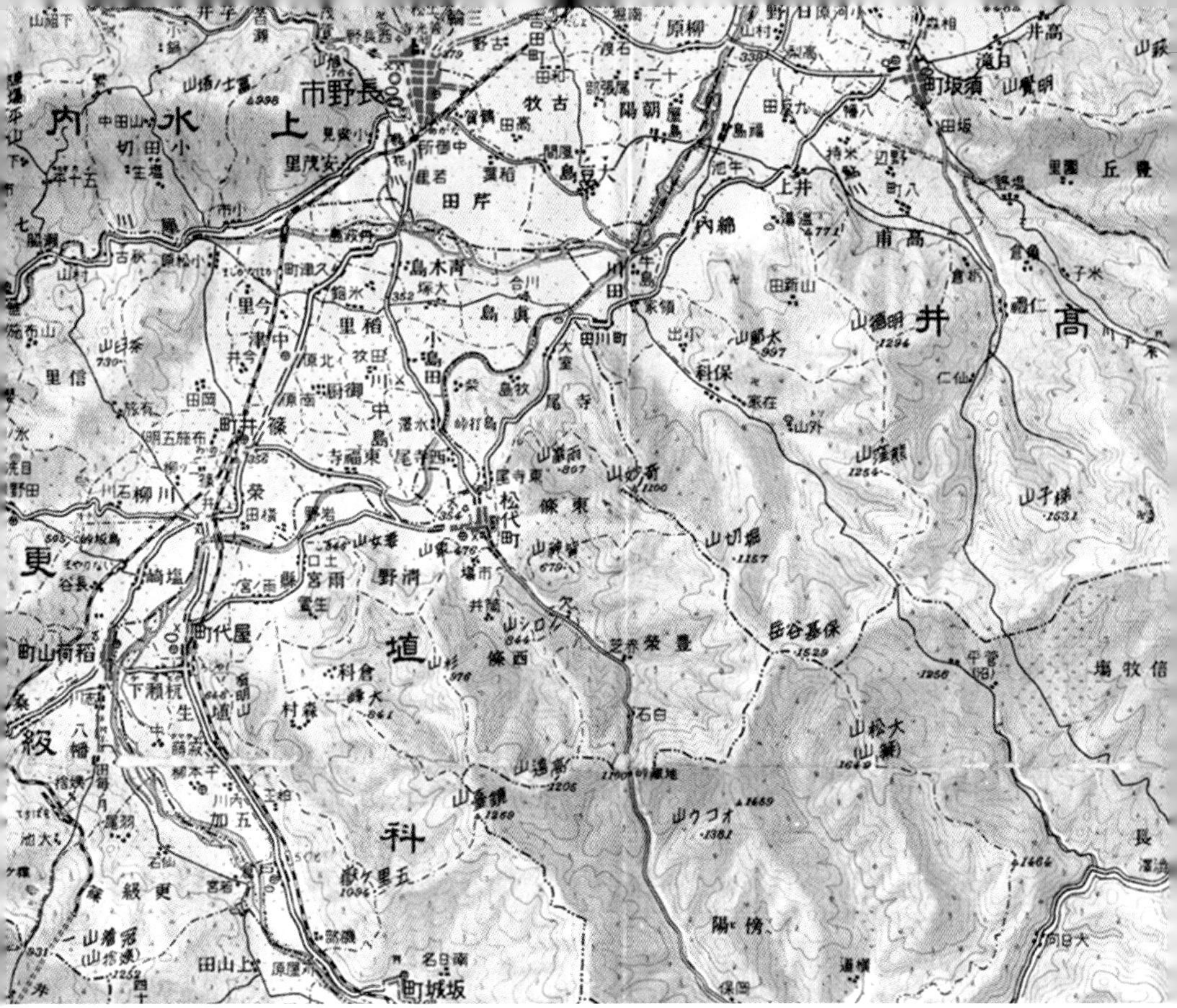

河東鉄道が開業する2年前の屋代—須坂間。1：200,000 帝国図「長野」大正9年製版

ノニシテ、軌条ハ六拾封度（ポンド）［約30キロレール］トス。以上右ノ通ニ候也。

大正九年八月十九日
河東鉄道株式会社
取締役社長　神津藤平

その後は地形や地盤を慎重に見極めながら線路の設計にとりかかるが、大正10年（1921）7月5日には、このうち柴（金井山駅付近）—大室間の線路を一部変更する申請を行った。これは千曲川が氾濫した際の線路への被害を避けるため、当初は山側を迂回する予定ルートだったのを、国による千曲川の整備事業でその心配がなくなることを見越したもので、理由書には以下のように記されている。

線路一部変更ニ付理由書

変更□□柴大室間線路ハ当初千曲川汎濫ノ為メ築堤ノ決潰センコトヲ虞（おそ）レ迂回撰定ヲナシタルモ、目下工事中ノ千曲川改修堤防ノ位置決定サレ、之カ顧慮ヲ要セサルニ至ルト、一ツハ大室隧道延長八鎖参拾四節［＝約167・8メートル］ヲ避ケ、替フルニ離山隧道ノ二鎖弐拾五節［約45・3メートル］ヲ以テシ、工費ノ節約ヲ計リタルヲ□ル。

*□は各1字不明

迂回せず川に近い方を通せることにより、トンネルも当初計画であった167・8メートルの大室隧道ではなく、45・2メートルの短い離山隧道で済んだ、という話である。この離山トンネルは実際に平成24年（2012）に廃止されるまで、全線に4ヵ所ある中で最短のトンネルとして使用された。

## 扇状地の急流——百々川・鮎川への架橋

須坂にほど近い市川橋梁と鮎川橋梁でも、河川改修に伴う「工事変更」が行われている。場所は井上駅から須坂駅に向けて1キロほど北上した場所だ。以下は大正11年（1922）1月10日付で鉄道大臣宛てに提出された「工事施行認可線路一部変更ノ儀申請」のうち理由書である。

線路一部変更ニ付理由書

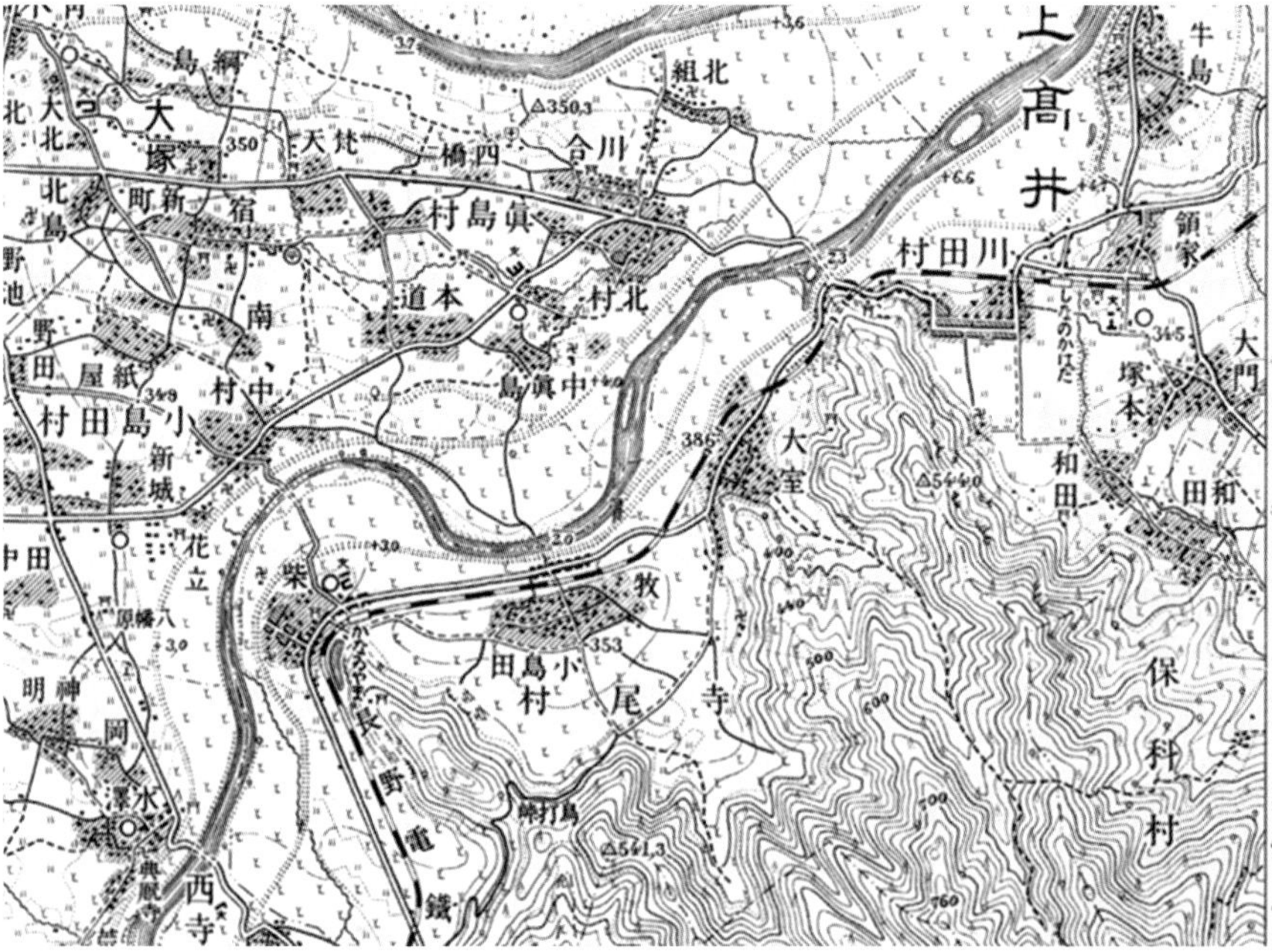


金井山―信濃川田間の線路。千曲川から距離を取りつつ、山の突端を迂回するコースとなった。「大室」の地名の左に離山トンネルが見える。1：50,000「長野」昭和6年修正

当会社線路綿内須坂間工事中、拾四哩(マイル)拾八鎖(チェーン)〔22・76キロ〕鮎川橋梁ハ径間百呎構桁〔30・5メートルのトラス桁〕ヲ架設スベキ事ニ相成居リ候処、仝川上流ニ於テ別紙平面図ノ如ク河川改修ヲナシ、北河原橋梁架設個所ニ合流セシムル事ニ地元村民ノ出願アリ、県当局ニ於テモ其施設ヲ被認(みとめられ)候。

結果延テ鮎川橋梁ヲ北河原橋梁ト合併シ、茲(ここ)ニ径間七拾五呎(フィート)四吋(インチ)〔23・0メートル〕鋼版桁壱連ヲ架設スル事ニ変更シ、且ツ市川版桁〔鈑桁〕壱連、四拾呎〔12・2メートル〕鋼〔百々川〕橋梁径間四拾呎鋼版〔桁〕四連架設ノ事ニ御認可ヲ受ケタルモ、地元村民ノ希望トシテ中間橋脚ヲ廃止シ、一径間ヲ以テ架設スルヲ要望シ、就テハ之ヲ百拾五呎六吋構桁〔35・2メートルのトラス桁〕架設ノ事ニ変更シ、同時ニ鮎川橋梁位置変更ノ為メ、其前後ニ使用セル四十分ノ一〔25‰〕勾配ヲ撤廃シ、五十分ノ一〔20‰〕ノ勾配ニ変更致度。

本変更ニ伴ヒ、当社線路全部ヲ通シ五十分ノ一ヲ以テ最急勾配トナス事ヲ得ルト、一ツハ東堀陸橋ヲ廃シ踏切道ニ換へ、将来

井上―須坂間で渡る百々川、鮎川は扇状地を流れる急流河川。百々川は伏流するため、水流が描かれていない。1：50,000「須坂」昭和12年修正

運輸交通上至大ノ便益ヲ得ルノミナラズ、且ツ鮎川橋梁及北河原橋梁ハ改修工事完成ト相俟テ、同川流水上洪水時ニ際シ汎濫ノ被害ヲ軽減シ得ル事ト可相成。

須坂の扇状地を流れ下る百々川と、鮎川に架ける橋梁の変更申請である。扇状地は長い年月をかけて土砂が分厚く堆積して成立したものだから、そこを流れるのは急勾配の〝暴れ川〟が多い。いつもは伏流水が多いため水は少なく、場合によっては涸れているほどだが、集中豪雨となれば時に土石流が周囲を襲う厄介な川だ。扇状地には意図的に切れ切れに堤を築く伝統的な「霞堤」（前ページの図にも見える）が設けられてきたが、文書によれば建設当時にも改修が行われていたことがわかる。

鮎川の橋梁は当初計画では径間30・5メートルのトラス桁でひと跨ぎする予定であったが、改修によりすぐ上流側で2河川を合流させることになったため二つの橋梁を合併、23・0メートルと12・2メートルという長さの異なる二つのガーダーを連ねた橋（桁橋）に変更することとなった。

一方の市川（百々川）橋梁では、4連のガーダー橋を予定していたが、橋脚が流れを阻害して周囲に危険を及ぼすことを避けるため、橋脚のない工法を地元が要望、径間35・2メートルのトラス橋に変更している。このトラス桁は次に記されたように、鉄道省からの払い下げを受けたものだ。

（続き）
尚市川橋梁ハ其両堤防間百拾五呎［約35・1メートル］ニ充タサルヲ以テ、曩ニ鉄道省ヨリ払下ヲ受ケタル省線九州線ニ使用セラレアリシ百五拾呎［45・72メートル］「ボーストリング」構桁［トラス桁］ヲ両端各一格間ヲ除去シ、支間百弐拾呎弐参［2〜3インチ（5〜7・5センチ）、計約37メートル］ニ改造スル時ハ、添付セル応力表ニ示ス如ク充分ナル強度ヲ有スルモノト相成、併カモ両堤防間ニ橋台ヲ築造スルノミナルヲ以テ、同川ノ流水ニ対シテハ四拾呎［約12・2メートル］鋼版桁［鈑桁］四連ニ比シ一層良好トナルベキハ絮説ヲ要セザルヲ以テ、前陳線路勾配並ニ橋梁径間等変更及廃止ニ依リ、工費ノ節約並ニ運輸上ノ利便ヲ計リタルニ因ル。

文書中に登場する「鉄道省九州線」とは、明治40年（1907）に国に買収されるまでの九州鉄道である。『長野電鉄80年のあゆみ』には、市川橋梁を蒸気機関車が通過している写真が掲載されているが、堂々たる曲弦プラットトラスだ。当時「構桁」と呼

鮎川橋梁を渡るモハ1501。手前の長い方のガーダー桁が鉄道省払い下げの明治期英国製で、銘板も付いている。補強材は錬鉄製。昭和59年3月（小西純一氏撮影）

市川橋梁を渡る400形。右側のトラスが国からの払い下げ。昭和46年5月（小西純一氏撮影）

ばれたトラスの新造は高価なため、大正に入ると列車の重量増大に伴い、橋梁の架け替えが進んでいた鉄道省の幹線から〝お下がり〟が多く新興私鉄に用いられた。

一方の鮎川橋梁は長短二つのガーダー桁で、このうち長い方について信州大学・小西純一名誉教授は「鉄道省から払い下げを受けた明治時代の英国製の桁が使用されている。（中略）プレート側面のT型鉄補剛材の上下端が山形鋼を避けるように湾曲し、フランジプレートにリベット留めしてあるのが英国流の証である」と言及している（未刊行書籍の原稿）。

この湾曲した補剛材は、黎明期の日本の鉄道で橋梁設計の大半を手がけた英国人技師チャールズ・ポーナルに特徴的な形で、これらの桁を一般にポーナル桁と呼んでいる（正式には鉄道作業局錬鉄式鈑桁）。

## 河東鉄道、屋代―須坂間を開業

大正11年（1922）6月10日、第1期開業区間である屋代―須坂間15マイル57チェーン（約25・29キロ）が開業した。国立公文書館所蔵の鉄道省文書は、会社ごと年別の簿冊に綴じられているが、開業時の簿冊に通常あるはずの「竣功監査報告」が見当たらないため、ここでは同月14日付官報に掲載された運輸開始の公告を掲載しよう。なお数値は駅間のマイル数で、合計すれば15・1マイル（約24・3キロ）になる（［　］内は筆者によるキロメートル換算）。

◎地方鉄道運輸開始　本月九日、長野県長野市千歳町五十五番地河東鉄道株式会社ニ対シ屋代須坂間運輸営業開始ヲ認可シタルニ、同十日営業開始ノ旨届出テタリ。其哩程左ノ如シ（鉄道省）

| | | |
|---|---|---|
| 屋代（国有鉄道既設停車場）東屋代間 | 〇・八 | ［1・3］ |
| 東屋代、雨宮間 | 一・〇 | ［1・6］ |
| 雨宮、岩野間 | 一・二* | ［1・9］ |
| 岩野、松代間 | 二・二 | ［3・5］ |
| 松代、金井山間 | 二・〇 | ［3・2］ |
| 金井山、町川田間 | 二・五 | ［4・0］ |
| 町川田、綿内間 | 二・〇 | ［3・2］ |
| 綿内、井上間 | 一・五 | ［2・4］ |
| 井上、須坂間 | 一・九 | ［3・1］ |

このうち、*を付けた雨宮―岩野間は、同年9月号の時刻表（旅行案内社『ポケット汽車汽船旅行案内』）によれば1・3マイル（約2・1キロ）とある。これで計算すれば約24・4キロで計算が合うので、官報が誤

植と思われる。これとは別の「停留場設置」に関する文書でも、屋代―岩野間は3マイル9チェーン51リンク1（約5・02キロ、小数点1位のマイル表記なら3・1マイル）で、官報の誤植は間違いないだろう。

官報の表示が少々わかりにくいが、新設された駅（停車場および停留場）は東屋代、雨宮、岩野、松代、金井山、町川田、綿内、井上、須坂で、起点の屋代を含めれば10ヵ所であった。地元の利便性に配慮する傾向のある私鉄ゆえに、蒸気機関車を運転する鉄道にしては駅間距離は短めである。

このうち町川田と金井山の両停車場については、当初予定では川田、柴の呼称であったが、開業3ヵ月前の大正11年（1922）3月13日付の文書によれば、「何レモ他ノ鉄道ニ同一名称ノモノ有之候ニ付、別紙図面ノ通リ川田停車場ヲ町川田停車場ニ、柴停車場ヲ金井山停車場ニ変更致度引換方此段及申請候也」としている。つまり他の鉄道に同名（同音）の駅があるため、混同を防ぐための変更だ。貨客輸送量が激増する大正期以降は既設駅との同名は避けられ、旧国名や方角を冠して区別されるようになった。

ちなみに、当初の駅名「町川田」は北国街道川田宿の字名で、広い川田の中で「町を成している」地区の意であろう。ここから保科川を遡った若穂保科にも「町滝崎」という地名がある。

## 本来なら十日町まで行くべきところ……

河東鉄道が開業する2年前、大正9年（1920）2月8日の信濃毎日新聞に掲載された「株式予約募集広告」は、次のようにこの鉄道の「効用」をうたっている。一般に出資者を募る広告は「その会社の将来がいかに有望であるか」を熱く説くものであるが、建設の意図が凝縮されており、当時の創設者の意気込みがよく伝わってくるので掲載しよう。

本鉄道の有利なる点を挙ぐれば、本線路は本県中最も人家稠密の平野を過りて

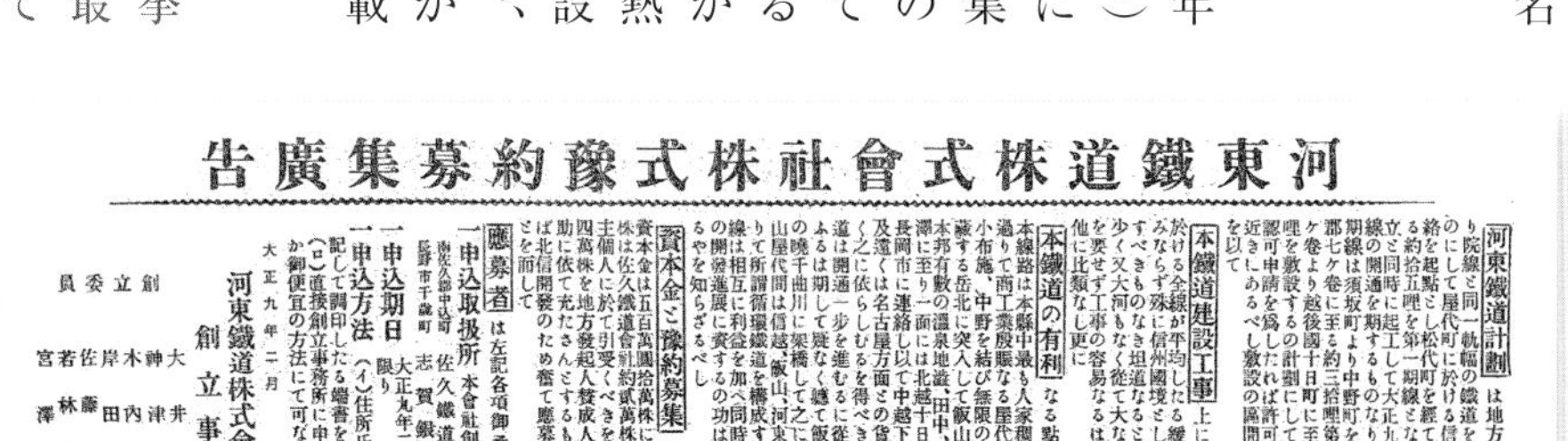
河東鐵道株式會社株式豫約募集廣告

河東鐵道計劃 は地方鐵道法に據り院線と同一軌幅の鐵道を敷設するものにして屋代町に於ける信越線との連絡を起點とし松代町を經て須坂町に至る約拾五哩を第一期線となし本會社成立と同時に起工して大正九年中には全線の開通を期するものなり而して第二期線は須坂町より中野町を經て下高井郡七ケ巻に至る約三拾哩第三期線は七ケ巻より越後國十日町に至る約貳拾五哩を敷設するの計劃にして既に其筋へ認可申請を爲したれば許可せらるゝも近きにあるべし敷設の區間以上の如きを以て

本鐵道建設工事 上には本縣内に於ける全線が平均したる緩勾配なるのみならず殊に信州國境として亦他に比すべきもののなき坦道なると其間起伏は少く又大河もなく從て大なる隧道橋梁を要せず工事の容易なるは實に本縣中他に比類なし更に

本鐵道の有利 なる點を擧ぐれば本線路は本縣中最も人家稠密の平野を過りて商工業殷賑なる屋代、松代、須坂小布施、中野を結び無限の林産物を包蔵する岳北に突入して飯山町に對し又本邦有數の溫泉地澁、田中、安代、及野澤に至り一面には北越十日町に達して長岡市に連絡し以て中越下越と南北信及遠くは名古屋方面との貨客をして悉く之に依らしむるを得べきが故に本鐵道は開通一歩を進むるに從て繁盛を加ふるは期して疑なく總て飯山鐵道開通の曉千曲川に架橋して之に連絡せば飯山屋代間は信越、飯山、河東の三線に依りて所謂循環鐵道を構成するを以て三線は相互に利益を加へ同時に北信平野の開發進展に資するの功は蓋し幾何なるやを知らざるべし

資本金と豫約募集 本會社計劃資本金は五百萬圓拾萬株にして内四萬株は佐久鐵道會社約貳萬株は同會社株主個人に於て引受くべきを以て殘り約四萬株を地方發起人賛成人及公衆の援助に依て充たさんとするものなり希くば北信開發のため奮て應募せられんことを而して

應募者 は左記各項御承知を乞ふ

一申込取扱所 本會社創立事務所 南佐久郡中込町 佐久鐵道株式會社 長野市千歳町 志賀銀行支店

一申込期日 大正九年二月十五日限り

一申込方法 (イ)住所氏名、株數を記して調印したる端書を以てするか(ロ)直接創立事務所に申出でらるゝか御便宜の方法にて可なり

大正九年二月

河東鐵道株式會社 創立事務所

創立委員 大井富太 神津藤平 木内吾市 岸田[illegible] 佐藤喜惣次 若林忠之助 宮澤貞助

信濃毎日新聞に載った河東鉄道の株式募集予約広告＝大正9年2月8日付

商工業殷賑なる屋代、松代、須坂、小布施、中野を結び、無限の林産物を包蔵する岳北に突入して飯山町に対し、又本邦有数の温泉地、渋、［湯］田中、安代、及野沢に至り、一面には北越十日町に達して長岡市に連絡し、以て中越下越と南北信、及遠くは名古屋方面との貨客をして悉く之に依らしむるを得べきが故に、本鉄道は開通一歩を進むるに従て繁盛を加ふるは期して疑なく、軈て飯山鉄道開通の暁、千曲川に架橋して之に連絡せば飯山、屋代間は信越、飯山、河東の三線に依りて所謂循環鉄道を構成するを以て、三線は相互に利益を加へ、同時に北信平野の開発進展に資するの功は蓋し幾何なるやを知らざるべし。

千曲川、信濃川に沿って新潟県十日町までの路線は佐久鉄道時代に計画していたもので、やはり屋代―須坂間が開通する2年前の大正9年（1920）11月22日には、十日町までの建設を認めるよう鉄道省監督局長に次のように陳情している。初代社長・神津藤平がその意欲を示したものであるから、少々長いが全文を引用しよう。

陳情書

当会社ノ企［起］業ニ係ル長野県埴科郡埴生村、

河東鉄道が計画していた七ヶ巻―十日町間の延長線予測平面図の一部。鉄道省文書「長野電鉄（元河東鉄道）巻一」大正9～11年（国立公文書館蔵）

信越線屋代停車場ヲ起点トシ、上下高井両郡ヲ経テ新潟県十日町ニ達スル本線及ヒ、下高井郡中野町ヨリ分岐シテ平穏村湯田中ニ至ル支線ノ鉄道敷設ニ付テハ、嚮キニ埴生村ヨリ上高井郡須坂町ニ至ルノ間、敷設御免許ヲ蒙リ候処、須坂町以北ノ敷設ニ就テハ本線ヲ下高井郡中野町ニ止メ、支線タル湯田中ニ達スル線ヲ以テ営業区域トシ、敷設ノ許可ヲ受クヘキ旨御内諭ノ次第モ有之候得共、然ルトキハ当会社最初ノ目的ヲ達スル能ハサルノミナラス、其経営上非常ノ困難ニ陥ルヘキハ想像ニ難カラサルヲ以テ、是非トモ中野町以北ノ敷設御許可ヲ蒙リ度、左ニ事情開陳仕候。

河東鉄道としては屋代―須坂―中野―十日町間の本線に加え、中野から平穏村（湯田中）に至る支線の敷設を申請していたが、鉄道省（大正9年5月までは鉄道院）が与えた敷設免許は、支線はともかく、本線は全体の4分の1程度の屋代―中野間のみであった。これでは当初の目的が達成できないため、陳情に及んだ。それを開陳したのが以下の文面だ。

（続き）

元来当会社カ本鉄道敷設ノ計画ヲ為シ候主要ノ目的ハ、信越線屋代駅ト上越線ノ支線タル十日町駅トノ連絡ヲ為シ、依テ以テ下越地方ト信越線トニ於ケル物資運輸ノ調節利便ヲ計リ、併セテ交通不便ニシテ開発遅々タル沿道地方ノ工業産業等ノ開発ニ資セントスルモノニ有之。

而メ地方開発ニ付、当会社ノ最モ重キヲ措キ候ハ、本線タル中野町以北ノ下高井郡一帯ノ地ト支線タル平穏村ノ温泉地ニシテ、其温泉ノ好適ナル浴場トシテ、将タ絶好ノ避暑地トシテ推賞ニ余マリアルハ世間既ニ定評アリ、改メテ茲ニ陳述ヲ要セサル処。

更ニ下高井郡一帯ニ至リテハ、其中心地タル中野町ハ郡ノ南端ニ偏シ、上高井郡界ヲ隔ツル僅ニ里許ニシテ、中野町ヨリ新潟県ノ国境ニ至ル数十里ノ地ハ、鉄道ヲ去ル最モ遠ク、加フルニ郡ノ中間ニ高社山ト称スル山岳アリテ、地勢自ラ南北ニ両断セラレ、交通ノ不便他ニ比スヘキナク、随テ其地方開発容易ナラス。人口稀薄ニシテ広漠タル山野ハ徒ラニ矮樹雑草ノ繁茂ニ任セ、又広袤［広袤は広がりを示す。広は東西、袤は南北の意］数十里ニ亘ル森林ハ密生スル千古不伐ノ良木、倒壊腐朽ニ委ヌルノ状態ニ候ヘハ、当会社ハ其企業ノ鉄道ニ依リ、一ツハ旅客交通ノ利便ヲ計リ、一ツハ林産物其他ノ生産物資運輸ノ任ニ当リ、以テ地方ノ開発生産事業ノ勃興ヲ計リ、自他ノ利益ヲ収メントスルモノニ有之候。

千曲川とともに越後へ向かう谷街道に沿って鉄道を敷設することで、まだ近代交通の恩恵に浴していない地方の開発を促進し、これまで生かされずにあった「冨源」としての林産資源を運び、旅客の利便性を高めることで地方全体の開発を盛んにすることこそが私ども河東鉄道の目標であったはずである。そのためにはぜひとも、上越線の支線として計画されている十日町線（国鉄・現飯山線の一部）の十日町駅までを結び、有力な輸送路としたい――。こんな意気込みを披露した。

（続き）

当会社ノ目的上陳ノ如クニ候ヘハ、之レカ敷設ヲ中野町ニ止メラレ候様ノ事有之候ハンカ、啻ニ地方冨源ノ開発ヲ阻止スルノミナラス、当会社ハ其収益ノ大半ヲ失ヒ、将来経営維持ノ困難ニ陥ルヘキハ明カナル事態ニシテ、誠ニ寒心ニ堪ヘス候。

而メ本鉄道ハ地図上一見飯山鉄道ト併行線タル嫌アルカ如クナルモ、実際ハ決シテ然ラス。尤モ山国地勢ノ常トシテ線路ニ迂廻曲折アルハ免カレサルヲ以テ、時ニ或ハ両線数十町ノ近距離ニ接近ノ個所ナキニアラサルモ、大体ニ於テハ千曲ノ大河ヲ東西ニ隔タリ、其間ニ於ケル交通運輸機関ノ纏綴容易ナラサルヲ以テ、自然冨源開発物資集散ノ地方互ニ方面ヲ異ニスルヲ以テ、鉄道敷設ノ目的トシテハ決シテ併行線ト称スヘキモノニ無之ト存候。

現在のＪＲ飯山線は、昭和19年（１９４４）の国有化以前は「飯山鉄道」という私鉄であった。同鉄道は大正６年（１９１７）５月、神郷村（豊野）―飯山町間の軽便鉄道敷設免許を得て、同10年に同区間を開業させている。それ以前に、さらに左岸側を岡山村（桑名川）まで延伸する免許を同９年３月に得ているが、河東鉄道の陳情書はその半年後に提出されており、その先の免許を飯山鉄道に先取されると十日町どころではなくなる、との焦りがあったに違いない。

両鉄道とも併行線（並行線）と認定されないよう、できれば自社に免許を――と希望していたのだろう。両岸に鉄道が建設されたとしても、千曲川は依然大きな障壁として両岸の間に立ちはだかっていることを強調している。今でこそいくつもの橋が架かっているが、水深３～４メートルある急流に、永久橋は容易には架けられず、町村はもちろん郡も高井郡（右岸）、水内郡（左岸）と異なっていた。

（続き）

　以上ノ事情ナルヲ以テ、新潟県十日町ニ達スル全線ニ亘ル敷設御許可ハ此場合暫ク保留セラル、トスルモ、須坂以北、下高井郡市川村七ヶ巻、若クハ全郡岳北地方唯一ノ温泉地タル野沢温泉街道ノ分岐点ニシテ、且ツ飯山鉄道ニ連絡スヘキ架橋点ニ接スル瑞穂村関沢ニ達スル区間点迄、御免許相受度ト思考候得共、更ラニ熟慮再考、少クトモ飯山町停車場ノ対岸ナル木島村安田迄、此際是非共御免許相受ケ度ト存、別紙ノ通リ申請仕候次第ニ御座候間、何卒特別ノ御詮議ヲ以テ至急敷設御許可被成下度、謹テ陳情仕候也。

　大正九年十一月二十二日

　長野県長野市千歳町五拾五番地

　河東鉄道株式会社

　取締役社長　神津藤平

鉄道省監督局長　井出繁三郎殿

　陳情書が提出された大正9年（1920）11月時点では、対岸を走る予定の飯山鉄道にすでに桑名川までの敷設免許が与えられていることから、最後の段にあるように「できれば七ヶ巻まで、ダメなら野沢温泉への玄関口である関沢まで、それも無理なら飯山の対岸である安田まで免許をもらえないか」と訴えている。飯山鉄道も、当初は資金難で実現が危ぶまれていたというが、信越電力が信濃川支流・中津川の水力発電所建設のための資材運搬路として飯山鉄道を利用するために多額出資しており、実現の可能性が高まっていた。

　当時の鉄道敷設免許下付における方針としては、他線との競合回避が重要な原則とされており、政権によって運用には多少の幅はあったものの（このあたりが情実のからみがちな部分であった）、並行線と認識されれば実現は難しい。認可にあたっては建設の意義だけでなく、敷設主体となる会社の信頼度や事業の実現可能性も重視されたため、飯山鉄道の方が有利になってしまったのかもしれない。その後は大正11年（1922）9月15日付で飯山鉄道に岡山村（桑名川）―十日町までの残り全部の敷設免許が与えられた。

## 信州中野までの延伸

　河東鉄道は、結果的に中野―木島間の免許を取得したが、屋代―須坂間の開業から9ヵ月後の大正12年（1923）3月26日、須坂―信州中野間8マイル9チェーン39リンク（13・06キロ）を延伸開業した。暫定的な終着駅となった中野停車場については、やはり既存駅名との重複回避のため、鉄道省からの同11年6月頃の文書で「中野停車場ハ省線ニ同一ノ駅名アルヲ以テ他ノ名称ニ変更スルコト」と指示された。具体的には中央本線・中野駅（現東京都中野区）で、まず「中野町」駅に変更したが、開業約1ヵ月に迫った大正12年（1923）2月21日届け出の時、国名を冠した「信州中野」に決定した。

　次は須坂―信州中野間が開業する6日前に行われた鉄道省の竣功監査の復命書である。「別記」には一見瑣末に見えるものを含む多くの指摘が鉄道省監督局から行われているが、河東鉄道に限らず、どの鉄道に対してもこのレベルの詳細なチェックが行われており、万が一にも安全が脅かされることのないよう厳密を期していた。

大正十二年三月二十日　　技師　小池駿一

監督局長井出繁三郎殿

河東鉄道株式会社地方鉄道

須坂中野間線路敷設工事竣功監査復命書

本線路ハ長野県上高井郡須坂町、既設屋代起点十五哩四十七鎖五十節［約25・10キロ］須坂停車場ヨリ、同県下高井郡中野町同二十三哩七十五鎖［約38・52キロ］信州中野停車場ニ至ル実延長八哩七鎖八十四節［13・03キロ］ニシテ、地勢急峻ナラズ工事亦容易ナリトス。本線路ニ於ケル工事方法ノ概要及建造物ノ種類ハ別紙ニ示セルガ如シ。

　本区間ニ於ケル工事ハ大体竣功ヲ告ゲ運輸開始ニ支障ナキモ、尚別記ニ示セルガ如キ未成工事アリ。就中第一項乃至第四項ハ運輸開始前ニ之ヲ完成セシメ、其ノ他モ遅滞ナク竣功セシムルコトヲ要ス。

　機関車一両、客車二両、貨車四両ヲ以テ試運転列車ヲ組成シ、所定運転時刻表ニ依ル速度ヲ以テ本区間ヲ運転セシメタルニ、線路其ノ他ニ異状ナク安全ナルヲ認メタリ。仍テ前述ノ急須ヲ要スル工事竣成ノ上ハ運輸開始支障ナシト認ム。

（別記）

一、十五呎転轍器尖端軌条不密着ナルモノヲ整理スルコト

二、延徳停留場乗降場地築ノ未成部分ヲ完成スルコト

三、信州中野停車場内給水器ヲ完成スルコト

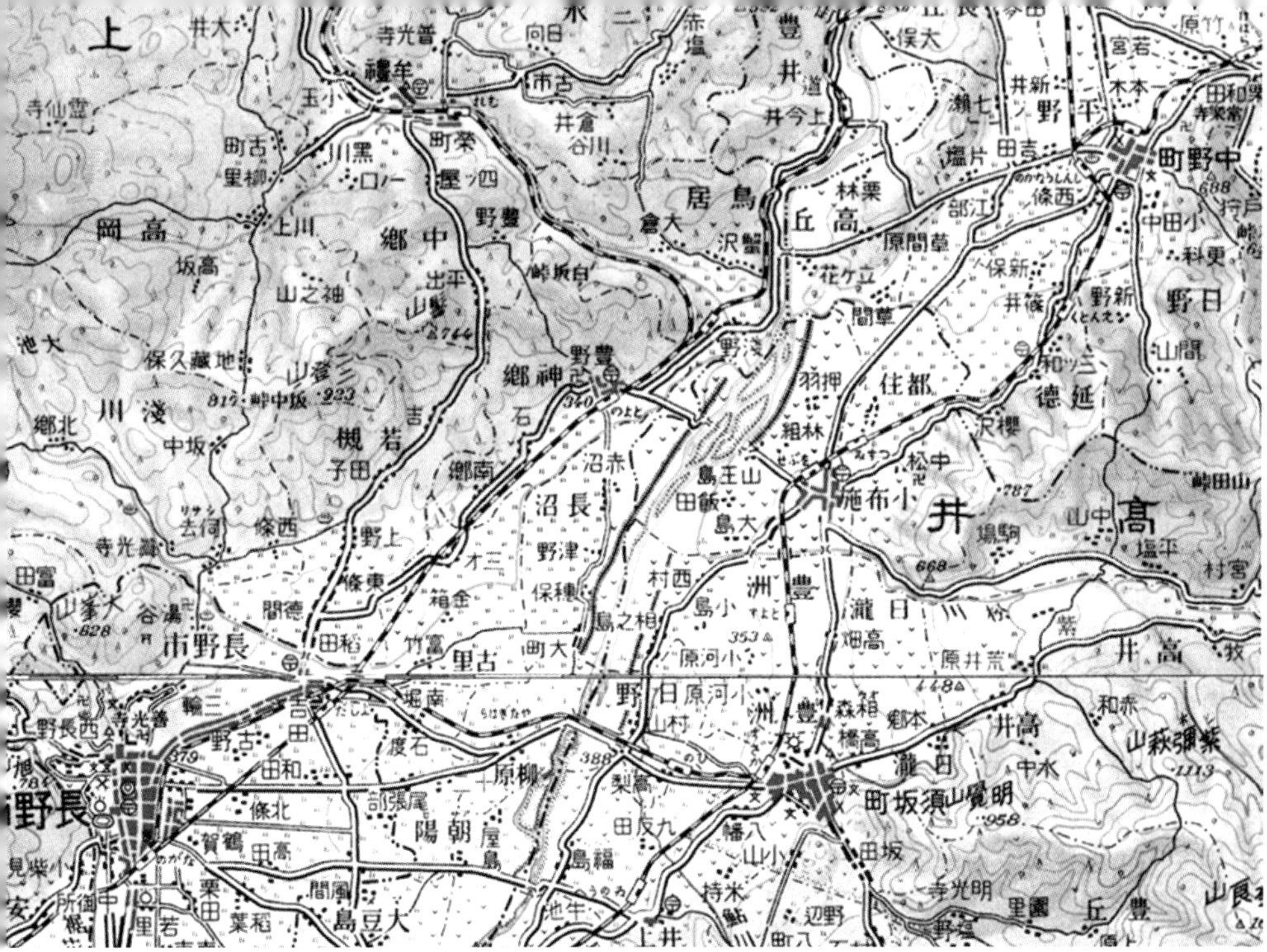

大正12年（1923）に延伸された須坂―信州中野間とその周辺。
1：200,000「高田」昭和12年修正＋「長野」昭和11年修正

四、屋代起点二十一哩（マイル）［33・8キロ］附近線路軌条面ノ不陸（ふろく）［水平でないこと］ヲ整理スルコト

五、松川橋梁ニ待避所ヲ設置スルコト

六、各停車場、停留場本線路ノ上ヶ路ヲ完成スルコト

七、小布施停車場向乗降場線路、信州中野停車場貨物側線（そくせん）ニ道床（どうしょう）砂利ヲ撒布シ、搗固（つきかため）ヲ為スコト

八、延徳停留場内待合所ヲ完成スルコト

九、信州中野停車場内、石炭台ヲ完成スルコト

十、屋代起点二十一哩（マイル）［33・8キロ］附近、線路築堤ノ沈下セルモノヲ整理スルコト

十一、屋代起点二十三哩（マイル）［37・0キロ］附近、線路切取法面（きりとりのりめん）ヲ整理スルコト

十二、八木沢橋梁ニ架セル鋼工桁ヲ既認可設計ノモノニ架替フルコト

須坂中野間の工事方法概要は次の通り。ここで言う「工事方法」は現代語のニュアンスとは違うが、この線路がどのような軌間、勾配、曲線、レールなどの条件で設計され、工事が行われるべきものかを示すものである。

## 須坂中野間工事方法概要

| | |
|---|---|
| 鉄道ノ種類 | 単線蒸気鉄道 |
| 軌間 | 三呎（フィート）六吋（インチ）〔1・067メートル〕 |
| 軌道ノ間隔 | 十一呎〔約3・35メートル〕 |
| 最小曲線 | 十五鎖（チェーン）〔約301・8メートル〕 |
| 最急勾配 | 五十分ノ一〔20‰〕 |
| 施工基面ノ幅 | 築堤十四呎〔約4・27メートル〕<br>切取十四呎（側溝ヲ除ク） |
| 軌条ノ重量 | 一碼（ヤード）ニ付六十封度（ポンド）〔約30キロレール〕 |
| 枕木敷設間隔 | 二呎六吋〔約0・76メートル〕 |
| 道床ノ撒布量 | 平均一哩ニ付百八十立坪（りゅうつぼ）〔約1082立方メートル〕 |
| 轍叉ノ番号 | 八番及十番* |

*轍叉とは分岐器（転轍機、ポイント）の開き方の尺度で、「八番」とは内側のレール同士が分岐して1ヤード開くのに要する長さが8ヤードであるもの。8番ポイントと称し、メートル法でも同じ角度になる。なお、下記の停車場表のうち「停留場」は一般に簡易な設備で分岐器のないものを指す。信号扱い上では閉塞区間内に設けられ、駅員無配置であることも多い。

*橋梁表は省略

## 須坂中野間停車場表

| 名称 | 所在地 | 位置 哩・鎖・節（屋代停車場起点） | | | |
|---|---|---|---|---|---|
| 須坂停車場 | 長野県上高井郡須坂町 | 一五 | 一五 | 三六・三 | 〔24・45〕 |
| 豊州停留場* | 同県同郡豊州村* | 一六 | 六〇 | 八六・三 | 〔26・97〕 |
| 小布施停車場 | 同県同郡小布施村 | 一八 | 二三 | 八六・三 | 〔29・45〕 |
| 延徳停留場 | 同県下高井郡延徳村 | 二一 | 五五 | 二〇・三 | 〔34・91〕 |
| 信州中野停車場 | 同県同郡中野町 | 二三 | 二三 | 二〇・三 | 〔37・48〕 |

各停車場間ニハ電話通信ノ設備アリ
保安方法ハ電気通票器式ヲ採用

▼注1　「各駅の設備」は省略、〔　〕内はキロメートル換算。他の文書と数値が少し異なる場合があるのは、特に終端駅の場合など軌道の終端と停車場中心の異同があるため。

▼注2　表中*の「豊州停留場」と「豊州村」は、正しくは豊洲停留場と豊洲村（現須坂市）。同駅は戦時中の昭和19年（1944）に休止した後、戦後の昭和35年に北須坂駅として再開して現在に至る。

## 飯山の対岸・安田を経て木島へ

信濃川沿いに新潟県十日町までの路線敷設を目指した河東鉄道は、その後は木島への延伸工事に取りかかることになるのだが、信州中野まで開業した半年後の9月1日、関東地方で強い地震が発生した。関東大震災である。建設計画には大きくブレーキがかかった。翌13年1月18日に着手するはずだった工事だが、河東鉄道は前年末の12月30日に鉄道大臣に工事着手延期申請を提出している。「震災ノ為メ財界ノ被ル損失尠ナカラズ、為メニ株式払込ノ困難ナルト、工事材料購入ノ至難ナルト、加フルニ土地買収交渉ノ進捗セザル等ニ因リ、向フ一ヶ年延期ノ儀、御許可被成下度（なしくだされたく）此段申請候也」と窮状を訴えた。

着工延期は許可され、予定より1年遅れて大正14年（1925）7月12日に信州中野—木島間は開業した。この間に田上（たがみ）駅付近の路線変更を行っている。従来の設計では千曲川改修による新堤防の施工面より低くなってしまうので、浸水を避けるため線路中心を変更、施工基面も高めた。令和元年（2019）の台風19号では、破堤により長野市の左岸側が大規模に浸水し、北陸新幹線車両基地が水没するなどの被害をもたらしたが、以前から千曲川は「暴れ川」で、戦前から堤防の強化は少しずつ行われてきたのである。

細かいことだが、信州中野—木島間の開業1ヵ月前の6月20日付で駅名の変更が届けられた。柳沢駅および四ヶ郷（しかごう）駅であるが、それぞれ倭（やまと）駅と笠原駅が予定されていた。「地方ノ希望ニ依リ」とあるが、柳沢駅はもともと倭村内に設けられたもので、同村は明治22年（1889）の町村制施行に伴って誕生した。千曲川に沿って南から北へ柳沢、田上、岩井の順に並ぶ3村が合併したもので、役場と小学校は中央の田上に設けられている。

「倭村を代表する駅」の意味合いで柳沢地区の駅をそう名付けたのだろうが、何らかの事情で7ヵ月半遅れで田上地区にも駅を設けたことが影響したのか、結局は地区名をそれぞれ付けることで決着したようだ。『角川日本地名大辞典』の「田上」の項には「共有山林の払下げの費用を田上駅建設費にあてた」とあることから、そのあたりも関わっているのかもしれない。

もうひとつ、笠原駅を四ヶ郷に変更したのは、駅が笠原と間長瀬（まながせ）両地区の境界付近に位置することもあり、当地の総称を採用したのだろう。四ヶ郷とは北間長瀬・南間長瀬・東笠原・西笠原の4地区の通称で（中野市合併10年記念　ふるさと地名百科—長丘・平岡地区）で、現在も駅跡に近い四ヶ郷簡易郵便局にその名が残る。他県から来た人が「次はシカゴでございます」のアナウンスに驚くという笑い話もあった。

## 飯綱山トンネルと信濃安田駅の位置

この開業区間にはトンネルが1ヵ所掘削された。屋代起点30マイル58チェーン63リンク（49・46キロ）の飯綱山隧道（ずいどう）で、長さは280・5フィート（85・5メートル）。場所は綱切橋の東詰、半島のように突き出した飯綱山の端をくぐるが、ちょうど上に飯綱神社がある。

信州中野方面からの電車がトンネルを抜け、綱切橋の東詰すぐの所に安田駅（のちの信濃安田駅）が設けられた。当時の橋は舟をロープでつないだ「舟橋」であったというが、堂々たる曲弦トラス4連の永久橋になるのは昭和10年（1935）。さらに現在の綱切橋は平成2年（1990）、少し上流の南側に架け替えられたものである。昔も今も、橋を渡った対岸が飯山の中心街である。

安田駅は設置場所が問題になった。トンネル北口を出て少しの間はずっと9・1‰の下り勾配が続き、電車が坂道を降りきらない所が綱切橋の最寄りとなる。安田駅はそこに設置したかったようだが、駅を3・3‰以上（連結作業のない場合も5‰まで）という当時の鉄道建設規定に抵触してしまうため、鉄道省から〝物言い〟がついた。これをなんとか特別に認めてほしいというのが次の文書である。

大正十四年五月二日
長野県長野市千歳町五拾五番地
河東鉄道株式会社
取締役社長　神津藤平
鉄道省監督局長　筧（かけい）正太郎殿

大正十四年四月二十二日付監鉄第二四〇〇号ノ一ヲ以テ御照会相成候左記事項、此段答申候也。
［一、二＝省略］
三、安田停留場ノ位置、勾配百十分ノ一［約9・1‰］ノ箇所ニ設置セルニ付、別ニ理由書提出致候。

別紙

安田停留場百十分ノ一勾配中ニ設置セル理由

安田停留場ハ対岸飯山町ノ最モ近距離ノ位置ニシテ、之ヲ［規定通りに］二百分ノ一［5‰］以下ノ位置ニ設置スルカ甚タ乗客ノ不便ヲ来（きた）シ、運輸営業上ノ不利ヲ生シ、而（しか）シテ勾配ヲ変更スルカ、該位置ハ三十哩四十鎖［屋代起点約49・08キロ］付近、千曲川洪水位ト線路施工基面トノ高（たかさ）一致セシメタル関

木島開業５年後の飯山町付近。安田停留場のすぐ近くに綱切渡（わたし）が見える（実際には舟橋が架けられていた）。1：50,000「飯山」昭和５年修正

係上、飯綱山隧道掘鑿其他ニ関連シ、不可能ナルト。追テハ鉄道電化ノ計画中ニシテ不日［近いうちに］実施ノ場合ヲ見越シ、特ニ該位置ニ設置致候度。

この勾配問題は、その後の電化のからみもあって特別に認められたようで、信州中野―木島間は同年7月12日にめでたく開業した。竣功監査報告に記された停車場表は次の通りである。位置（屋代停車場起点）の数値は算用数字に直した（設備欄は省略）。

河東鉄道信州中野木島間停車場表（停留場ヲ含ム）

| 名称 | 所在地 | 位置［キロ換算］ |
|---|---|---|
| 信州中野停車場 | 長野県下高井郡中野町 | 23哩(マイル)23鎖(チェーン)20・2節(リンク)［37・48］ |
| 四ヶ郷停留場 | 仝(同)県仝郡平岡村 | 25哩41鎖78・1節［41・07］ |
| 赤岩停車場 | 仝県仝郡科野村 | 26哩23鎖93・1節［42・32］ |
| 柳沢停車場 | 仝県仝郡倭村 | 27哩17鎖63・1節［43・81］ |
| 安田停留場 | 仝県仝郡木島村 | 30哩31鎖04・5節［48・90］ |
| 木島停車場 | 仝県仝郡仝村 | 31哩24鎖69・5節［50・39］ |

各停車場ニ電話通信ノ設備アリ
列車保安法ハ電気通票器式ニ依ル

# 千曲川を渡り長野市へ

## 長野—須坂間を結ぶ「長野電気鉄道」

しなの鉄道北しなの線「北長野駅」は、平成27年（2015）3月まで信越本線の駅であったが、昭和32年（1957）までは吉田駅と称した。官営鉄道が直江津方面から長野まで伸びてきた明治21年（1888）には設置されなかったが、その10年後の同31年9月1日に開業した。吉田は今でこそ長野市内だが、かつては独立した上水内郡吉田町であり、新潟県高田へ通じる北国街道や飯山街道、須坂街道が分岐する交通の要衝であった。

須坂は上高井郡役所も置かれた主要な町で、明治に入ってから特に製糸業が急速に発展した。その製品は、当初は南の山を越える大笹街道で菅平から上州（群馬県）へ、はるばる馬の背で運ぶルートであった。官営鉄道（のち信越本線）開通以降は「最寄り駅」たる長野と豊野の両駅を利用するようになったが、いずれも遠く、須坂町民は吉田に停車場を設置するよう熱心に働きかけるようになった。それが実って明治31年（1898）に吉田駅が開業し、利便性は

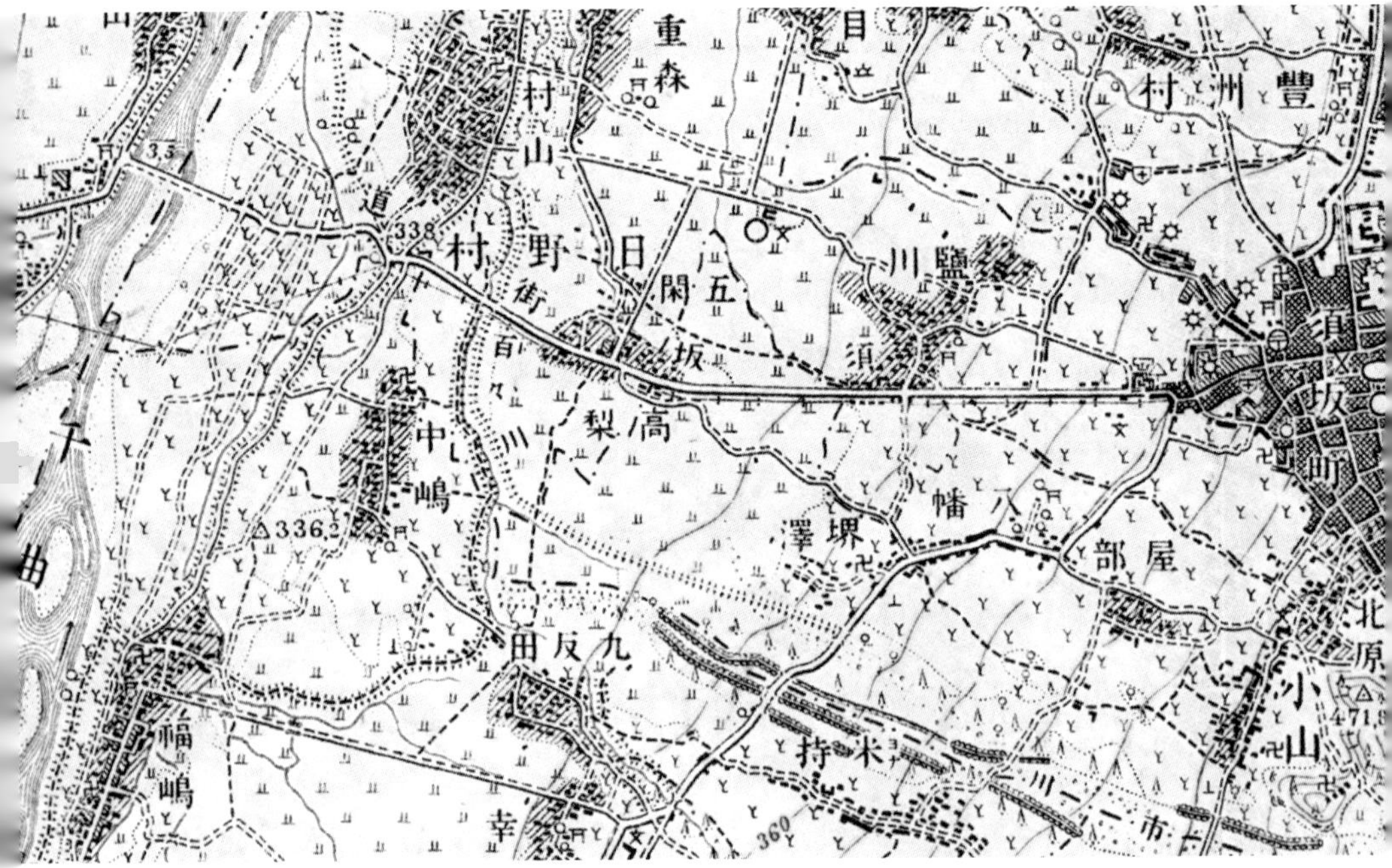


長野電気鉄道が開業する以前の須坂町と千曲川。架けられているのは「脆弱なる橋」のみであった。1：50,000「須坂」大正元年（1912）測図

いくらか向上する。しかし舟橋で千曲川を渡る須坂街道の輸送力は微々たるもので、大正元年（1912）測図の地形図を見ても〝脆弱なる橋〟の記号（片方が実線、もう一方が破線）が千曲川に描かれているのみ。やはり荷車による往来には限界があった。

大正期に勃発した第1次世界大戦は、遠い欧州が戦場であったが、だからこそ日本の工業化促進への大きな原動力となった。軍需にシフトしていた欧州の工業の隙間を狙った新興国日本にとっては、大きなチャンスだったのである。国内総生産（GDP）の急激な増大は鉄道の貨客輸送を活性化し、会社や工場の大型化は生活スタイルを変貌させた。必然的に都市生活者が増え、市の数は大正元年（1912）の64から同15年の101へと大きく増えている。

都市圏域が事実上拡大していく流れの中で、周辺町村を編入して市域を拡張する流れは各地で起こった。長野市でも当時の丸山弁三郎市長が大正10年（1921）頃に「大長野市構想」を掲げ、吉田町と芹田、古牧、三輪の3村との合併を模索していた。このうち吉田町が市街電車の敷設を合併条件に挙げたため、長野から吉田を経て須坂に至る電気鉄道の計画が浮上、そこで設立されたのが「長野電気鉄道」である。

長野市が積極的に推進する免許申請であるから話は早く、鉄道敷設免許は無事に与えられた。大正12年（1923）6月26日付の官報に掲載された文面は次の通りである。

◎鉄道免許状下付　本月二十二日長野電気鉄道株式会社　発起人神津藤平外五十四名ニ対シ鉄道敷設免許状ヲ下付セリ。其起業目論見ノ概要左ノ如シ（鉄道省）
鉄道種別　電気鉄道　軌道幅員　三呎六吋［1・067メートル］　線路両端　長野県長野市　同県上高井郡須坂町　延長哩程　七哩二十鎖［11・67キロ］　建設資金　二百万円

「免許理由」を記した鉄道省内の文書が公文書の簿冊（鉄道省文書『長野電鉄（元長野電気鉄道）全』大正12～15年。国立公文書館蔵）に綴じ込まれている。走り書きで読みにくい箇所もあったが、掲げてみよう。

免許理由
本出願線ハ長野市、須坂町間ヲ連絡シ、地方交通ニ資スル処大ナリト認ム。仍テ免許可然。
本路線ノ如キハ系統上、経済上、一会社ヲ新設シ

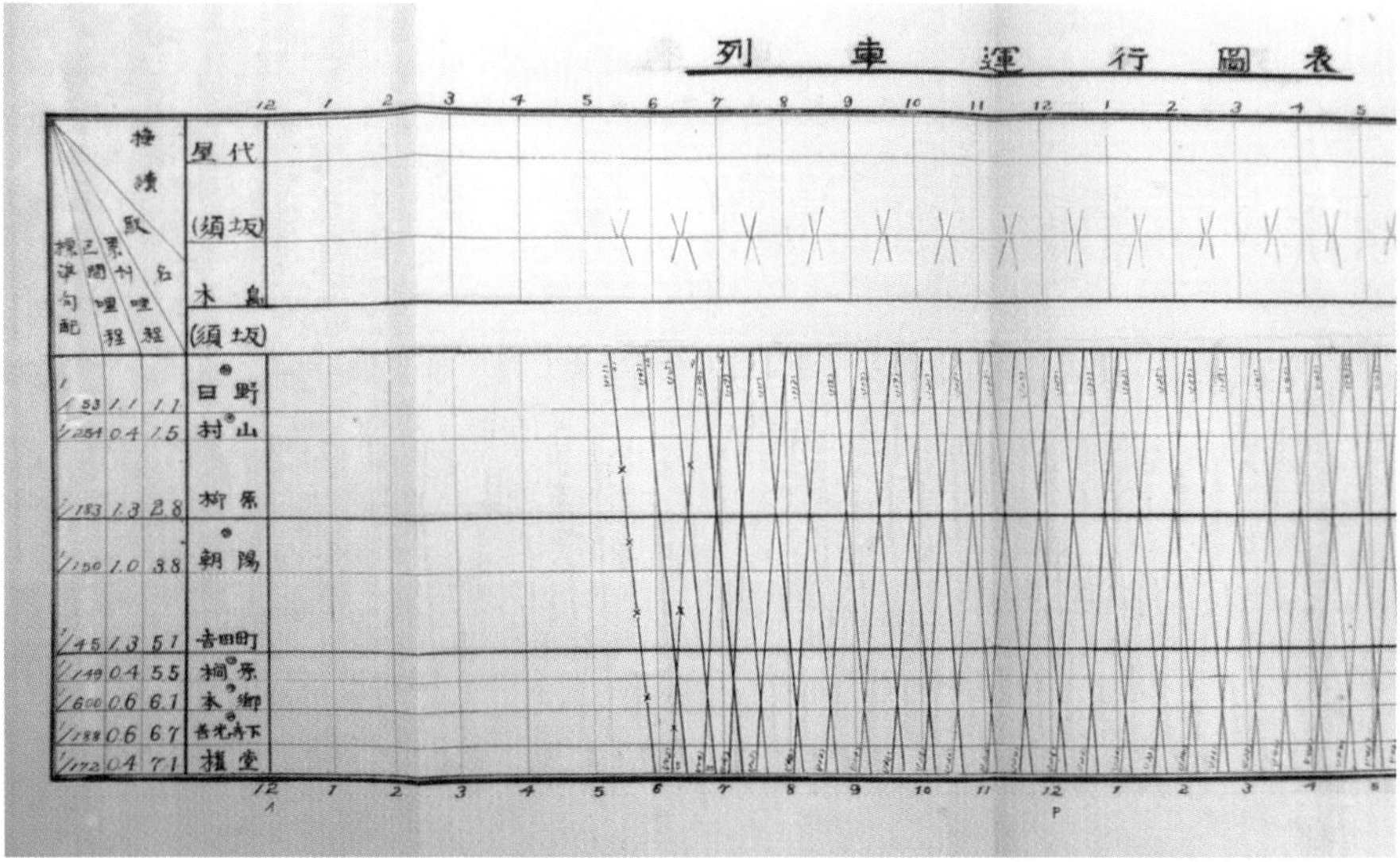


長野電気鉄道の開業時と思われるダイヤグラム（概略を示す1時間目ダイヤ）。鉄道省文書「長野電鉄　巻三」大正15年より（国立公文書館蔵）

テ経営センヨリハ、□□、既設会社（河東鉄道）ノ延長線トシテ経営セシムルヲ妥当ト認ムルモ、知事内翰（ないかん）［行政内文書］ノ次第モアリ、一先（ひとま）ヅ□□免許スルモ已（や）ムヲ得ザルモノト認ム。尚ホ、将来既設会社トノ合併ニ付テハ知事モ既ニ考慮セル趣ナリ。

＊□は各1字不明

## 長野県知事が早期の開通を待望

特に大金を要する新線の建設にあたって別会社を設立することは、当時しばしば行われていた。本来なら河東鉄道が建設すべき支線だろうが、河川敷の幅が約８００（メートル）にも及ぶ千曲川を渡る橋梁など障壁は高く、また県や長野市の応援を受けるにあたって手続き的な都合があったのかもしれない。それはともかく、ここに「知事内翰（ないかん）」と記された県知事から鉄道大臣への文書は、長野電気鉄道敷設の意義について縷々（るる）述べている。知事としてなるべく早期の鉄道の実現を希望していたことが伝わる内容だ。なお当時の府県知事は、公選ではなく内務省のキャリア官僚が務めており、この時は「日本最大の地主」と言われた出羽庄内（山形県）の酒田・本間家の長男であった。

土甲収第二一八二号
大正十二年五月卅日
長野県知事　本間利雄

鉄道大臣大木遠吉殿

長野、須坂間地方鉄道敷設免許申請ノ件

長野電気鉄道株式会社発起人管下北佐久［郡］志賀村神津藤平外五十四名ヨリ長野市ヲ起点トシ、上高井郡須坂町ニ至ル七哩二十鎖［11・67キロ］間ニ地方鉄道敷設ノ儀、別紙ノ通リ申請ニ付調査ノ処、左記ノ通リニ有之。地方交通上極メテ適当ノ施設ト被認候ニ付、御免許相成候様致度、関係書類相添、此段及副申候也。

記

一、申請者ノ資力並信用ノ程度
地方ニ於テ最モ資力及信用ヲ有スルモノナリ。

二、事業成否
発起人ハ何レモ関係地方ニ於テ資力信用ノ程度第一流ニ位シ、代議士、県会議員、私設鉄道会社長、銀行頭取其ノ他各種会社長等、多数ノ有力者ヲ網羅スルモノニシテ、且本鉄道沿線地方ノ斉シク之カ速成ヲ翹望［切望］シツ、アル情勢ナルニヨリ、事業ハ確実ニ遂行シ得ラル、モノト認ム。

三、事業ノ効用
本鉄道沿線地方ハ土地広闊ニシテ農蚕業最モ発達シ、市街地及相当部落［集落］ヲ通過スルモ、現在長野吉田間ニ省線鉄道［信越本線］アルノミニテ、其ノ他ハ特殊交通機関ヲ欠キ、一般ニ不便ヲ感シツ、アル実情ナリ。殊ニ長野市ト須坂町トハ日常ノ商取引盛ニシテ最モ密接ノ関係ヲ有スルモ、従来動モスレハ千曲川ノ奔流ヲ以テ妨ケラレ、洪水ニ際シテハ橋梁墜落シ、交通杜絶スルコト尠ナカラス。之カ為、関係地方ノ蒙ル損失大ナルモノアリ。然ルニ本鉄道ハ完全ナル橋梁ヲ架設スル計画ナレハ、之等ノ不便ヲ除クヲ以テ、本事業実現ノ暁ハ沿道地方ノ利便頗ル大ナルモノト認ム。

四、他ノ鉄道亦ハ軌道ニ及ホス影響
本鉄道ハ長野、吉田間ハ省線ト併行スルコト、ナルモ、右区間ハ常ニ旅客貨物ノ輸送輻輳シ居ル状態ナレハ、本鉄道ハ之カ補助機関トナリ、地方民ノ利便多大ナルモノト認ム。又終点ハ河東鉄道須坂駅ニ連絡スルモノナレハ、相互営業上好影響ヲ与フルモノト認ム。

五、其他必要ト認ムル事項
　本鉄道ノ起業ハ関係地方ニ於ケル多年ノ懸案問題ニシテ、且長野市ト付近町村合併問題ニ至大ナル影響ヲ与フルモノナレハ、急速之ヲ完成セシムルノ要アルモノト認ム。

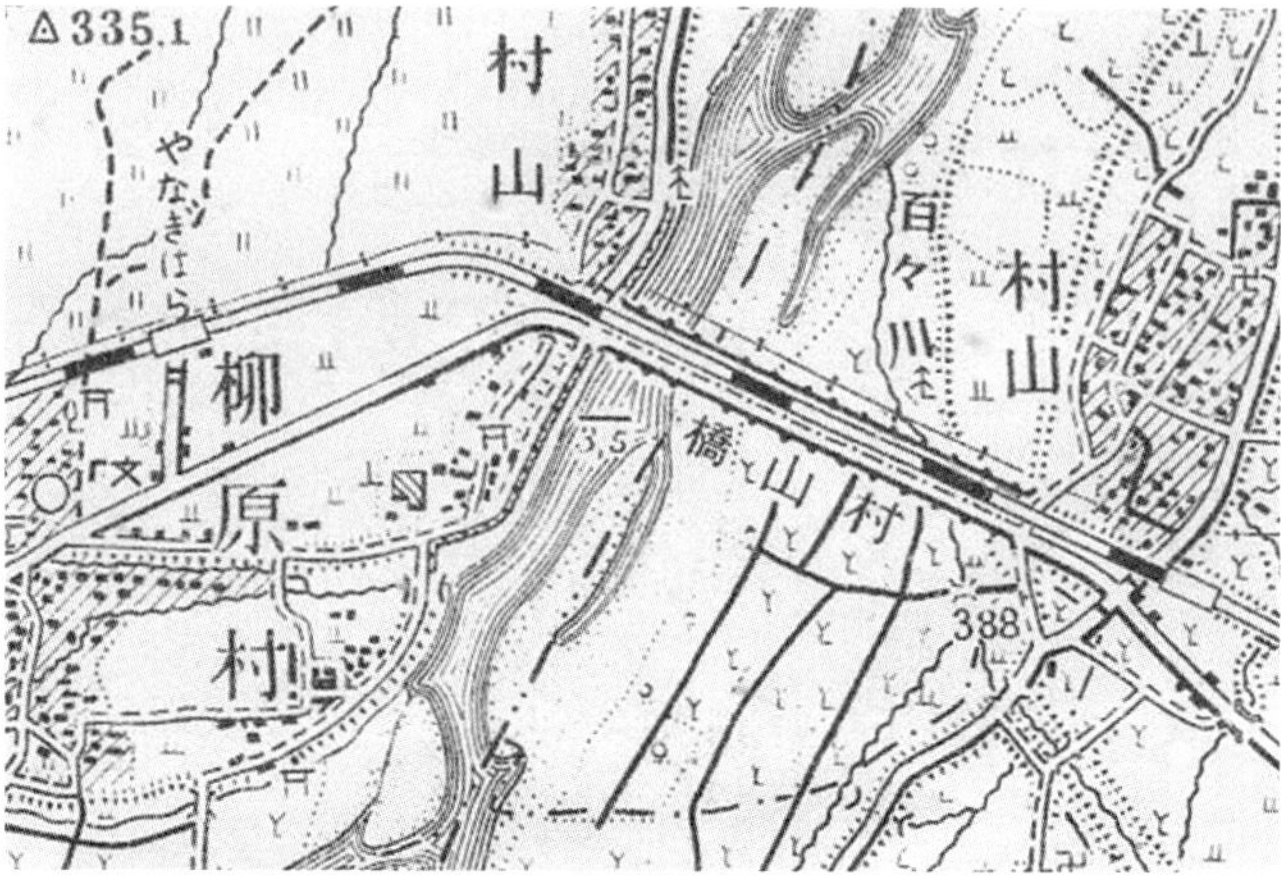

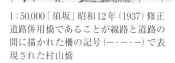

1：50,000「須坂」昭和12年（1937）修正
道路併用橋であることが線路と道路の間に描かれた柵の記号（—・—・—）で表現された村山橋

　千曲川の橋梁が不完全では氾濫の度に流されてしまうため、永久橋を建設して鉄道を敷設することが、須坂—長野間の交通にとって必須であることを説いている。「四」では長野—吉田間が信越本線と並行することに言及しているが、これは公共インフラとして適正な鉄道網の発達のために「並行線を認めない」という鉄道省の基本方針があり、それに抵触しかねない区間であったためだ。この区間の交通量の多さを述べ、信越本線を補助する交通機関であることを強調している。

## 県と共同で架けた村山橋

　さて、千曲川の橋梁であるが、これを一地方私鉄が架けるのには大金を要する。見積もれば１００万円は下らないとされ、当時の長野電気鉄道の資本金が２００万円であることを考えればあまりに負担は重い。参考までに、少し後の時期に架けられた東武鉄道日光線の利根川橋梁（１８０９フィート＝５５１・４メートル、開通当初）の建設費は１３７万６千円（昭和２年、鉄道省への提出書類による）。これは道路のない複線の鉄道専用橋だが、いずれにせよ長野電気鉄道としては、県として架けるべき永久橋と鉄道橋を一体構造とする案が現実的であると考えた。

村山橋よりひと足先に完成した道路鉄道併用橋では犬山橋（233・2メートル）が有名だが、これは岐阜・愛知両県境を流れる木曽川に架けられ、大正14年（1925）完成、翌15年10月には名古屋鉄道の電車が走り始めた。ここでは総工費66万6千円のうち名鉄が28万円（約42％）、残りの38万6千円を岐阜・愛知の両県で折半した（土木学会資料による）。

この犬山橋の前例が参考になったのではないだろうか。ただし、犬山橋は舗装された路面の中央に路面電車のように複線のレールが敷かれているのに対し、村山橋はトラス桁こそ共用するものの、単線の線路と2車線の道路部分が柵で分けられているのが特徴だ。村山橋の長さは犬山橋の約3・5倍に及ぶ。

次は長野電気鉄道の発起人総代名義で後に社長となる神津藤平が、大正12年（1923）8月7日付で県知事に宛てた共同架橋を求める文書である。

長野県知事　本間利雄 殿

共同架橋工事施行之儀御願

曩ニ鉄道大臣ヨリ敷設免許ヲ得候長野須坂間電気鉄道工事ニ付、当会社ノ尤モ苦慮致候所ハ千曲川橋梁架設ノ一事ニシテ、其ノ工費ハ資本金［ノ］約弐分ノ壱ヲ要シ、此侭施工ヲナサンカ、営業収支上ニ於テ会社ノ経営頗ル困難ニ陥リ、折角ノ起業モ挫折ノ止ムナキニ至ランカト腐心罷在。

然ル処、県ニ於テハ近ク村山橋ノ架設御実施ノ由、且ツ其位置ニ付テモ略会社測定致候地点ト同一ノ如ク承リ候間、茲ニ流域湛水被害ノ関係並ニ資金ノ関係上、共同架設ノ御詮議ニ預リ候ハゞ、独リ会社ノ利益ノミナラス、県ニ於テモ多大ナル御利益ト被存候間、何卒此際至急御審議ノ上、右共同架橋ノ儀、御認可被成下度、此段 奉 願 候也。

県としても、長野電気鉄道の予定架橋位置とほぼ同じ場所に県道の橋を架ける予定があるのであれば、両者共同して架橋するのが最も合理的との考え。話し合いの結果、県と鉄道の費用などの分担範囲を大正13年（1924）4月17日に知事に示している。

長野県知事　本間利雄 殿

村山橋架設ニ付工事施行願ノ件

曩ニ布設免許ヲ得候当会社千曲川橋梁架設ニ付、県道橋ト共同施行方御願申候処、更ニ該工事実施方ヲ左記条項ニ依リ御施工被下候様致度、此度 奉 願 候也。

記

一、見積者ノ撰定及工賃予算等ノ単価並ニ□□金額内訳単価ノ設定ニ就キ県及会社協議ノ上、之レヲ定ムル事。

二、支給材料即チ「セメント」鉄筋ハ県ニ於テ支給ノコト。

三、貸与材料

（イ）荷重用軌条ハ会社ニ於テ三哩［約4・8キロ］分用意ヲナシ、必要ニ応シ請負人ニ損料ヲ以テ別途貸与スルコト。

（ロ）「コンクリート」混合□　砂利捲揚機「モンキー」等ノ諸機械ハ県ニ於テ必要ニ応シ損料ヲ以テ別途貸与スルコト。

四、鋼構桁［トラス桁］及鋼版桁［ガーダー桁。鈑桁］ノ契約ノ際「材料」「工作及運搬」「小運搬及架設」ノ三費目ニ別チ締結スルコト。

但鋼版桁ノ「小運搬及架設」ニ軌条引延シノ関係上、会社ニ於テ施行スル事。

五、工費ノ分担

（イ）鋼構桁　県　百分ノ五一・七　会社　百分ノ四八・三

橋台と橋脚、線路の敷設工事が進む村山橋。中央部から須坂市方向を望む。大正14年頃（長野電鉄提供）

（ロ）橋脚（自一号　至八号）県　百分ノ六〇　会
　社　百分ノ四〇
（ハ）橋台橋脚　各基礎ノ面積ニヨリ区分

六、工事監督：県ノ責ニ任ス
　但会社ヨリ補助費ヲ出スコト。

七、工事費ハ出来高ニ対シ設定ノ分担歩合ニ相当スル金額ヲ其都度会社ヨリ納入スルコト。

八、施行順序
　工事施行：共同架設ノ部分ト版桁架設ノ部分トハ施行認可アリ次第直ニ着手シ、大正十五年五月竣工ノ予定トナシ置クコト。
　版桁架設部分ノ県ノ分ハ基礎工事ノ部分ニ限リ会社ト仝一歩調ヲ以テ施行スルコト。

九、鋼構桁：「ペンキ」塗替及修繕其ノ他
「ペンキ」塗替及修繕：県及会社協議ノ上之レヲ行ヒ、之レニ要スル費用ノ分担ハ第五項（イ）鋼構桁ノ場合ニ仝シ。又共同部分ノ一部構造物ノ修繕ニ関シテハ第五項ノ（ロ）橋脚ノ場合ニ仝シ。
　但維持修繕ノ起因ガ自然滅傷或ハ事故又ハ天災不可抗力等ノ如何ヲ問ハズ、其修繕費ハ右比例ヲ以テ算出負担ノコト。

村山橋の長さは開業時の鉄道省による「竣功監査報告」によれば橋長２６６４フィート（８１１・９９メートル。資料によって８１３・３メートル、８１３・６２メートルなどの数値あり）で、総工費は１０３万円。このうち県が60万円、長野電気鉄道が43万円という分担比率となったようだ（鉄道大臣への認可申請書類の欄外に鉄道監督局員によると思われる鉛筆書き）。

橋桁は西側に１６５フィート（約50・3メートル）のトラス桁が7連、東側に続いて40フィート（約12・2メートル）の鋼鈑桁が33連、これに加えて西詰に20フィートの鋼鈑桁が一つという長大橋（桁の合計は橋の全長より短い）となり、橋桁の製造は川崎造船所が請け負った。

この堂々たる橋は前掲文書の「八、施行順序」に示された期限の前月にあたる大正15年（１９２６）4月末には橋梁工事を終了している。橋梁の設計はその分野の第一人者として知られた増田淳。東京・千住大橋や白鬚橋、揖斐・長良川に架かる伊勢大橋、大阪の十三大橋などを手がけている。

## 地元の協力が得られた線路工事

『長野電鉄80年のあゆみ』によれば、線路敷設や駅舎新築、各駅への取り付け道路などの建設には沿線6地区の区長や有志が中心となって積極的な協力が得られた。工事は捗り、大正15年（１９２６）6月

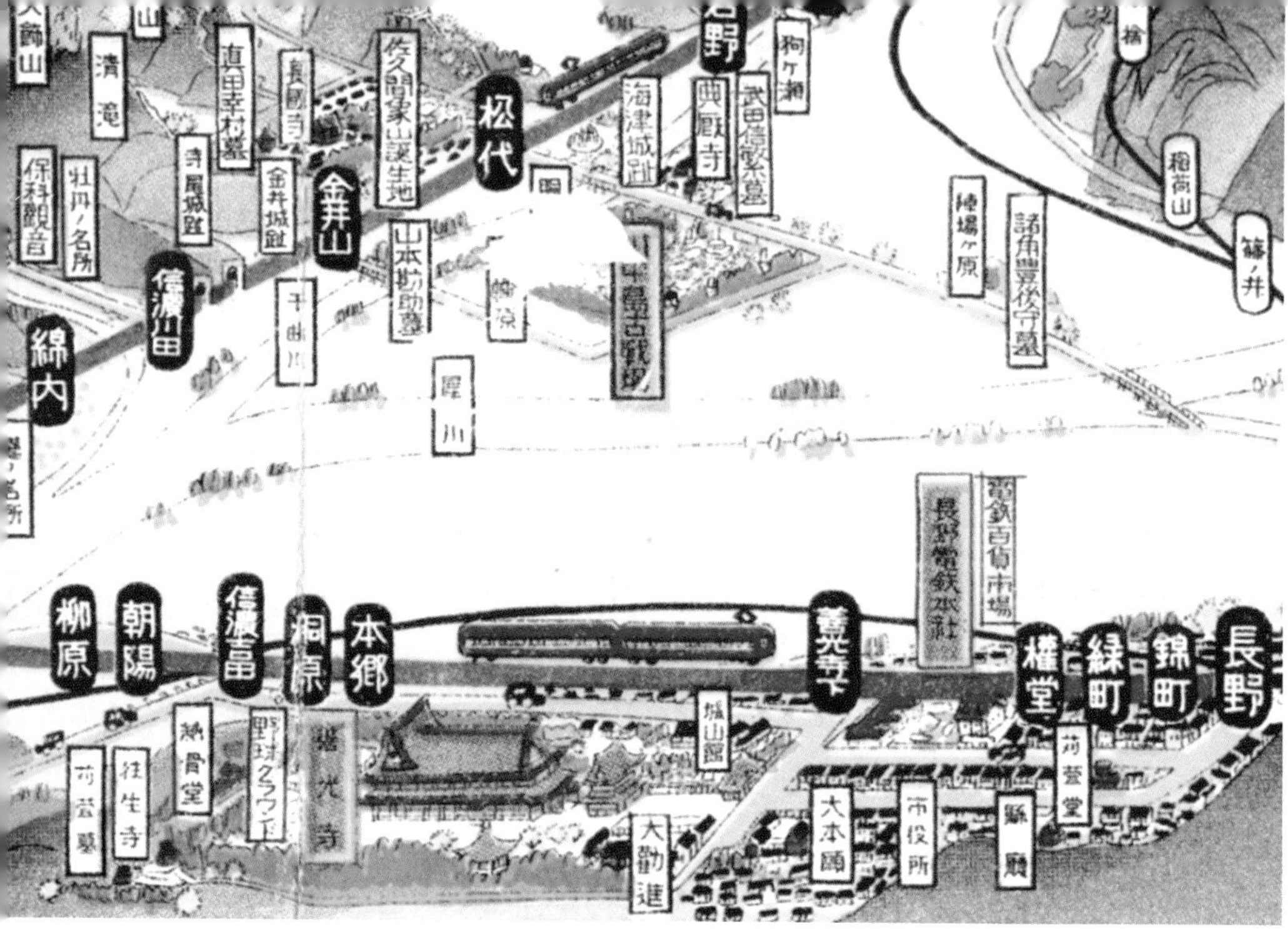


28日に須坂―権堂間が開業。ぐらぐら揺れるか細い舟橋で通じていた須坂と長野の間は道路・鉄道ともに頑丈な鉄橋で結ばれ、旧来とは比較にならないほどの人と物の便利な往来が可能になったのである。

現在の村山橋は平成20年（２００８）12月22日に道路部分、翌21年11月9日に鉄道部分が完成したが、旧村山橋を記念して新橋の東詰に設けられた「村山橋メモリアルパーク」に掲げられた「旧村山橋の記」には、「河東地域の人たち、なかでも製糸業が繁栄していた須坂町の製糸家にとっては長い間の、夢の大橋であった。大人も子どもも〝村山の鉄橋〟と呼んで親しんできた」とある。

開業を翌月に控えた大正15年（１９２６）5月13日、長野電気鉄道は停車場・停留場の名称変更届を提出した。善光寺停車場を権堂停車場に、また城山下停留場を善光寺下停留場とそれぞれ変更したのだが、届け出によればこれは「長野市ノ希望」による、とある。なるほど、善光寺下駅は城山公園や城山小学校のある城山の下であるが、最初の予定で権堂駅の位置に予定されていた駅が「善光寺」を名乗ってしまえば、他地方から訪れた人が善光寺の最寄り駅と勘違いする人も多いだろう。

さらに権堂―吉田間は、当初計画の単線から複線

吉田初三郎「長野電鉄絵図」昭和初期（発行年不詳）より須坂―長野間。村山橋（柳原―村山間）はトラスのある道路鉄道併用橋として描かれている

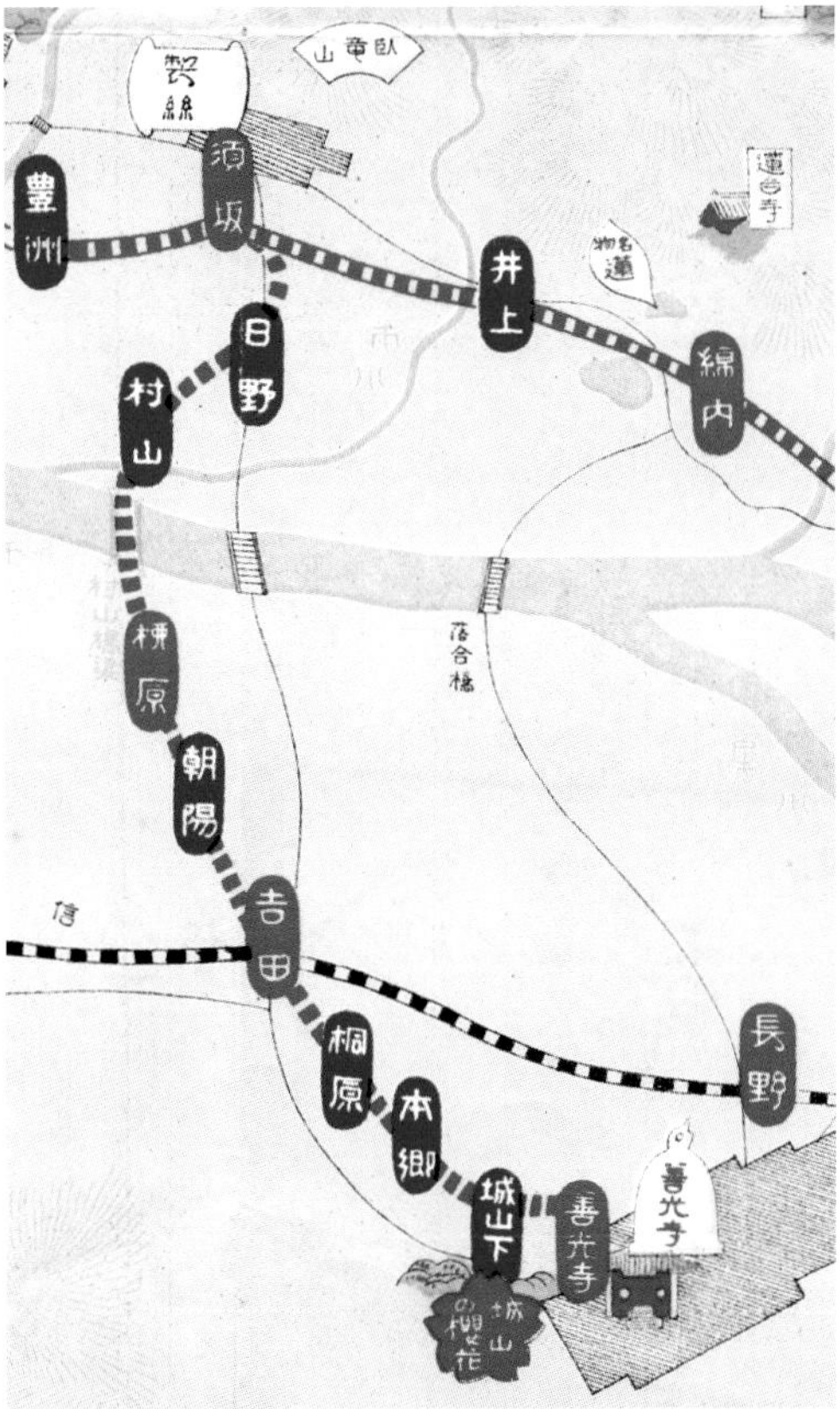


開業前の予定駅名が記された「河東鉄道線路案内　附長野電気鉄道」（発行年不詳）

に変更している。大正14年（1925）11月16日付「須坂長野間線路工事方法変更及線路勾配変更認可申請」に記された理由書には「吉田、長野間ハ旅客交通頻繁ニ付、全区間ハ特ニ電車ノ区間運転ノ必要アリ、運転保安上複線トス」とある。以下は須坂―権堂間の開業の2日前に行われた鉄道省の竣功監査報告。

地上時代の複線区間を走る100形。昭和45年9月、権堂―善光寺下間（小西純一氏撮影）

大正十五年六月二十六日

雇　福田　六右衛門
技手　野元　秀隆
技手　高野　有
属　加藤　文平
技師　佐橋　信一

長野電気鉄道株式会社　地方鉄道
須坂権堂間線路敷設工事竣功監査報告

竣功線路ハ長野県上高井郡須坂町ニ於ケル河東鉄道既設停車場零哩(マイル)零鎖(チェーン)零節(リンク)ヨリ同県長野市ニ於ケル吉田町停車場五哩六鎖五十節［約8・18キロ］ニ至ル単線五哩六鎖五十節及ヒ、同停車場ヨリ同県同市ニ於ケル権堂停車場ニ至ル複線二哩四鎖五十節［3・31キロ］（須坂、権堂間延長七哩十一鎖［11・49キロ］）ニシテ、地勢概ネ平坦、千曲川村山橋梁総延長二千六百六十四呎(フィート)［811・99メートル］ノ架設工事ヲ除ク外工事モ亦(また)簡易ナリ。

本区間線路ハ竣功ヲ告ゲ、車両電気其ノ他ノ運転設備モ亦完成セリ。右線路及工事ノ概要ハ別紙工事方法概要書及ヒ諸表ノ如シ。

電動客車ニ相当重量ヲ積載シ、所定運転速度ヲ以テ本区間ヲ走行セシメタルニ、線路車両及電気設備共異状ナク安全ニ運転ヲ了セリ。依ッテ左記ノ諸件認可ノ上ハ使用開始ノ件支障ナシト認ム。

左記［略］

須坂権堂間工事方法概要書

| | |
|---|---|
| 鉄道ノ種類 | 単線架空式電気鉄道 |
| 単線複線ノ別 | 須坂吉田間―単線　吉田権堂間―複線 |
| 軌間 | 三呎六吋［1・067メートル］ |
| 軌道ノ中心間隔 | 拾壱呎［3・35メートル］ |
| 最小曲線半径 | 拾弐鎖［241・4メートル］ |
| 最急勾配 | 四拾分ノ壱［25‰］ |
| 施工基面幅 | 単線―拾四呎［4・27メートル］<br>複線―弐拾五呎［7・62メートル］ |
| 軌条ノ重量 | 一碼(ヤード)ニ付　六拾封度(ポンド)［約30キロレール］ |
| 枕木ノ最大敷設間隔 | 弐呎六吋［0・762メートル］（軌条三十三呎［約10・06メートル］ニ付十四挺ノ割） |
| 道床撒布量 | 切込砂利一哩当リ弐百坪［立坪(りゅうつぼ)］［約1202立方メートル］ |
| 轍叉番号 | 六番　八番 |
| 線路標識並防備 | 整備 |

## 頑強で堂々たるトラス橋――村山橋

このうち「鉄道ノ種類」にある「単線架空式」はレールの方とは関係なく、架線が1本であることを意味する。現在では一般的な方式だが、かつてはトロリーバスのように2本の架線に2本のポールで走る路面電車が存在したため区別していた。

これ以下に掲げられた、農業用水などに架かる小さなものも含めた詳細な「橋梁表」は省略するが、村山橋については特別に橋梁の「撓度（とうど）」、つまり想定される重い列車が通過した際に橋桁がどれだけ撓む（たわむ）かの試験結果が記されている。4両連結の蒸気機関車（重量39・13トン、軸最大重量9・6トン）に砂利満載の貨車（重量約8トン）4両を連結して測定したところ、鋼鈑（こうばん）桁（ガーダー桁）で1050分の1、鋼構桁（トラス桁）ではわずか3170分の1しか撓まなかったという。

この村山橋は現在の橋に完全に引き継がれるまで、よく風雪に耐え、長野―須坂間の交通を83年間しっかりと支えた。橋の交代については、老朽化というよりは、歩道のない2車線のみの構造が現代の「クルマ社会」に対応できなかったということだろう。

須坂―権堂間の「停車場表」は次の通り。

須坂権堂間停車場表

| 名称 | 位置 | 所在地 |
|---|---|---|
| 須坂 | ○哩○○鎖○○節 ［0・00］ | 長野県上高井郡須坂町〈須坂〉 |
| （日野） | 一哩○七鎖二五節 ［1・76］ | 仝（同）県仝郡日野村〈高梨〉 |
| （村山） | 一哩四三鎖七○節 ［2・49］ | 仝県仝郡仝村〈村山〉 |
| 柳原 | 二哩六三鎖五○節 ［5・00］ | 仝県上水内郡*柳原村〈柳原〉 |
| （朝陽） | 三哩六七鎖五○節 ［6・19］ | 仝県仝郡朝陽村〈南堀〉 |
| 吉田町 | 五哩○六鎖五○節 ［8・18］ | 仝県長野市〈吉田〉 |
| （桐原） | 五哩四一鎖一五節 ［8・87］ | 仝県仝市〈古野〉 |
| （本郷） | 六哩○五鎖八五節 ［9・77］ | 仝県仝市〈三輪〉 |
| （善光寺下） | 六哩五六鎖○○節 ［10・78］ | 仝県仝市〈三輪〉 |
| 権堂 | 七哩一一鎖○○節 ［11・49］ | 仝県仝市〈鶴賀〉 |

各停車場ニハ通信設備アリ

列車保安法

　単線区間　電気通票器式

　複線区間　双信閉塞器式

*駅名のうち（　）内は停留場。各駅の設備は省略。

*位置はマイル・チェーン・リンクの順で［　］内はキロメートル換算。

*所在地は文書に市町村名のみなので、引用者が『鉄道停車場一覧』（昭和5年版）を参照して末尾〈　〉に大字名を追加した。

*所在地欄の原文では柳原駅の所在地を「全郡（上高井郡）」としているが、明らかな誤りなので訂正した。

開業直後の時刻表『汽車汽船旅行案内』（庚寅新誌社）の〝大正16年〟（1927）1月号によれば、権堂駅発須坂行きの1番電車は朝の6時40分発で、須坂着が7時7分。所要時間は27分で、現在の普通列車が23～25分なので、それほど変わらない。下り2番電車の7時6分発から後は終日「35分間隔」だったとある。半端な印象だが、戦前にはこのような間隔は珍しくなかった。（ちなみに大正は15年12月25日に天皇が崩御して終焉を迎えた。本時刻表は「昭和2年1月号」とすべきところ、年の瀬で印刷が間に合わなかったのだろ

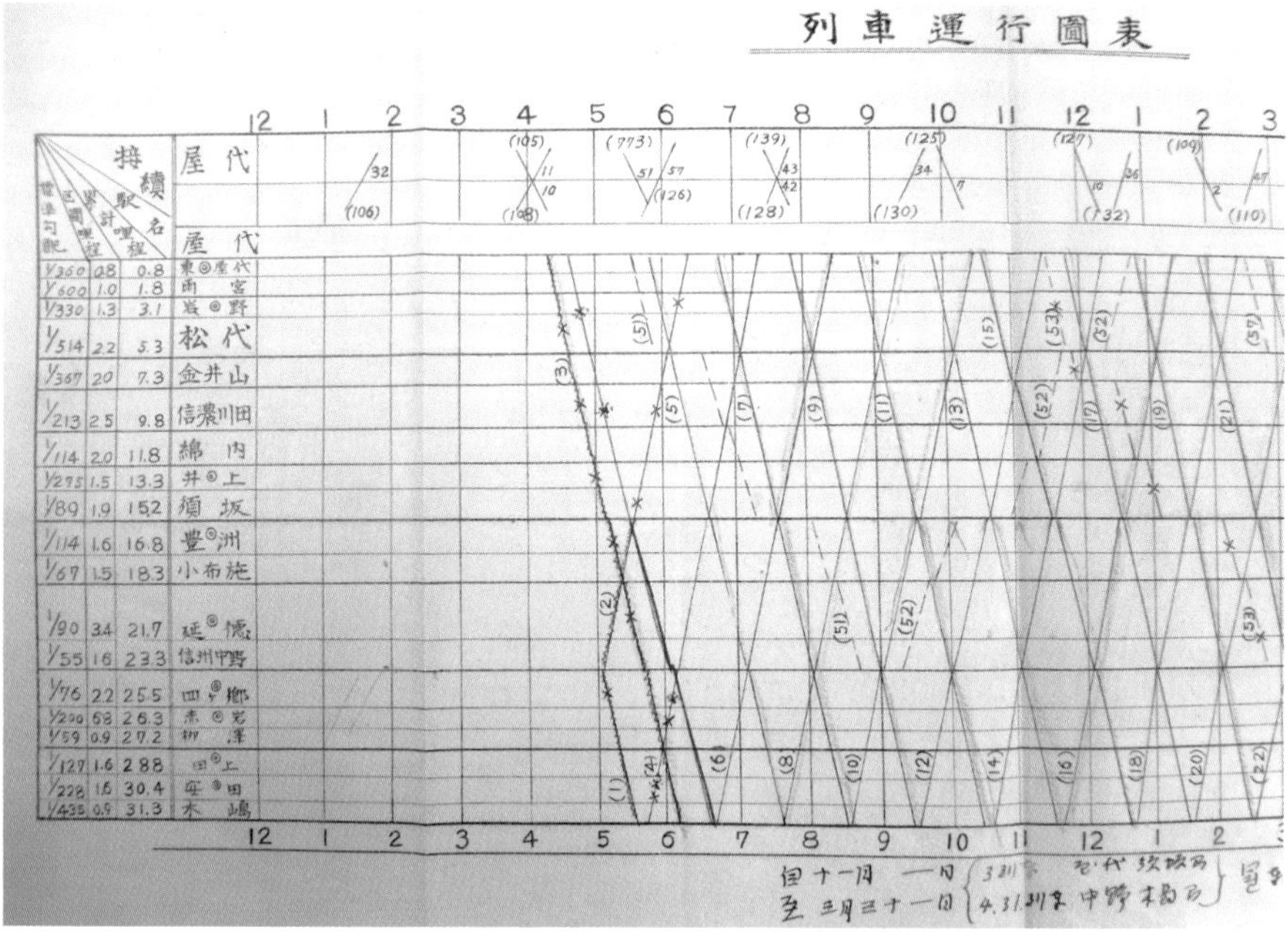


電化完成時のダイヤグラム（屋代―木島）。鉄道省文書「長野電鉄　巻三」大正15年（国立公文書館蔵）

う。誌面には「謹賀新年」の文字も目立つ）
　この区間のうち吉田町駅は、開業わずか3ヵ月少々の10月5日に信濃吉田と改められた。信越本線吉田駅（現北長野駅）と徒歩数分の近さなので「町」を付けて区別したのだろうが、勘違いしやすかったのかもしれない。

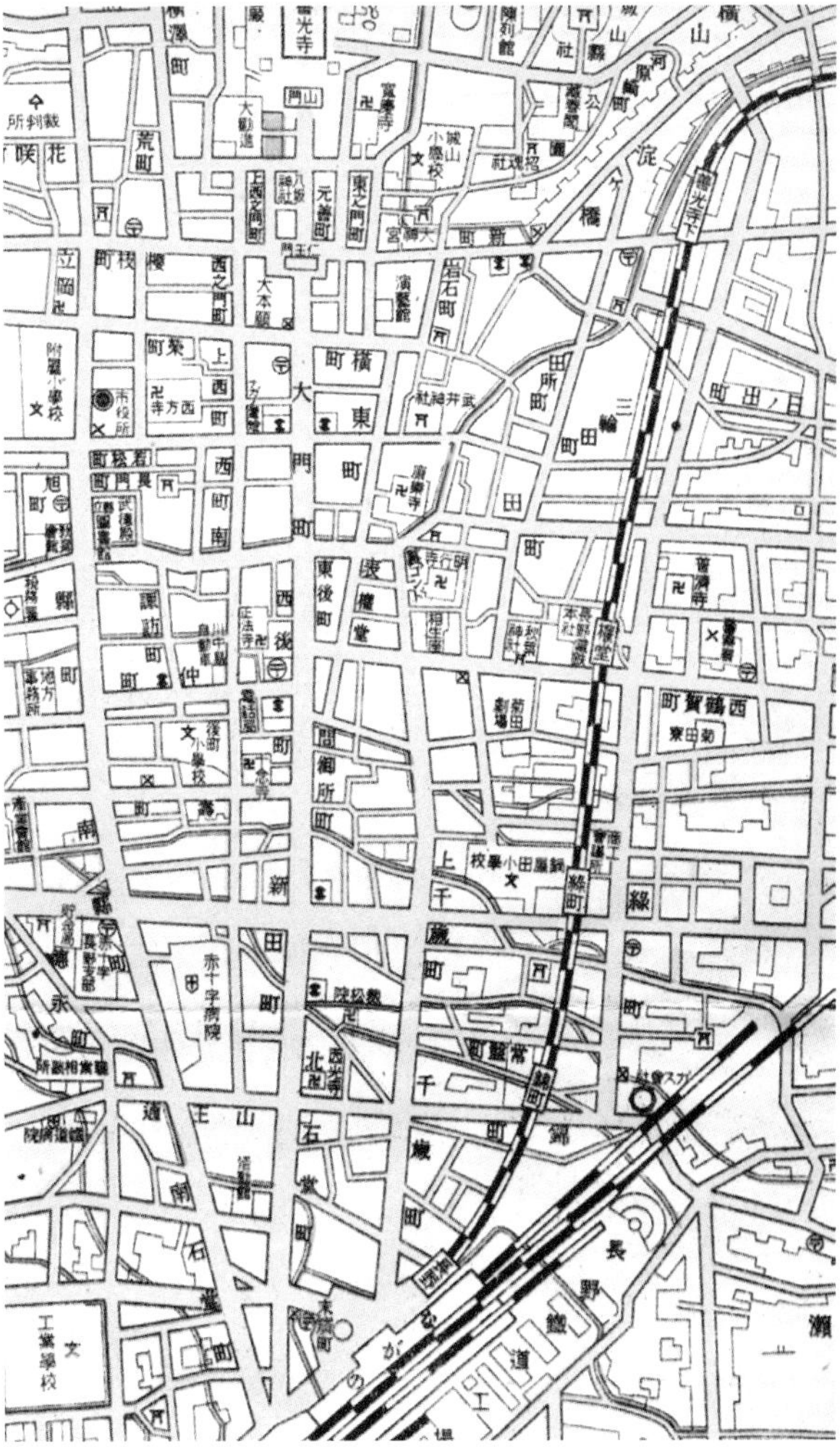


緑町駅が描かれた市街図。金華堂書店「長野市全図」昭和23年発行。同駅はこの年には休止中だった

## いよいよ長野駅へ乗り入れ

　権堂開業から後、線路予定地にかかった鍋屋田（なべやた）小学校敷地の調整で路線を変更し、また国鉄長野駅との接続調整などに時間がかかったため、長野駅まで開業したのはちょうど2年後、昭和3年（1928）6月24日のことである。この付近は昭和56年（1981）から地下線になったが、線路跡地にできた長野大通りが同小学校東側を迂回するように緩く屈曲しているのが、その用地調整の名残だろう。

　例によって前日の23日には竣功監査報告が提出されているが、線路のプロフィルを示した「工事方法概要書」はおおむね須坂―権堂間と同様（最急勾配は60分の1＝16・7‰）なので、停車場表のみ掲げる。全長1・1キロにすぎないが、新たに3駅が設置された。

権堂長野駅前間停車場表

| 名称 | 位置 | 所在地 |
|---|---|---|
| 権堂 | 七哩一一鎖〇〇節［11・49］ | 長野市大字鶴賀 |
| （緑町） | 七哩三一鎖二五節［11・89］ | 仝 |
| （錦町） | 七哩四六鎖五〇節［12・20］ | 仝 |
| 長野駅前 | 七哩六六鎖〇〇節［12・59］ | 仝 |

緑町、錦町ハ停留場ナリ。権堂、錦町、長野駅前ニ電話通信ノ設備アリ。既設信濃吉田、長野駅前間複線区間ノ列車運転ノ保安方法ハ自動閉塞信号ニ依ル。

*（　）内は停留場。位置の［　］はキロメートル換算。設備は省略。

気になるのが「長野駅前」とされた駅名である。これがいつ「長野」に変更されたのだろうか。改称についての公文書が見当たらないので経緯や日時は不明で、また官報にも改称が公示されていないから、少なくとも開業後の改称ではなさそうだ。前日の竣功監査まで「長野駅前」であったのが、当日ひっくり返ったなどということがあり得るのか不明だが、時刻表『汽車汽船旅行案内』昭和4年（1929）

長野縣

長野電鐵株式會社

資本金　7,000,000円
同拂込額　6,300,000
期間　上期自2月至7月　下期自8月至1月
所在地　本社　長野市權堂町二二〇一　事務所
代表者　社長　神津藤平
他事業　電氣事業　遊園地

| 種別 | 動力 | 軌間 | 區間 | 粁程 | 建設費（概算）豫算額 | 免許年月日 | 工施認可年月日（申請期限） | 工著期限（著手） | 工事竣功期限 | 會社設立 大正9年5月30日 |
|---|---|---|---|---|---|---|---|---|---|---|
| 未開業線 | 電氣 | 米分厘毛 1.067 | 長野市、八幡村 | 粁分厘毛 18.909 | 円 1,900,000 | 昭和 3. 6. 8 | 昭和 (4.12.7) | 免許線 | | 長野電氣鐵道合併 大正15.10.9<br>河東鐵道社名變更 大正15.10.6 |

| 種別 | 動力 | 軌間 | 區間 | 粁程 | 建設費豫算額 | 免許年月日 | 運輸開始認可年月日 | 運輸開始實施年月日 | 省線連絡驛(屋代)連帶線 |
|---|---|---|---|---|---|---|---|---|---|
| 開業線 | | | 屋代、木島 | | | | | | 屋代木島間電氣動力併用 大正15.1.29 |
| | 蒸電併用 | 米分厘毛 1.067 | 屋代、須坂 | 粁分 24.4 | 円 2,800,000 | 大正 9. 5. 3 | 大正 11. 6. 9 | 大正 11. 6.10 | |
| | | | 須坂、信州中野 | 13.1 | 1,350,000 | 10. 5.26 | 12. 3.24 | 12. 3.26 | |
| | | | 信州中野、木島 | 12.9 | 1,100,000 | 〃 | 14. 7.11 | 14. 7.12 | |
| | 電氣 | 〃 | 信州中野、湯田中 | 7.6 | 700,000 | 〃 | 昭和 2. 4.27 | 昭和 2. 4.28 | |
| | | | 須坂、權堂 | 11.5 | 2,000,000 | 12. 6.22 | 大正 15. 6.26 | 大正 15. 6.28 | 元長野電氣鐵道線 |
| | | | 權堂、長野驛前 | 1.1 | 440,000 | 〃 | 昭和 3. 6.23 | 昭和 3. 6.24 | |
| | | | 計 | 70.6 | 8,390,00 | | | | |

鉄道省監督局調『地方鉄道軌道一覧』（昭和7年10月1日現在、社団法人鉄道同志会刊）より長野電鉄の項。「長野駅前」の駅名が記されている

5月号ではすでに「長野」とある。鉄道省監督局調『地方鉄道軌道一覧』（昭和7年・社団法人鉄道同志会刊）の「長野電鉄株式会社」の項には開業区間ごとに掲げられた表中に「権堂、長野駅前」の記述が見られるが、当時の鉄道路線図などを含めて、その駅名を名乗っていた証拠は他に見当たらない。

駅名については、現在と異なる事情があったことは記しておきたい。当時は地方鉄道（私鉄）が国有鉄道の駅に接続する場合、同じ駅名を名乗ることは「同じ構内」となることを意味したようで、その際には鉄道省と会社の共同使用契約が結ばれ、私鉄線の構内も国鉄駅長の管轄となった。開業時に「長野」を名乗れたということは、直前にそれがまとまったのだろうか。なお、昭和12年（１９３７）には国鉄の客車が長野駅から乗り入れている。季節運転の湯田中行きの観光列車であるが、駅構内で線路がつながっていたために、それが可能であった。

長野—須坂間の開業以来、旧河東鉄道の「屋代—須坂—木島」という伝統的な運転系統は「長野—須坂—信州中野—湯田中」という現行ルートに変化するが、その前に湯田中までの建設の経緯、それと軌を一にした全線の電化について、遡（さかのぼ）って取り上げなければならない。

## 温泉郷から志賀高原へ——観光路線の礎

### 全線電化と急勾配の平穏線

大正期に入り、特に大都市圏の私鉄では蒸気機関車が牽引する列車の「電車化」が急速に進んでいた。河東鉄道でもいずれ蒸気から電気への動力変更は避けられないと判断していたようで、将来的に架線を張る場合に備えてトンネルをあらかじめ高く設計するなど先見の明（めい）があった。長野—須坂間を結ぶ都市近郊型電車となる長野電気鉄道との直通運転、湯田中温泉への急勾配線——平穏（ひらお）線の建設を考慮すれば早期の電化が必要だったのである。

かくして大正13年（１９２４）に申請した電化工事は認可され、同15年1月29日には完成した。当時、直流６００Ｖ（ボルト）が一般的であった電圧は現在のＪＲ在来線などと同じ１５００Ｖとし、さらに架線柱も木柱がふつうであった当時にあって耐久性の高い「四角鉄柱」を用いている。この架線柱は、太平洋戦争中にいよいよ鉄不足が深刻になった際に「供出」を求められたものの代替品が届かないなどの事情による時間切れで供出せずに済んだのは、のちの時代にとっても幸いで、現在も多くの四角鉄柱が現役である。

電化によって運転時間は大幅に短縮されたが、手元の時刻表で大正14年（1925）4月と翌15年8月改正の時刻を比べると、屋代―信州中野間（当時木島は未開通）は1時間40〜45分から1時間23分（屋代―木島間が約1時間45分）ほどとだいぶ速くなった。木島まで蒸気機関車が牽引する旅客列車が走っていたのはわずか半年ほどなので、手元の時刻表では確認できないが、『長野電鉄80年のあゆみ』によれば「屋代―木島間は2時間40分かかっていた」とあるから、1時間近くも短縮されたことになる。列車本数も7往復から9往復、15年8月改正では実に15往復に増えた。

信州中野駅から先、湯田中へは途端に急勾配となり、最急勾配を40‰にレベルを一段上げる。特に夜間瀬川を渡った後はほとんどこの最急勾配が終点・湯田中まで継続するが、これは急流の夜間瀬川に沿って広がる扇状地をほぼ川沿いに遡るためである。この40‰でも足りないので、蛇行しつつ上っていく線路はその急斜面の厳しさを物語っている。

当初の呼び名である「平穏支線」は大正9年

40‰の急勾配と蛇行線形で標高差を稼ぐ信州中野―湯田中間。1：50,000「中野」平成10年（1998）要部修正

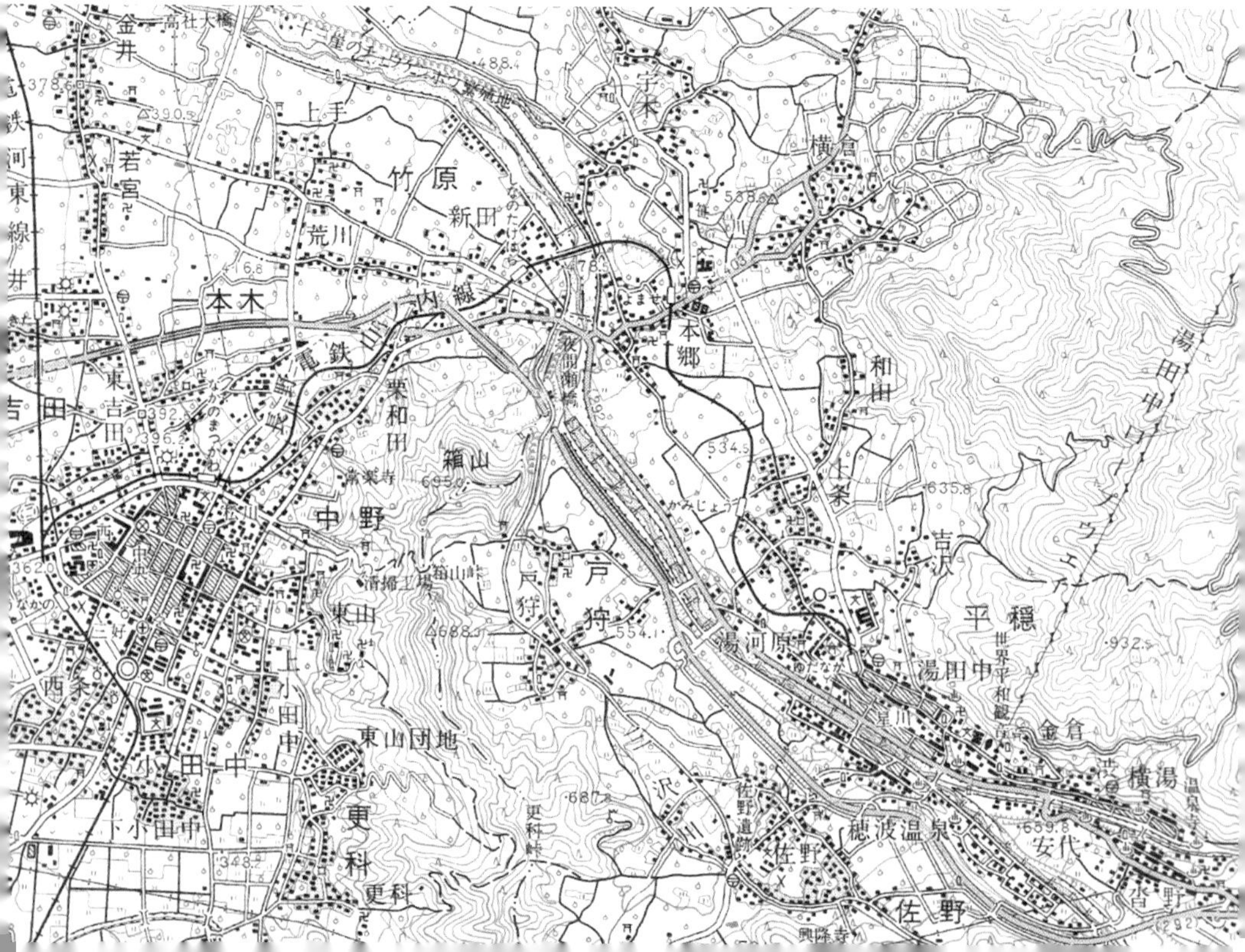

（1920）7月に敷設免許申請が行われた。同年10月には長野県知事から鉄道大臣宛てに副申が提出されている。その中で「事業ノ効用」を次のように述べている。

沿線及終点ハ広潦［遼？］ノ土地ヲ有シ、農林各産物ニ富ム。尚四時浴客ヲ絶タサル上林（かんばやし）、湯田中、渋、安代（あんだい）等ノ諸温泉ニ達スル唯一ノ線路ニ属スルヲ以テ、交通ノ効果多キハ勿論、地方開発上ノ利益亦大ナリト認ム。

敷設免許は大正11年（1922）5月26日に得られたが、申請の際に終点として記された「平穏」は当時の行政村名である。村名の由来は『角川日本地名辞典』によれば「平穏（へいおん）に治まるようにとの願いによる」という典型的な瑞祥（ずいしょう）地名で、明治9年（1876）に湯田中、沓野（くつの）、上条の3村が合併して誕生した。

沓野は現在もバス停名には残るが、渋・安代温泉から上流側の志賀高原までを含む広大なエリアである。長野県では小規模な山村が多い事情などで、地租改正事業や小学校の設置などを推進すべく「明治の大合併」期より早い明治8～9年に大々的に合併が行われた。このため、すでに合併して大きくなった平穏村が明治22年の町村制施行時にそのまま行政村の平穏村に移行、村全域が大字（地番区域）となったため、現在も上条駅あたりから志賀高原の奥まで、すべて「平穏○○番地」である。

平穏支線はかなりの急勾配区間が生じるため、当初から電化線としての申請となったが、本線たる河東鉄道の屋代―須坂間が蒸気動力であるのになぜ異なるのかとの当局の問い合わせに対して、会社は次のように答えている。

平穏線ハ線路ノ勾配三十分ノ一［33・3‰］、曲線ハ半径十鎖［約201メートル］ニテ出願致居候モ、実測ノ結果ト費額上ノ関係ヨリ或ハ急勾配小曲線ノ已ムナキニ至ルベク、且ツ該線路ハ温泉浴客ノ輸送ヲ以テ唯一ノ目的トスルモノナルヲ以テ、乗客ノ快感ヲ与フル為メト、一ツハ仮令（たとい）蒸気動力トシテ出願スルモ、必ズ電化ノ已ムナキニ至ルベクト存候［後略］

### 急勾配区間建設へ――鉄道省の注文

信州中野駅から湯田中駅までの直線距離を測ってみると4・5キロだが、線路の長さは約7割増しの7・6キロに及ぶ。地図でも一見して「蛇行線形」が印象的だが、これはひとえに両駅の標高差のためで、信州中野駅の365・9メートルから湯田中駅の599・1メートル（いずれも駅の施工基面高）、233・2メートルの標高差をよじ登るためには、現路線のように屈曲させても当時の建設規程の限度である33・3‰（現行は35‰）を超えてしまう。このため特許が必要であった。

以下は河東鉄道が大正13年（1924）9月13日に提出した「工事施行認可申請書」に対し、鉄道省が付けた「注文」13項目のうち、急勾配に関連する項目である。

一、竹原［現信濃竹原］、湯田中両駅ニ避難線ノ設備ヲナスコト

一、各駅「ポイント」ノ位置ハ出来得ル限リ縦曲線ノ急ナル部分ヲ避クルコト

一、勾配二十五分ノ一［40‰］ヲ採用ニ付テ特許申請ヲナスコト

最初の「避難線」というのは上下列車の正面衝突や急勾配区間での暴走などに備える側線（キャッチサイディング）だ。例えば、ある駅で待避すべき列車が信号を見落とし、誤って本線に進入しようとした場合、脇の線路へ誘導して脱線させる、いわゆる「脱線ポイント」が、信濃竹原駅には現在も設置されているが、そのことであろう。

湯田中駅には平坦区間が十分に用意できないため、3両編成の列車の場合はいったんホームを過ぎて停まり、後進して側線に面したホームに入る「スイッチバック」方式が長年行われていた。本来は湯田中のさらに先、渋（しぶ）・安代（あんだい）温泉までの区間として計画されていたため、湯田中駅もある程度の高さがなければ、その先の勾配が厳しくなるからだ。現在は1列車のみが入れる構造に単純化したのでポイントもすべて撤去されており、この名物スイッチバックは解消されている。

鉄道省の「注文」二つ目に出てくる「縦曲線（じゅうきょくせん）」とは、勾配が変わる地点でスムーズに列車が走れるように徐々に勾配を変更させるべく導入されているもので、在来線も新幹線も一定以上の勾配変更地点には必ず採用されている。

また、駅構内は理想的には水平であることが望ましいのだが、高度を稼ぐべき路線であまり水平区間を長くとれば前後の急勾配区間が増えてしまう。信州中野―湯田中間の途中駅はいずれも水平ではなく、列車交換できる信濃竹原駅のみ規程内の3‰に抑えてあるが、中野松川、夜間瀬、上条の3停留場は、

車両の連結や切り離しのない条件下でのみ許される5‰である。駅構内としては急な勾配だ。

「注文」の3番目、特許申請は前述のように勾配制限を超えてしまうためだが、ふつうの鉄道は原則として25‰を最急とし、国有鉄道の場合では最も規格の低い「丙線」の最急でも35‰を限度としているため、これを超えるものについて「特許」を求めた。前例としては箱根登山鉄道（大正8年開業区間）の80‰などがあったが、やはり例外的であるのは間違いない。以下は開業前年にあたる大正15年（1926）1月17日に申請した、特例勾配についての申請書である。なお文中に言及された「自然勾配」が20分の1（50‰）というのは扇状地の平均的な勾配だろう。

鉄道大臣　仙石貢殿

勾配二十五分ノ一採用特許申請

大正十三年九月十三日河鉄第三七六号ヲ以テ信州中野、渋安代間線路工事施行認可申請致候処、該区間ハ自然勾配約二十分ノ一［50‰］ニシテ、線路撰定ニ当リ規定［程］ノ三十分ノ一［33・3‰］以下

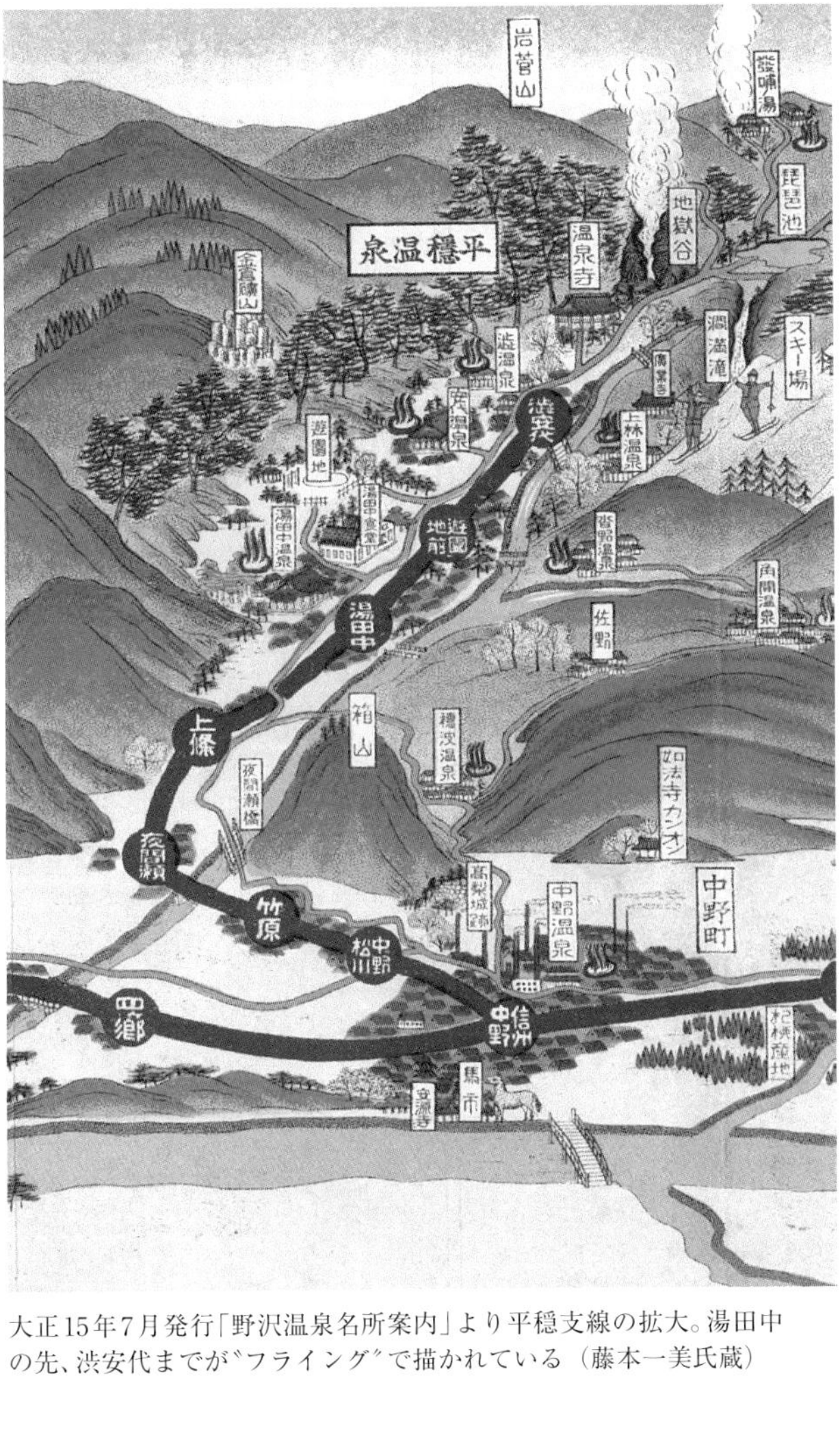


大正15年7月発行「野沢温泉名所案内」より平穏支線の拡大。湯田中の先、渋安代までが〝フライング〟で描かれている（藤本一美氏蔵）

ノ勾配ヲ採用ハ、地形ニ沿ヒ迂回撰定セルモ二十五分ノ一［40‰］ヲ緩ナラシムル事困難ニ有之候条、特別ノ御詮議ヲ以テ二十五分ノ一勾配一部採用方御特許被成下度此段申請候也。

## 湯田中―渋安代間は未開業

「渋安代」という駅名が登場する。本来は湯田中のさらに先に位置する渋温泉および安代温泉の最寄り駅が終点となる予定であった。信州中野からの距離は5マイル45チェーン43リンク7［8・96キロ］というから、湯田中の先さらに1・3キロ少々の線路が予定されていたことになる。

前述の鉄道省「注文」の中にも「湯田中遊園地停留場」の軌道中心間隔、軌道と乗降場（プラットホーム）との関係などを問うものが含まれている。この遊園地については、大正15年（1926）9月30日に河東鉄道（存続会社）と長野電気鉄道が合併して新たに「長野電鉄」が発足した約2ヵ月後の12月2日、遊園地兼営の認可申請を鉄道省に次の通り提出している。

湯田中遊園地兼営認可申請

当会社所属ノ鉄道沿線ハ著名ノ温泉ニ富ミ、目下工事中ノ信洲（ママ）中野ヨリ渋安代ニ至ル鉄道敷設ハ同地方温泉ノ開拓ニ資スル処大ナルモノアルモ、一般浴客ノ遊園設備少ナキヲ遺憾トシ、且ツハ旅客誘致ノ一助トモ致度、湯田中遊園地ヲ兼営シ（ホテル）及食堂ヲ設ケ、相当者ニ賃貸経営致シ度、別紙関係書類相添此段申請候也。

大正中期からの日本は「遠くの戦場」で行われた第1次世界大戦で特需を享受し、昭和初期にかけて商工業が著しく発達した。勤め人が大幅に増加し、レジャー需要も大きく伸びていたのである。私鉄各社は千載一遇のチャンスと捉え、全国各地で観光開発に余念がなかった。もちろん戦後ほどではないが、レジャーとしてのスキーや登山も普及が急速に進んでおり、長野電鉄はこの頃から本格的に湯田中から志賀高原にかけての総合リゾート開発を手がけていた。

湯田中―渋安代間は温泉地帯を通過することなどから土地買収が遅れていたため、昭和2年（1927）4月28日、まずは信州中野―湯田中間が部分開業した。結果的にはこれが現在の開業区間となるのだが、以下は開業に先立つ2日前に提出された鉄道省による竣功監査報告に掲載された停車場表である。

| 名称 | 所在地 | 位置（哩・鎖・節）［キロ換算］ |
|---|---|---|
| 信州中野停車場 | 長野県上高井郡中野町 | ○ ○ ○ ［0・00］ |
| 中野松川停留場 | 仝県仝郡仝町 | ○ 七〇 四〇・七 ［1・42］ |
| 竹原停車場 | 仝県仝郡平岡村 | 二 二四 四五・七 ［3・71］ |
| 夜間瀬停留場 | 仝県仝郡夜間瀬村 | 二 七八 四三・七 ［4・80］ |
| 上条停留場 | 仝県仝郡平穏村 | 三 六八 九三・七 ［6・21］ |
| 湯田中停車場 | 仝県仝郡仝村 | 四 五五 六八・七 ［7・56］ |

各停車場ニ電話通信ノ設備アリ
列車保安法ハ電気通票器式ニ依ル

### 開業時の駅員配置表

原資料で「位置」の下に記されている設備欄は、停留場が「本家［屋］・乗降場」のみであるのに対して、竹原停車場は「乗降場・本家・向乗降場・待合室・便所・物置・貨物積卸場・社宅・側線・信号機」、湯田中停車場は「本家・物置・便所・待合所・乗降場・向乗降場・工夫詰所・社宅・貨物上家［屋］・貨物積卸場・側線」と充実している様子が読み取れる。

興味深いのは「平穏線職員配置表」である。中野松川、夜間瀬、上条の各停留場に職員は置かず「乗車券販売請負人トス」とある。地元商店などへの委託契約だろうか。一方、停車場である竹原と湯田中にはそれなりの人員が割かれていた。

具体的には、湯田中停車場には駅長が1人（月給70円）、助役1人（月給42円）、その他に「出札兼貨物」の職員が1人（日給80銭）、それに「駅手」が3人（初任・日給70銭）の合計6人。月給は駅長と助役だけで、あとは日給であった。当時は週休1日だから1ヵ月26日とすれば日給80銭の駅手が月に20円80銭、70銭の駅手は18円20銭という計算になる。これを単純に年収に直せば湯田中駅長が840円、助役が504円であるのに対して、駅手は盆暮れの休みを勘案して12日ほど休日を差し引くと210円という計算だ。

なかなか大きな格差であるが、当時はここに限らず一般企業では社員（現代でいえばキャリア＝幹部候補生）や職員が月給であるのに対し、「雇員」や「職工」と呼ばれる人は日給がふつうであった。ちなみに竹原駅は駅長と「出札兼貨物」が各1人、駅手が3人の計5人。同じ駅長でも格があったようで、竹原駅長は湯田中駅の助役より安い月給36円（年収換算432円）である。鉄道省の文書に駅手の給金額まで記載しているのは、ずいぶん細かい印象だ。ここでは省略するが、駅などの施設で使用する電球の個数も併せて掲載されている。どの駅舎や社宅に何個、踏切に何個、乗降場に何個……という具合。瑣末な分野に至る資料までが当時鉄道省に提出されていたのは驚きだが、90年以上経った今になってみれば、実に貴重な資料である。

ついでながら、竹原駅は昭和7年（1932）6月16日に国名を冠して「信濃竹原」と改められた。これは広島県の国鉄呉線に竹原駅（現竹原市）が7月10日開業するのに備えての重複回避だろう。ふつうは後で新設された方が国名を冠するのだが、それは国鉄どうしのこと。〝官尊民卑〟の当時、呉線の方が「安芸竹原」とはせず、先行既存の長野電鉄の方を改称させている。もっとも市街や集落の規模が勘案された可能性も否定はできないが。

## スキーリゾート・志賀高原

湯田中駅が開業した翌年、昭和3年（1928）に長野電鉄は仙壽閣上林ホテルを開業、温泉プールや遊園地などを建設し、さらにホテル近くにスキーゲレンデも新設した。これを拠点に総合リゾートとしての基礎を築いていく。この年、平穏村沓野出身の早稲田大学生・竹節作太ほか5人が、第2回冬季オリンピック（スイス・サンモリッツ）に日本人として初めて出場（ノルディックスキー）、これがスキーの普及に大きく影響したのは間違いない。翌4年にはノルウェーのスキー選手オラフ・ヘルゼット中尉一行を招聘し、上林ホテルに1泊、彼らは当地を「東洋のサンモリッツ」と称賛したという。その後スキーは戦後の大衆化にはまだほど遠いものの、一定の人口を擁するレジャーとして定着していく。

『北越雪譜』によれば、霧氷状態になるところを「シガ」と呼んだという。信州の普通名詞だったのかもしれないが、神津藤平社長の故郷である北佐久郡志賀村も、あるいはそれを起源としたものだろうか。『平穏村史』によれば、丸池の奥地一帯は「しがのたかはら」と呼んでいたそうだ。「たかはら」を高原と誰が呼び始めたのかはわからないが、志賀高原が〝最初期の高原〟であったのは間違いなさそうだ。

仙壽閣のある上林温泉は、湯田中からまだ先であるが、前述のように湯田中温泉の源泉にあたることなどから、湯田中以東の線路用地買収は難航し、長野電鉄は竣功期限延期申請を何度か行っている。湯田中開業の約4ヵ月後の昭和2年（1927）9月1日には未成区間の一部路線変更を申請した。翌3年1月末の文書には、その略図が載っている。

　これによれば湯田中―渋安代までの70チェーン（1・41キロ）の途中、湯田中遊園地前停留場から夜間瀬川支流の横湯川を渡ってその左岸へ移り、従来計画の渋安代停車場予定地の対岸に安代停留場を設置、さらに遡って渋停車場までの1マイル11チェーン（1・83キロ）に変更するというものである。図の傍らには「湯田中、渋安代間ハ温泉原区ニ抵触シ且用地買収困難ナルト、終端停車場ヲ地方関係者ヨリ渋地内マデ延長ヲ切望シタル為」と理由を記した。

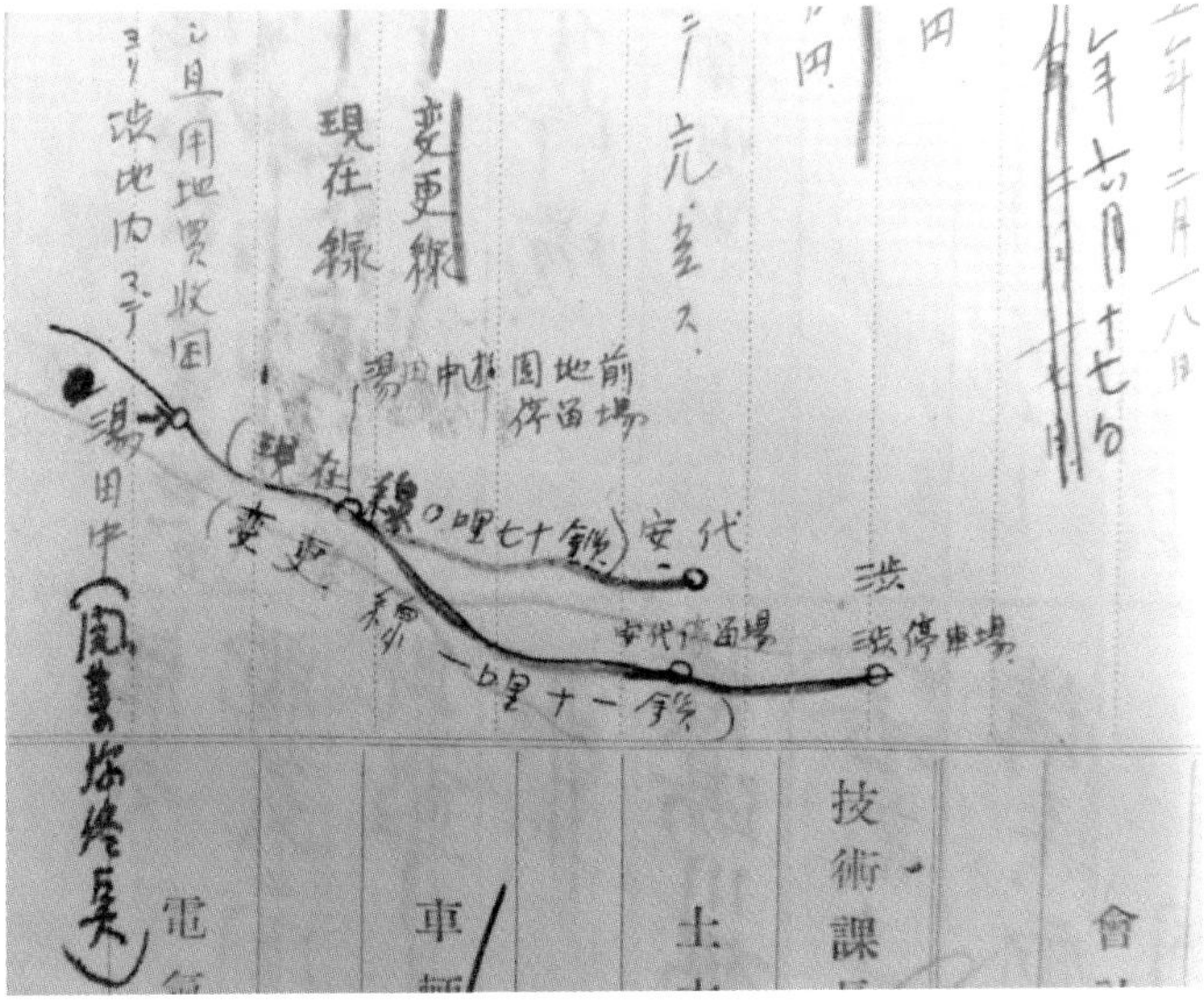

ルート変更して再申請された渋安代温泉までの路線。鉄道省文書「長野電鉄巻五」昭和3年（国立公文書館蔵）

　湯田中温泉にとっては大切な源泉に影響を与える可能性のある微妙な問題であり、膠着状態のまま昭和6年（1931）には免許が取り消しとなる。やがて日中戦争から太平洋戦争となって観光どころではなくなるが、航空機などに必要な戦略物資であるダイアスポア（ボーキサイト）や蝋石の採掘が、金倉や佐野など近隣鉱山で行われるようになり、さらに木材の伐採も盛んになったため、その集積地たる湯田中駅での貨物取扱量を増やすべく、駅から先に線路を延長して積卸所を設ける構内拡張が計画された。しかし戦況もいよいよ厳しさを増し、結局この工事は完成していない。

## 戦後の大混雑と桜沢駅の新設

　やがて日本は壊滅的な敗戦を喫し、全国に米軍部隊が進駐する。日本陸海軍の武装解除とともに、占領行政を進めるために鉄道も連合国軍総司令部（GHQ）の支配下に置かれるようになった。戦地や大陸からの引き揚げが進み、経済が復興するにつれて乗客が激増する半面、戦時下で整備もまともにできずに疲弊した車両を酷使する弊害があちこちで噴出した。熟練乗務員の不足もあり、全国的に悲惨な衝突事故などが頻発したのが昭和20年代前半の特徴である。そんな事情は敗戦直後の各鉄道会社の公文書から痛いほど伝わってくる。

以下は昭和23年（１９４８）６月21日、運輸大臣宛てに申請された「車両増備認可申請」で、制御器付附随客車４両の譲受に際しての理由書であるが、物資がことごとく不足している折、和文タイプされた紙の質は粗悪なものだ。それでも戦前の「カナ交じり候文」から、ひらがな中心で現代語に近づいた文体は、戦後の新しい空気を感じさせる。

増備の理由

弊社の旅客輸送数量は累年激増の一途を辿（たど）り、昭和二十二年度に於ては昭和十二年度の八、四四倍に達して居ります。従つて連日所有車両の全部を使用して輸送に懸命の努力を払つて居るのでありますが、尚完全な輸送が出来ない状態で、混雑時に於ける最大通過人員区間の一日平均乗車効率は、貨車迄（まで）使用して尚三〇〇%以上になつて居ります。又連合軍により接収中の沿線上林ホテル並（ならび）に志賀高原ホテルに来往する進駐軍将兵やその家族の輸送数量も逐年増加し、之に充当する車両も車両不足の為、兎角（とかく）不充分勝ちであることは甚だ遺憾であります。

此の如き状態でありますから、車両は極端な酷使を余儀なくされ、車両の検査修理等に非常に困難無理があり、修理資材の不足と相俟（あいま）つて電動機其他車両各部に亘（わた）り磨耗、弛緩（しかん）、絶縁劣化、破損等、車両の故障率も年々増加し居り、誠に寒心すべき状態であります。此の窮状を打開する為、急速に車両を増備して輸送力の増強を計ると共に、完全なる検査修理を為す時間的余裕を生ぜしめ、以つて旅客輸送の使命を果さんとするものであります。

尚長野湯田中間進駐軍輸送には直通列車の一編成の組成列車の内一両をセクションカーとして進駐軍専用に充て、命令輸送の完璧を期したいと思ひます。

貨車まで動員して運んでもなお３００%という混雑ぶりは恐るべきものだが、この大混雑を尻目に、進駐軍将兵のためにガラガラに空（す）いた車両が連結されていたのは長野電鉄に限らず全国的に見られた光景で、これで敗戦を実感したという話も聞く。車両が増えれば列車本数も増やさねばならず、単線区間が大半を占める長野電鉄では、線路容量増加のため列車交換可能な新駅が求められていた。そこで昭和24年（１９４９）３月28日、新設されたのが桜沢駅である。その前年９月30日に提出された同駅新設の認可申請書には、次のように記されている。

記

一、近来当社沿線平穏温泉、志賀高原並に野沢温泉方面へ療養其の他、体位向上のための登山ハイキング旅客逐増し、現在須坂—信州中野間の乗車人員は一日平均一万六千名に上り、乗車効率平均一日一両二一四％となつており、特に朝夕の通勤通学時に於ては混雑甚だしく従つて乗車効率も三三三％に達する実情であり、これが混雑緩和を急速に計らなければならない。

二、かねて野沢、木島方面地元民より長野、須坂に集中する通勤、通学者並に野沢温泉往来客のために木島—長野間直通運転の要望あり、沿道奥地の文化産業の開発向上に資すると共に、是等久しい熱望に応え度い。

三、長野市に於ては明春四月善光寺御開帳と共に平和博覧会の開催が決定し、既に準備にかゝつておる。
戦後初の御開帳と共に催さるゝ此の博覧会にあたつては相当の人出が予想され、これが旅客輸送につき万全を期したい。

四、右混雑緩和を計り輸送の万全を期し、直通運転の実施を致すためには須坂—信州中野間を三十分間隔運転とし、運行回数の増加を計り、湯田中、木島直通を交互に運転することと致したいが、現在の施設に於ては列車交換上ダイヤ編成不可能につき、新に本申請による停車場を設置し、新制ダイヤを以つて鉄道本来の使命をはたしたい次第である。

長電櫻澤驛
きよう開業
十二月から着工中の長野電鉄湯田中線都住延徳間の新駅は延徳村櫻沢の字名通り「さくらさわ」と決定、二十八日時刻改正と共に開業する、二十八日以後は長野中野間旅客列車二十六本、他に長野木島直通十一本、長野湯田中直通十五本があり、別に御開帳と平和博の増加客に備え中野湯田中間折返しによる卅分連絡も行われる予定、なお各駅終始発は次の通り
△上り湯田中始六、一〇終二一、一〇（中野六、二九終二一、二九）木島始六、〇〇終二〇、四〇
△下り長野始五、五〇（湯田中行）終二三、一〇（須坂止り）二二、〇五（湯田中）（写真は新駅さくらさわ）

桜沢駅の開業を伝える信濃毎日新聞記事＝昭和24年３月28日付

桜沢駅（当時は駅名未定）の開業によって、どの程度の列車運行本数が増え、どのくらい混雑緩和が実現するか想定した新旧比較表によれば、須坂—信州中野間の運転可能回数は現在の34回から58回と大幅に増え、乗車効率（混雑率）は平均で２１４％から１２７％、ラッシュ時は３３３％から２７５％と大幅に緩和される——という想定だ。

## 渋安代への再延長の要望

戦後社会が復興に向かうとともに、湯田中から志賀高原にかけての観光地もまた活気を取り戻し、渋安代への路線延長も再び試みられるようになった。昭和23年（１９４８）１月23日には平穏村長、村議会議長名で「線路延長工事施行促進要望書」を長野電鉄に提出している。時代を感じさせるのは、文書の中に米軍人による要望書が綴じ込まれていることだ。米陸軍第８軍司令部のラッフェンスパーガー大尉（Frank E. Raffensperger, Capt.）の名前が記されているが、当初第8軍は横浜、後に東京に司令部を置き、東日本の占領を担当していた。後に朝鮮戦争に参加、現在は韓国に駐屯している。

日本の主な観光地では、箱根の富士屋ホテルや伊豆の川奈ホテル、雲仙観光ホテルなど、各地の有名ホテルが米軍将兵のために接収されており、同大尉は志賀高原ホテルの担当だったのだろう。彼がこの手紙を書いた経緯は明らかでないが、タイプ打ちした英文には訳文が添えられている。彼らが湯田中—志賀高原のエリアをどう評価していたかを知る貴重な資料なので、以下に引用しよう。

米国陸軍第八軍司令部
特別施設隊将校事務所
志賀高原ホテル陸軍部員
軍事郵便局番号三四三

一九四八年五月二十一日
首題　電車線路延長の件
宛名　長野県知事及長野電鉄株式会社々長

一、長野電鉄　長野—湯田中線が平穏村渋迄延長せられたならば、長野県民は大なる便宜を得ることと信じる。勿論進駐軍としてはこの延長工事に要する如何なる経費の負担も工事の実施も要求する途はないのであるが、然しこの延長工事の完成は上林志賀高原両ホテル進駐軍の為に働く日本側車両のガソリン消費を減量する事になる。

二、日本に国際観光事業が再開せられた時には、志賀高原地区は著名な観光地となるであらふ。何故ならば当地に休暇で来遊した兵隊で帰米後復員した人達から、多数ノ米国人達は当地の興味ある場所の話を聞くからである。志賀高原一帯の地区は近い将来に国立公園になるのであるから、国際観光客を誘致する一方、日本全国から当地に来遊する日本人客に日本で最も完全な冬季の運動（ウヰンタースポーツ）地を楽しませるべきである。その意味から現在の長野電鉄終車駅湯田中を渋迄一哩半延長することは大きな利益を齎（もたら）すことになるのである。

三、当厚生地域は四季を通じて最も美麗且（かつ）魅惑的な山岳の景色を見渡すことが出来るから、国立公園として有利な企業となり得る。それは世界の何処よりも最高のスキー場が既に完成してゐるのである。志賀高原の雪は乾燥粉雪であるから、スキーヤーは各地から当地に来るであらう。故にこの延長は冬期の五、六ヶ月間の大きな便利となるものである。

四、観光地帯としての多数客を誘致するには交通が至便であらねばならない。然るに現在一般人は湯田中駅を離れて後、山麓に達して景色を楽しむ迄には狭隘（きょうあいかつ）且危険な村落道を四十分徒歩しな

米国第8軍ラッフェンスパーガー大尉による路線延伸要望書＝1948年5月21日付

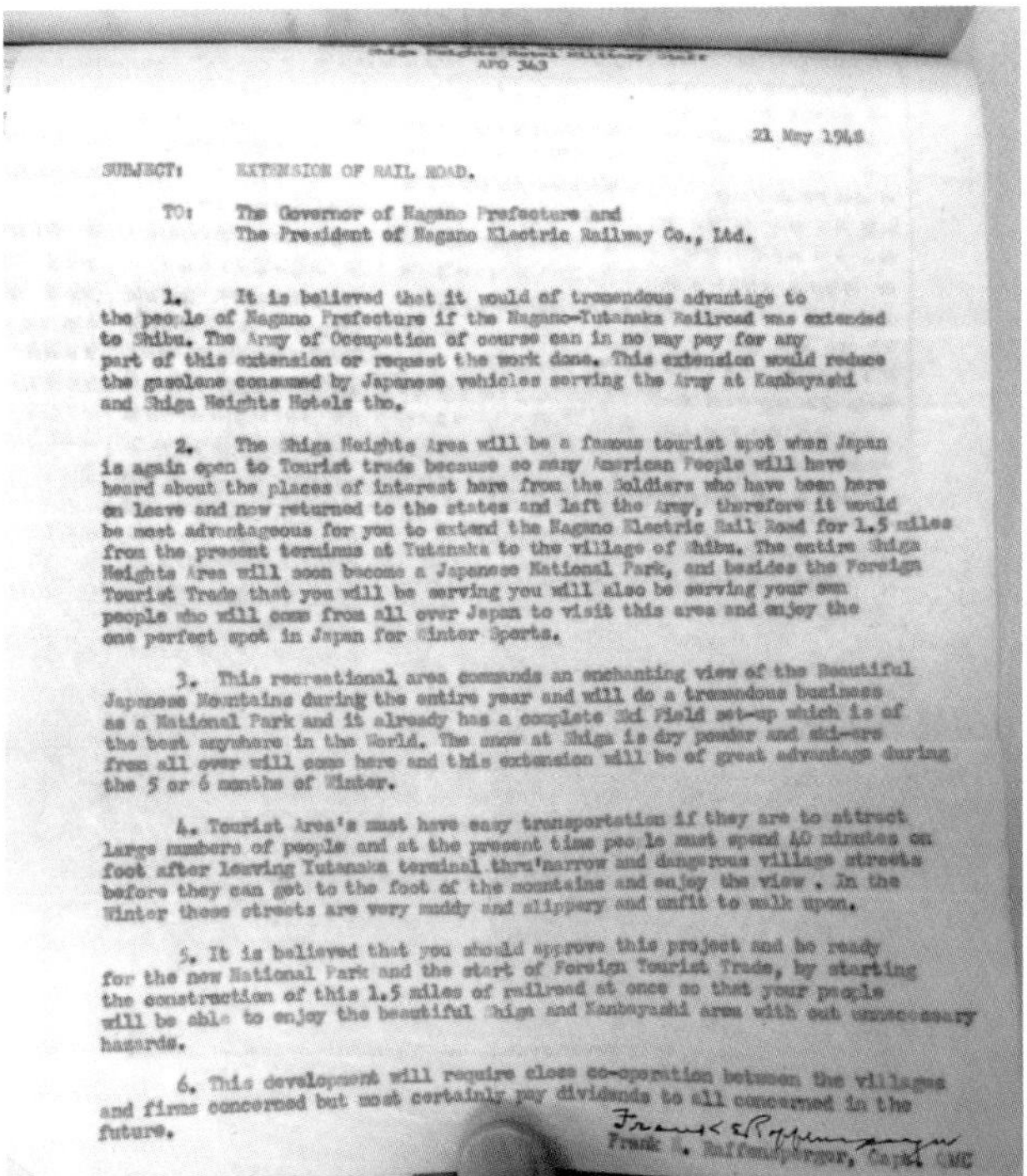

APO 343

21 May 1948

SUBJECT: EXTENSION OF RAIL ROAD.

TO: The Governor of Nagano Prefecture and
The President of Nagano Electric Railway Co., Ltd.

1. It is believed that it would of tremendous advantage to the people of Nagano Prefecture if the Nagano-Yutanaka Railroad was extended to Shibu. The Army of Occupation of course can in no way pay for any part of this extension or request the work done. This extension would reduce the gasolene consumed by Japanese vehicles serving the Army at Kanbayashi and Shiga Heights Hotels tho.

2. The Shiga Heights Area will be a famous tourist spot when Japan is again open to Tourist trade because so many American People will have heard about the places of interest here from the Soldiers who have been here on leave and now returned to the states and left the Army, therefore it would be most advantageous for you to extend the Nagano Electric Rail Road for 1.5 miles from the present terminus at Yutanaka to the village of Shibu. The entire Shiga Heights Area will soon become a Japanese National Park, and besides the Foreign Tourist Trade that you will be serving you will also be serving your own people who will come from all over Japan to visit this area and enjoy the one perfect spot in Japan for Winter Sports.

3. This recreational area commands an enchanting view of the Beautiful Japanese Mountains during the entire year and will do a tremendous business as a National Park and it already has a complete Ski Field set-up which is of the best anywhere in the World. The snow at Shiga is dry powder and ski-ers from all over will come here and this extension will be of great advantage during the 5 or 6 months of Winter.

4. Tourist Area's must have easy transportation if they are to attract large numbers of people and at the present time people must spend 40 minutes on foot after leaving Yutanaka terminal thru'narrow and dangerous village streets before they can get to the foot of the mountains and enjoy the view. In the Winter these streets are very muddy and slippery and unfit to walk upon.

5. It is believed that you should approve this project and be ready for the new National Park and the start of Foreign Tourist Trade, by starting the construction of this 1.5 miles of railroad at once so that your people will be able to enjoy the beautiful Shiga and Kanbayashi areas with out unnecessary hazards.

6. This development will require close co-operation between the villages and firms concerned but most certainly pay dividends to all concerned in the future.

Frank . Raffensperger, Capt. QMC

ければならない。而も冬期間これらの道は泥濘又は滑り易くして徒行には適しないのである。

五、新国立公園としての準備と国際観光事業の出発としてこの計画に賛成せられる事を信じる。而して直ちに一哩半の鉄道線路新設に着手せられることを。然らば日本人達は不必要な危険を冒すことなく美麗なる志賀、上林の景色を観賞し得るのである。

六、本開発工事には本□並に各関係方面の緊密なる協力が必要であるが、本事業は将来各関係者に確実な利益の配分を為し得るものである。

フランク、イー、ラフェン[ス]パーガー大尉

## 世界中から「地上の天国」へ

ここで言及されているように、手紙が書かれた翌年の昭和24年（1949）9月には浅間山から志賀高原を経て三国山脈までの広いエリアが上信越高原国立公園に指定された。「二」では、本国へ帰った米兵が志賀高原一帯のことを話題にする様子が伝わってくるが、そういえば、少し遡った昭和21年2月14日付で県知事が新潟鉄道局長に要請した「連合国軍ノ輸送強化ニ関スル件」では、志賀高原ホテルが敗戦直後の昭和20年11月9日に「保健衛生施設」として接収されたこ

スキー客でにぎわう湯田中駅と停車中の1000形。昭和46年2月（小西純一氏撮影）

とを記している。ここでも「『地上ノ天国』ナリト激賞セラレ［米軍の］機関紙『星条旗』ニ掲載セラレタル処ニ有之候、利用兵力日ヲ追ツテ増加シツツアリ」と、その評判の良さを強調している。

結果としても渋安代への延伸は実現されなかったが、21世紀となった今、外国からの観光客は激増した。長野電鉄の線路には〝退役〟したJR成田エクスプレスや小田急ロマンスカーの卒業生たる「スノーモンキー」「ゆけむり」号が、日に何本も急勾配を経て湯田中へ上ってくる。ラッフェンスパーガー大尉の孫や曾孫（ひまご）の世代は、そこから「乾燥粉雪」のスキー場へ向かい、あるいは良質の温泉で「地上ノ天国」を楽しむのだろう。平和な世の中ならではの光景である。

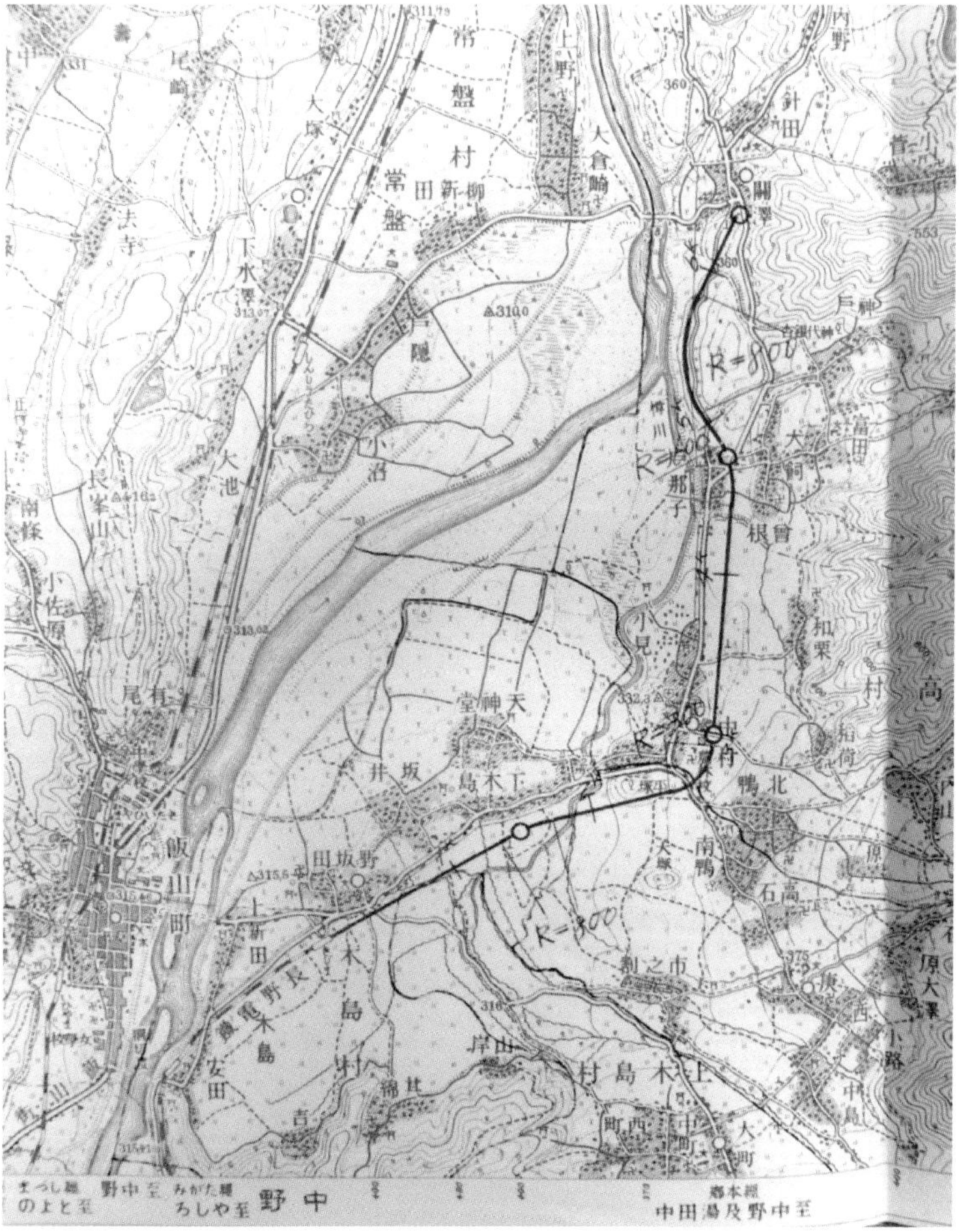


木島駅から先、野沢温泉への入口にあたる関沢まで計画されていた未成線（赤線）の図面。運輸省文書「長野鉄道（ママ）」昭和27～30年（国立公文書館蔵）

昭和52年9月の長野駅「ジャンボ入場券」の裏面。電気機関車も含め、当時の現役車両の顔を並べた図鑑になっている。(ただし100〜1500までは「形」が正しい表記)

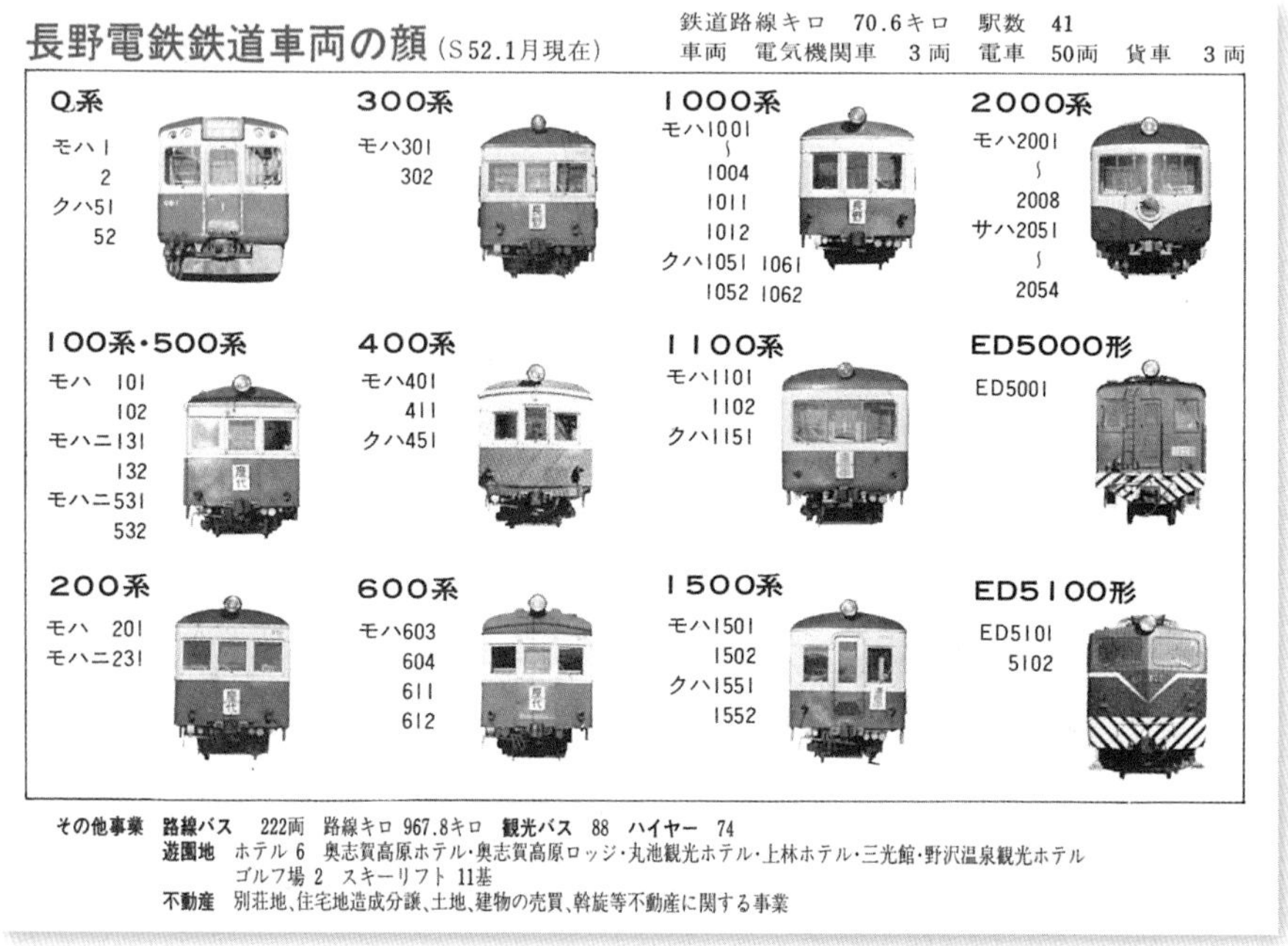

## 長野電鉄鉄道車両の顔(S52.1月現在)

鉄道路線キロ　70.6キロ　駅数　41
車両　電気機関車　3両　電車　50両　貨車　3両



**その他事業**　**路線バス**　222両　路線キロ 967.8キロ　**観光バス**　88　**ハイヤー**　74
**遊園地**　ホテル 6　奥志賀高原ホテル・奥志賀高原ロッジ・丸池観光ホテル・上林ホテル・三光館・野沢温泉観光ホテル
ゴルフ場 2　スキーリフト 11基
**不動産**　別荘地、住宅地造成分譲、土地、建物の売買、斡旋等不動産に関する事業

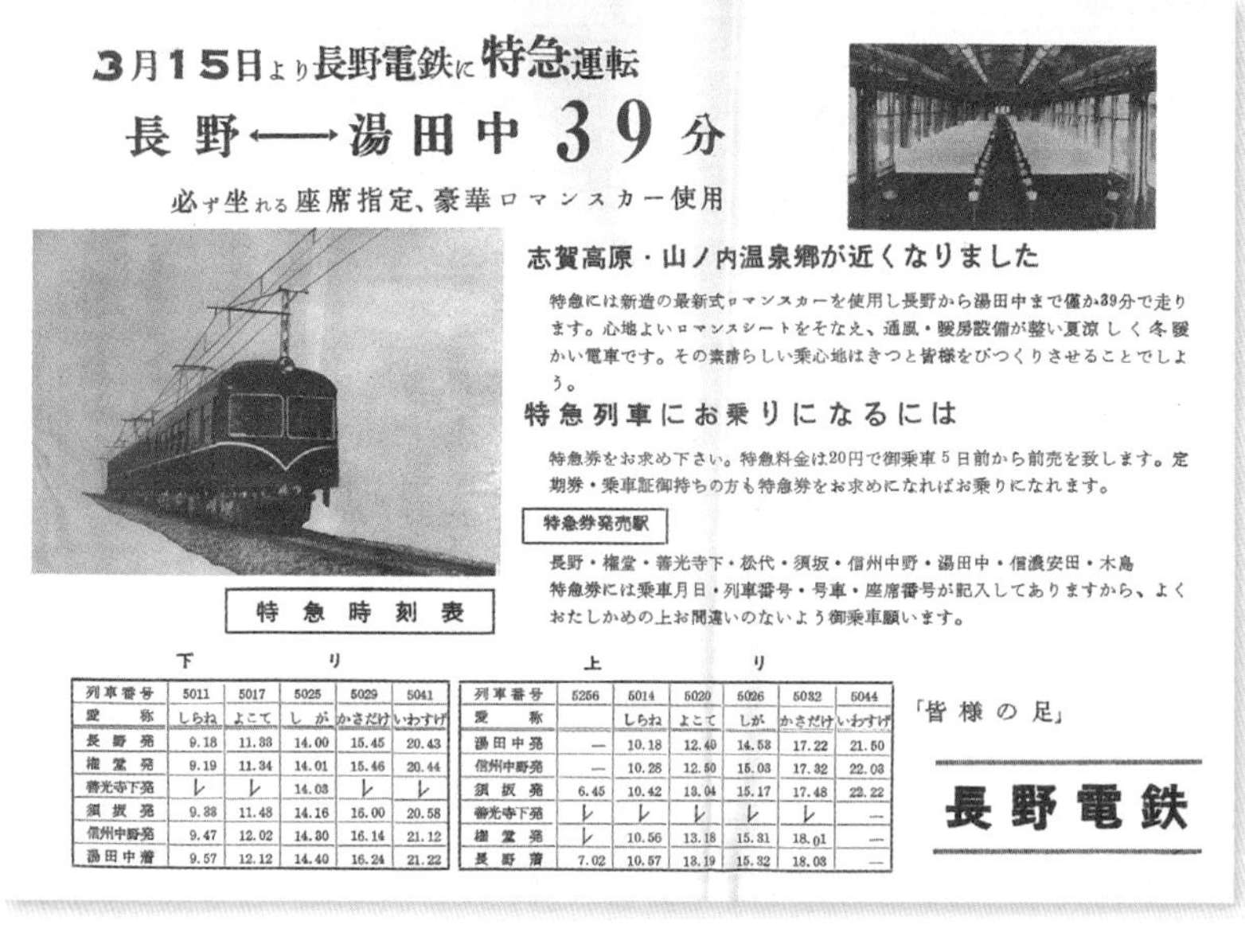

## 3月15日より長野電鉄に特急運転

## 長野 ⟶ 湯田中 39分

必ず坐れる座席指定、豪華ロマンスカー使用

### 志賀高原・山ノ内温泉郷が近くなりました

特急には新造の最新式ロマンスカーを使用し長野から湯田中まで僅か39分で走ります。心地よいロマンスシートをそなえ、通風・暖房設備が整い夏涼しく冬暖かい電車です。その素晴らしい乗心地はきつと皆様をびつくりさせることでしよう。

### 特急列車にお乗りになるには

特急券をお求め下さい。特急料金は20円で御乗車5日前から前売を致します。定期券・乗車証御持ちの方も特急券をお求めになればお乗りになれます。

**特急券発売駅**

長野・権堂・善光寺下・松代・須坂・信州中野・湯田中・信濃安田・木島
特急券には乗車月日・列車番号・号車・座席番号が記入してありますから、よくおたしかめの上お間違いのないよう御乗車願います。

**特急時刻表**

下り

| 列車番号 | 5011 | 5017 | 5025 | 5029 | 5041 |
|---|---|---|---|---|---|
| 愛称 | しらね | よこて | しが | かさだけ | いわすげ |
| 長野発 | 9.18 | 11.33 | 14.00 | 15.45 | 20.43 |
| 権堂発 | 9.19 | 11.34 | 14.01 | 15.46 | 20.44 |
| 善光寺下発 | レ | レ | 14.03 | レ | レ |
| 須坂発 | 9.33 | 11.48 | 14.16 | 16.00 | 20.58 |
| 信州中野発 | 9.47 | 12.02 | 14.30 | 16.14 | 21.12 |
| 湯田中着 | 9.57 | 12.12 | 14.40 | 16.24 | 21.22 |

上り

| 列車番号 | 5256 | 5014 | 5020 | 5026 | 5032 | 5044 |
|---|---|---|---|---|---|---|
| 愛称 | | しらね | よこて | しが | かさだけ | いわすげ |
| 湯田中発 | — | 10.18 | 12.40 | 14.58 | 17.22 | 21.50 |
| 信州中野発 | — | 10.28 | 12.50 | 15.03 | 17.32 | 22.03 |
| 須坂発 | 6.45 | 10.42 | 13.04 | 15.17 | 17.48 | 22.22 |
| 善光寺下発 | レ | レ | レ | レ | レ | — |
| 権堂発 | レ | 10.56 | 13.18 | 15.31 | 18.01 | — |
| 長野着 | 7.02 | 10.57 | 13.19 | 15.32 | 18.03 | — |

「皆様の足」

**長野電鉄**

2000系による特急運転開始(昭和32年3月)を知らせるチラシ。当初の特急料金は20円で全席指定、五つの愛称を掲げ長野—湯田中間を5往復した(長野電鉄提供)

第2章

# 信濃毎日新聞記事・写真でたどる 長野電鉄百年トピック

信濃毎日新聞社出版部 編

将来を見越した電化、志賀高原の観光開発、長大橋・村山橋の建設、地下鉄化への決断、独自車両の開発……。長野電鉄の100年の鉄道事業の歩みの中には、地方私鉄とは思えないようなダイナミックな動きが連続する。その多くに沿線住民や鉄道業界、ファンが注目してきたが、新聞も当事者とは違う立場で一つ一つを見つめ、記事や写真で伝えてきた。ここでは長野電鉄の大きな出来事を当時の記事に追い、社史等に記述される〝正史〟とは違った視点で、歴史を追っていきたい。

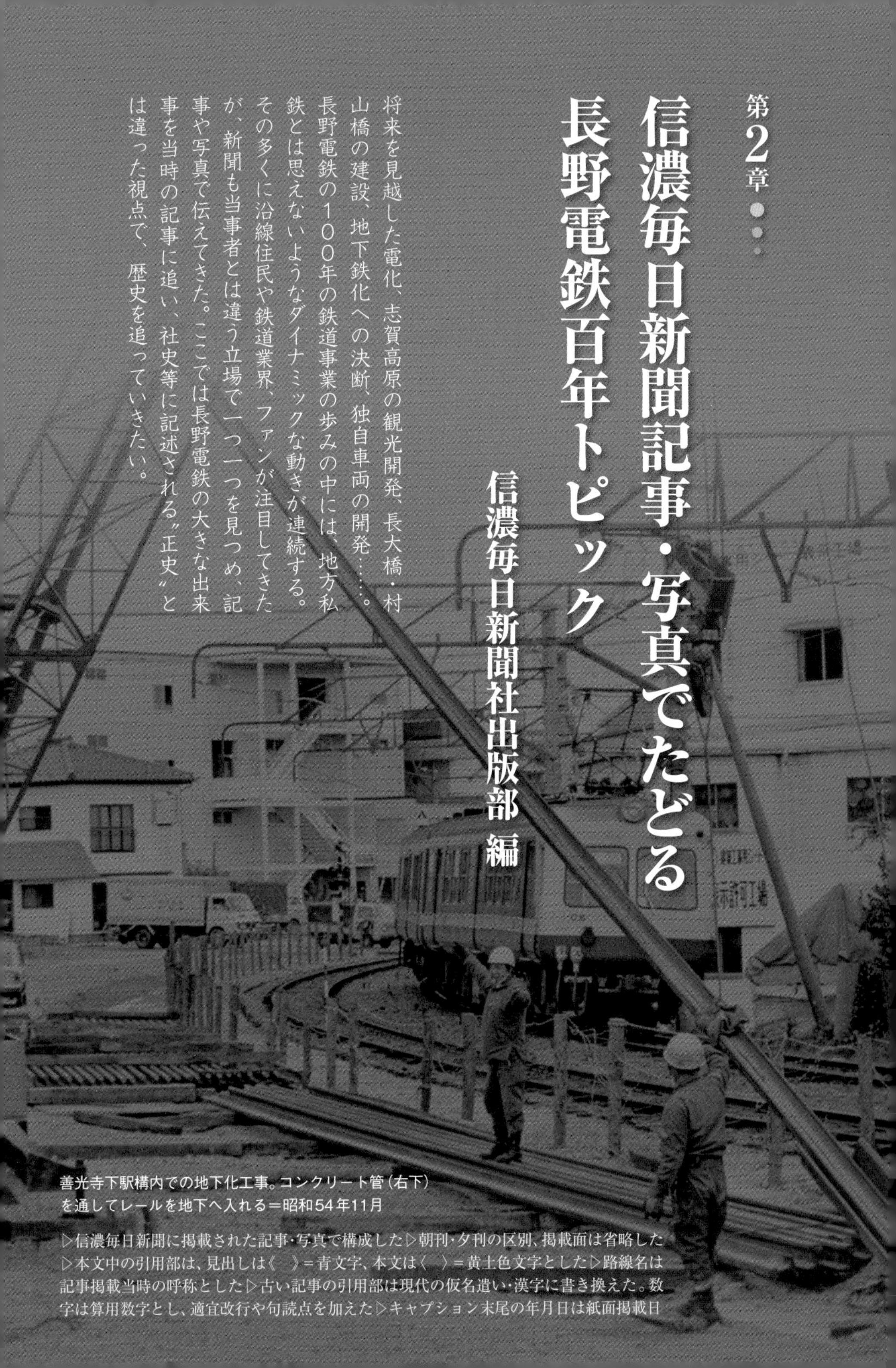

善光寺下駅構内での地下化工事。コンクリート管（右下）を通してレールを地下へ入れる＝昭和54年11月

▷信濃毎日新聞に掲載された記事・写真で構成した▷朝刊・夕刊の区別、掲載面は省略した▷本文中の引用部は、見出しは《　》＝青文字、本文は〈　〉＝黄土色文字とした▷路線名は記事掲載当時の呼称とした▷古い記事の引用部は現代の仮名遣い・漢字に書き換えた。数字は算用数字とし、適宜改行や句読点を加えた▷キャプション末尾の年月日は紙面掲載日

# 初代社長・神津藤平

夢を追い、常に「先見の明」

昭和35年（１９６０）10月11日夕刊1面に、一人の経済人の死亡記事が載った。《神津藤平氏》。長野電鉄の前身である河東鉄道と長野電気鉄道、そして長野電鉄の初代社長である。亡くなったのは同日午前、自宅にて。すぐに報じられており、2段見出しに顔写真付きの大きな扱いである。享年88歳、現役の取締役社長だった。40年間にわたり「社長」として、会社を牽引してきたことになる。

記事では経歴、功績を次のように書いている。〈鉄道事業とともに、昭和初年まで未開地だった志賀高原の開発につくし、四季を通ずる観光地として育てあげた先駆者である〉

佐久鉄道（小海線の前身）と河東鉄道を設立した、その視線の先には「日本列島の縦断」という夢。電車の時代を見据え、発電所を自ら造り、河東鉄道を早々に１５００V電化運行に切り替えた。長野線の一部複線など、鉄道事業だけ見ても「先を見越す力」があふれていた。

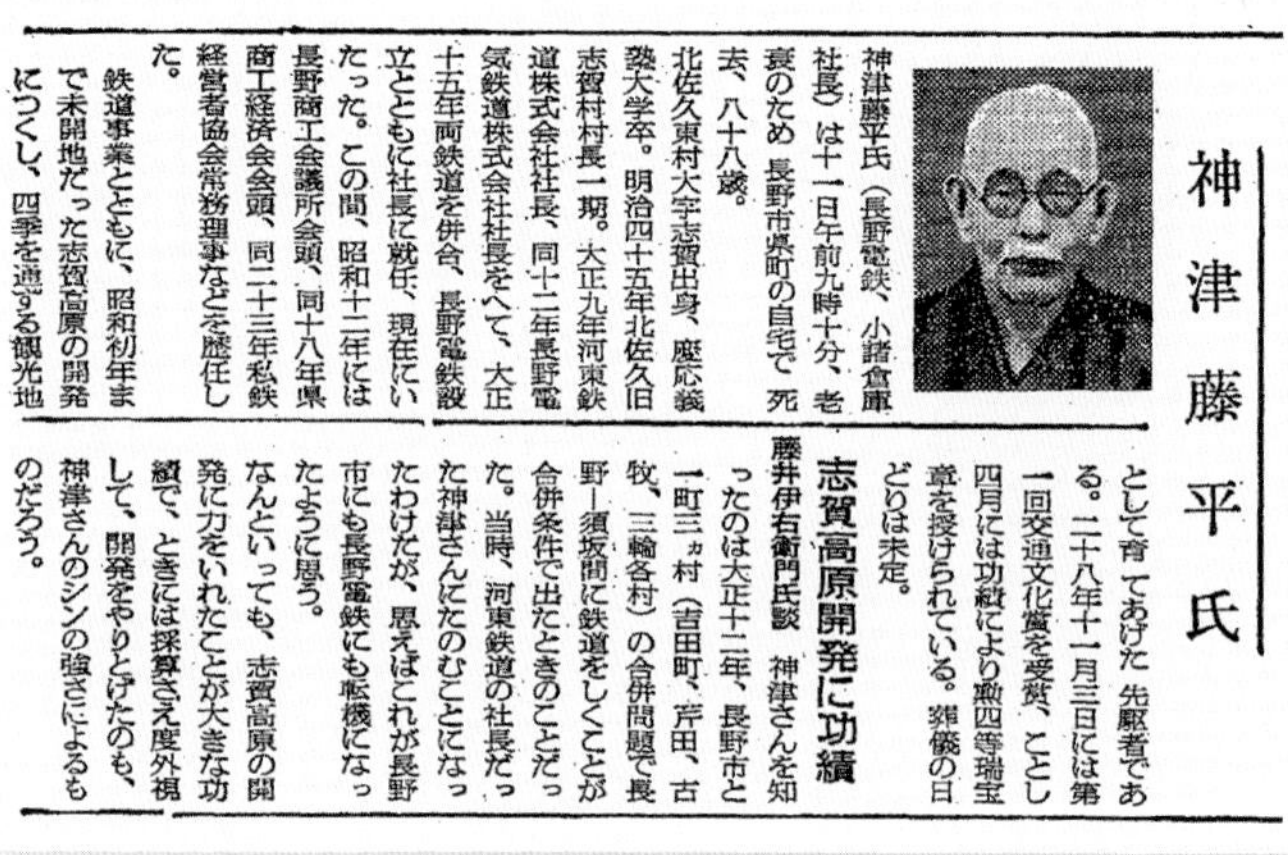
神津藤平氏

神津藤平氏（長野電鉄、小諸倉庫社長）は十一日午前九時十分、老衰のため長野市県町の自宅で死去、八十八歳。

北佐久東村大字志賀出身、慶応義塾大学卒。明治四十五年北佐久旧志賀村村長一期。大正九年河東鉄道株式会社社長、同十二年長野電気鉄道株式会社社長をへて、大正十五年両鉄道を併合、長野電鉄設立とともに社長に就任、現在にいたった。この間、昭和十二年には長野商工会議所会頭、同十八年県商工経済会会頭、同二十三年私鉄経営者協会常務理事などを歴任した。

鉄道事業とともに、昭和初年まで未開地だった志賀高原の開発につくし、四季を通ずる観光地として育てあげた先駆者である。二十八年十一月三日には第一回交通文化賞を受賞、ことし四月には功績により勲四等瑞宝章を授けられている。葬儀の日どりは未定。

志賀高原開発に功績

藤井伊右衛門氏談　神津さんを知ったのは大正十二年、長野市と一町三ヵ村（吉田町、芹田、古牧、三輪各村）の合併問題で長野—須坂間に鉄道をしくことが合併条件で出たときのことだった。当時、河東鉄道の社長だった神津さんにたのむことになったわけだが、思えばこれが長野市にも長野電鉄にも転機になったように思う。

なんといっても、志賀高原の開発に力をいれたことが大きな功績で、ときには採算さえ度外視して、開発をやりとげたのも、神津さんのシンの強さによるものだろう。

初代社長・神津藤平氏の死去を伝える記事＝昭和35年10月11日夕刊

本章で取り上げる長電の大きな出来事では「地方私鉄では初めて」「全国的に見ても画期的」と形容される取り組みが多い。それは藤平自身の「先見の明」はもちろんだが、そのチャレンジ精神が後継にも息づいていることを示している。
藤平は観光開発、交通のみならず、農業や金融、電力など、今に至る長野県経済の基礎固めの全てに関わったと言っても過言ではない。藤平の人となりは昭和41年（1966）5月の《志賀高原開発　神津藤平》の3回の連載に詳しい。ここでは全文を掲載しよう。

連載①《事業一筋の〝雷男〟》

●北の神津、南の伊原

北の神津藤平（佐久市・明4―昭35）は、南の伊原五郎兵衛（飯田市・明13―昭27）とよく対比される。伊原が、伊那電鉄（現在の国鉄飯田線）によって伊那谷開発に貢献したように、神津は長野電鉄によって、志賀高原の観光開発に尽くした。そればかりでなく、ワンマンな性格、事業の進め方まで、よく似ているのだ。

神津のもっとも有名なのは、〝雷社長〟だったことだ。現在、長野電鉄社長の田中勝経（南佐久臼田町・明25）は、「右の耳から左の耳に聞き流すことに決めていたので、それほど苦にならなかった」というが、古い社員は、三度や四度は雷を落とされている。「〝辞めてしまえ〟とか、〝君は使いものにならない〟という程度の雷は遠雷に属する。感電を思わせるような大雷というものは、あの大きなこぶしで、机を叩き、書類を放り付ける。逃げ出すこともならず、言い訳や、わび言はなおさら禁物。とに角、立ち往生、直立不動で、卓の縁につかまって、体のよろめくのを防ぐのが精一杯であった…」（『神津藤平の横顔』中、元長電庶務課長小田中千秋「雷の恩威」より）。

●株主を押し切る

この雷には、神津の思いすごしや、誤解もあって、やめていった人も多く、マイナス面もあった。だが、この気迫で、事業を押し進めた。志賀高原も開発した。いまでこそ、長野県は県をあげて観光開発だが、昭和のはじめまで、観光事業は世間から道楽のひとつぐらいに考えられていた。堅実な会社のやるべき仕事ではない――と思われていた。大正12年に湯田中に遊園地をつくり、昭和のはじめ、志賀高原開発のため、電鉄を信州中野から湯田中へ延ばそうとすると、株主から猛反対をうけた。それを押し切って昭和2年には山ノ内線（信州中野―湯田中）を完成、同3年には上林ホテルを開き、5年には日本のヒュッテの草分け、志賀高原丸池スキー宿泊所をつくった。当初は、赤字続きで、株主総会では「卵の値段もわからない者に仕事はまかせられない」（ホテルの支配人が、たまたま、値段を知らなかった）と皮肉られたこともあった。だが、鉄道事業は、将来、観光事業と結びつかなければ発展しない——と見越した神津は、つねに30年先、40年先を見越して仕事をしていた。

●福沢に影響受ける

明治4年12月6日、藤平は北佐久志賀村（現在の佐久市）の豪農神津清三郎の二男に生まれた。藤平の祖父、神津孝太郎（文政3～弘化4）は薬用ニンジンを県内へ最初にとり入れた人。一族には日本の牧場界の先駆者神津邦太郎（慶応2―昭和5）もいた。このような環境に育った藤平には、自然と開拓者精神がうけつがれていた。これを大きく育てたのが福沢諭吉の教えだった。慶應義塾卒業の時、福沢から「人を御する、馬を御するに似たり、運用の妙は一心に存す、毀誉褒貶吾れにあって何の関する所あらん」という書を贈られた。藤平は、生涯、この書の実行者でもあった。人が、けなそうが、ほめようがそれには無とん着、事業一筋に生き抜いた。

信州の人脈（106）

志賀高原開発　神津藤平　①

北の神津、南の伊原

故神津藤平氏

事業一筋の"雷男"

観光の重要性見通した卓見

株主を押し切る

福沢に影響受ける

銀行、発電、養蚕…

初期の一本づえスキー（志賀高原坊平で、前列右端神津藤平）

連載記事「信州の人脈・神津藤平」3回連続の①
＝昭和41年5月24日

●銀行、発電、養蚕……

塾を卒業した藤平はいったんは東京電灯に入社したが、両親があいついで死に、長兄も病弱だったため、やむを得ず、2年後に相続人として村に帰った。活躍の舞台は地方に移ったが、事業のために生まれてきたように、あらゆる事業を起こした。まず、村に帰ると、神津一族の財産管理のため、神津合名会社をつくって、今の銀行のような仕事をはじめた。

これが志賀銀行となり、のちに、頭取として長野商業銀行に迎えられ、六十三銀行（のちに十九銀行と合併して八十二銀行となる）と合併すると、その常務取締役となった（大正3年）。一方、東京電灯に入社した経験から発電事業にも関心を持ち、長野電灯、東信電気の取締役をつとめ、小海発電所の建設につくした。また、家では、20人からの人が住みこんで、農業をやり、カイコを飼っていたが、林業、畜産業にも力を入れた。畜産業では、「牛の邦太郎（神津邦太郎）、馬の藤平」と村の人からいわれたほどで、県の種馬所（のちに国立）＝佐久市＝を誘致して馬の改良にとりくんだ。林業は、持ち山千ヘクタールの管理のほか、村民にも呼びかけて植林を奨励し、中軽井沢にカラマツを植え、別荘地造成の計画も立てた。明治40年、35の時、推されて県議となり、引き続いて志賀村長と、一時、政治に首を入れたが、それぞれ一期でやめ、事業一筋で通した。

## 連載②《すぐれた〝先見の明〟》

### ●不況とぶつかる創業

　神津が事業をはじめる時には、不思議と不況にぶつかった。まずはじめは、長野電鉄の前身、河東鉄道（屋代―須坂―信州中野―木島）が、佐久鉄道（小諸―小海）の姉妹会社として創立した時だった。創立委員長に選ばれ、大正9年2月、長野市で発起人会を開いた。資本金を５００万円と決め、一般募集株の数も決まると、好況を反映して2倍の申し込みがあった。ところが、1ヵ月後の3月15日、東京株式の大暴落をきっかけに、全国的な経済恐慌となり、会社の発足も心配される状態になった。「…しかし、創立委員長はじめ委員は、断固たる決意によって、…5月30日には創立総会を開いた」（長野電鉄株式会社『四十年のあゆみ』）。

### ●恐慌で長電も打撃

　つぎは、昭和3年、現在の電車網が完成して、全面的に営業がはじまった時だった。大正12年、長野市ほか3ヵ村の合併を機会に長野電鉄（長野―須坂）を創立、15年に河東鉄道と合併して、今日の長野電鉄の基礎を築き、昭和2年、信州中野―湯田中間、昭和3年に権堂―長野間を完成した。ここで、昭和4年の世界恐慌にぶつかったのだ。この恐慌の影響はあらゆる事業に及んだが、とくに営業開始間もない長野電鉄は致命的な打撃をうけた。45円払い込みの株が、5、6円に暴落した。私鉄はどこも経営不振で、政府補助金にたよってやりくりしていたが、長野電鉄も利益金ではとうてい、株主配当はむずかしく、政府補助金で、なんとかまかなった。だが、それでも苦しく、月給40円以上の社員は減俸、社長交

大正15年6月に完成した村山橋。須坂―長野間の連絡は、上、下高井の悲願だったが、県と長野電鉄が共同で橋を架け、渡ることに成功した＝昭和41年5月25日連載②併用

際費は全廃した。

### ●厳格な公私の別

この不況の洗礼によるものだけではないが、神津は会社の経営には公私の区別をはっきりさせ、実に厳格だった。会社のものはクギ1本もムダにはさせなかった。80過ぎになっても、会社への出勤は歩いて通し、自分の社のハイヤーを私用で利用した時は、必ず料金を払った。暖房も、社員の事務室はどんどんストーブをたくが、社長室は生涯、火ばちで通した。その火ばちの火も、朝、灰をかけたそのままで夕方まで残り、公仕さんは、灰のくずれたのを見たことがないというほどだった。神津といっしょに出張した社員は、よく泣かされた。出張旅費の精算書を出すと、神津は細かくメモしていて、その計算より多い額はムダ使いとして支払わなかったのだ。「交通事業は、チリを拾って集めるようなものだから…」というのが口グセだった。

### ●将来見越した投資

しかし、金を使うべきところへは、20年先、30年先を見越して投資した。長野電鉄の架線をつっている鉄柱は、ヤグラに組んだ丈夫なものだ。創業当初、経営不振なのに、あまりがん丈な鉄柱を建てるので、「ゼイタクすぎる」と非難する株主もあった。しかし、しっかりした柱は、架線をピーンと張れる。電車のパンタグラフは平均に接触して不要な摩擦が少ないので、当然、長持ちする。運輸省の監査は、つねに1回でパスする。結局、20年、30年という長い目で見ればゼイタクではなかった。また、創業当初走らせた電車は、私鉄では全国一というりっぱな電車だった。現在、走っている特急電車も、地方私鉄では抜群のものだ。これには金がかかる。しかし、「乗りごこちが良い」、「すばらしい」という客の印象がそのまま宣伝になり、さらに乗客がふえる。やはり、長い目で見れば、大きくプラスになっている。

**●常に運転台で目配る**

神津は慶応義塾の同窓である小林一三、藤原銀次郎（長野市・明2～昭35）、松永安左衛門、小山完吾（小諸市・明8～昭30・時事新報社長）と、事業について意見をかわすこともあったが、抜群な〝先見の明〟は、人一倍の研究熱心から生まれたものだった。いまから30年前、まだ、長野―湯田中間を1時間30分で走っていたころの話だ。神津は、「30分で走らせろ」と、運転主任に命令した。これにたいし、「それはできません」とこたえた運転主任は、配転させられた。神津は自分の社の電車に乗った時もそうだったが、出張すると必ず、私鉄に乗り、運転台の横に立って、目をくばった。つきそいの者も、うっかり、腰をおろしていると、電車中聞こえるような雷をおとされた。この調子で、このころ阪急鉄道が長野―湯田中間とほぼ同じ距離の大阪―神戸間を30分で走っているのを知っていたのだ。「他人にできたことが、自分の社でできないことはない。線路が悪ければ直せばよい」といった。現在、長野―湯田中間は、特急が38分で走っている。

## 連載③《わが子のような愛着》

**●〝都会人の喜ぶ所〟**

「聞こえないのか、返事をしろ」――。社長（神津）は馬上で、〝ぷりぷりしているが、こっち（菅井）もナメッ坂（志賀高原への旧道にある坂道）を馬に遅れぬようにアップアップやりながら登っているのだから、息をはくのがやっとだ。その時、案内の児玉治郎松ジイさん（下高井山ノ内町・明15～昭28・志賀高原の主といわれた人）が、「馬のシッポにつかまらっしゃれ、楽だぜ」と教えてくれた。おっかなビックリ社長の乗っている馬のシッポにつかまって歩くと、なるほどぐあいの良いもんだ。いい気になって、小声で、治郎松ジイさんに「この山は、菅平みたいに広々とした原っぱがないんだから、つまらないと思うがどうだい」と話しかけた。これが、馬上の社長の耳にはいったからたまらない。しかられた。「お前たちは古いんだ。ほんとうの美しさ、都会人の喜ぶのは、この志賀高原のようなところだ」。恐ろしいケンマクでドナられた。――長電観光専務菅井良太の昭和10年ごろの思い出話だ。

**●新鮮な感覚の命名**

昭和初期、志賀高原はまだ、沓野山（くつの）といわれた。モミ、ツガの原始林の間は、クマザサが一面に茂り、草津街道が一本、細く曲がりくねって通じていた。幕末、佐久間象山（埴科松代町・文化8〜元治元）が、資源開発の調査に歩いたことはあったが、その後、発哺、熊の湯など一部が夏の短い間だけ開くだけで、冬は戸じまりしてふもとの沓野へおりていた。神津はその沓野山へ大正のはじめ、発電事業の視察に来て、その自然にすっかり、とりこになってしまった。

当時、「この高原の名称としては俗称や局所名は一部にはあったが、広大な高原の優美さや、純潔さを一言で表現するにふさわしい名がなかった。たまたま、横手山と岩菅山の間にある志賀山が大沼池に偉容を写し出して誠に原始的であり、それがまた、私（神津）の郷里の北佐久志賀村（現在佐久市）の名にも通ずることに思いをいたした。音感も字画も新鮮で、親近感のあるところから友人等の意見なども聞いた上、賛成を得て志賀高原なる名称がここに生れた」（神津藤平「志賀高原と私」）。各地にある「……高原」という名称の先駆だった。

社長室の神津藤平（大正15年ごろ）＝昭和41年5月26日連載③併用（同絵柄の写真、長野電鉄『神津藤平の横顔』より）

### ●昭和5年にヒュッテ

志賀高原の名づけ親になった神津は、この高原にほんとうに、我が子を育てるような愛着を寄せた。「天恵を独占すべからず」を信条として、まず、長野電鉄の機関庫の古材を運びあげて、丸池の端に無料休憩所をつくった。ついで、丸池ヒュッテ（丸池スキー宿泊所）を昭和5年につくった。ヒュッテの管理人には、志賀高原の主、児玉治郎松がなった。児玉も、志賀高原のとりこになった山男で、登山客が砂糖をほしい—といえば、「どのくらいでも、持っていかっしゃれ」と、ツボごと出すような男だった。地元の人は、このソロバンに合わない仕事に夢中になっている2人をさして、「変わり者同士だからウマが合う」と悪口をいっていた。

## ●高原の宣伝に献身

ノルウェーのスキーヤー、ヘルゼット中尉が〝東洋のサンモリッツ〟と絶賛し、秩父宮御夫妻の岩菅山登山で、ようやく脚光を浴びると、昭和12年には鉄道省観光局の融資で、近代的な志賀高原ホテル（京都ホテル経営）が完成した。このホテル誘致には、候補地がいくつかあって激しい競争になった。勝つには、志賀高原のすばらしい自然を広く知らさなければならない。神津は着物のたもとや、洋服のポケットにふくれるほどパンフレットをつめ、どこでも、だれにでも、くばった。雪の朝は6時に出社して、東京の交通公社へ、「スキーデキル」の電報も打った。60すぎだったが、冬にはスキーをはき、夏には馬にまたがって、せっせと高原の案内をつとめた。太平洋戦争、戦後の占領軍によるホテル接収で、どうにも手のくだしようがなく、一時、野沢温泉プールの開発に力を入れたこともある。昭和26年、接収解除になると、残されたスキーリフトなど諸施設をひきつぎ、冬も雪を割ってバスを動かし、スキーを中心に軽井沢と並ぶ国際観光地に育て上げてしまった。

## ●常に若々しい夢

神津が志賀高原に目をつけて乗りだしたのが50すぎ。「人生わずか50年」といわれていた時代だ。神津自身、河東鉄道と長野電鉄が合併して、社長を引き受けた55歳の時は、急性肺炎で遺言状を書いた。それを持ち直し、後半生で志賀高原を開発してしまった。「お愛想のつもりで、〝時に社長様は何歳になられますか〟などたずねると、〝わしの年をきいて何になる。わしは年で仕事をしていない〟と、額にシワを寄せてにがい顔をした」（長電観光社長宮沢憲衛＝上水内中条村・明31）という。足腰がしっかりしなくなってからも、手を貸そうとすると、払いのけた。昭和28年、第1回交通文化賞を受け、35年10月11日、奥志賀開発を口にしながら88歳の生涯を閉じた。いつまでも若若しい夢を持ち続けていた。

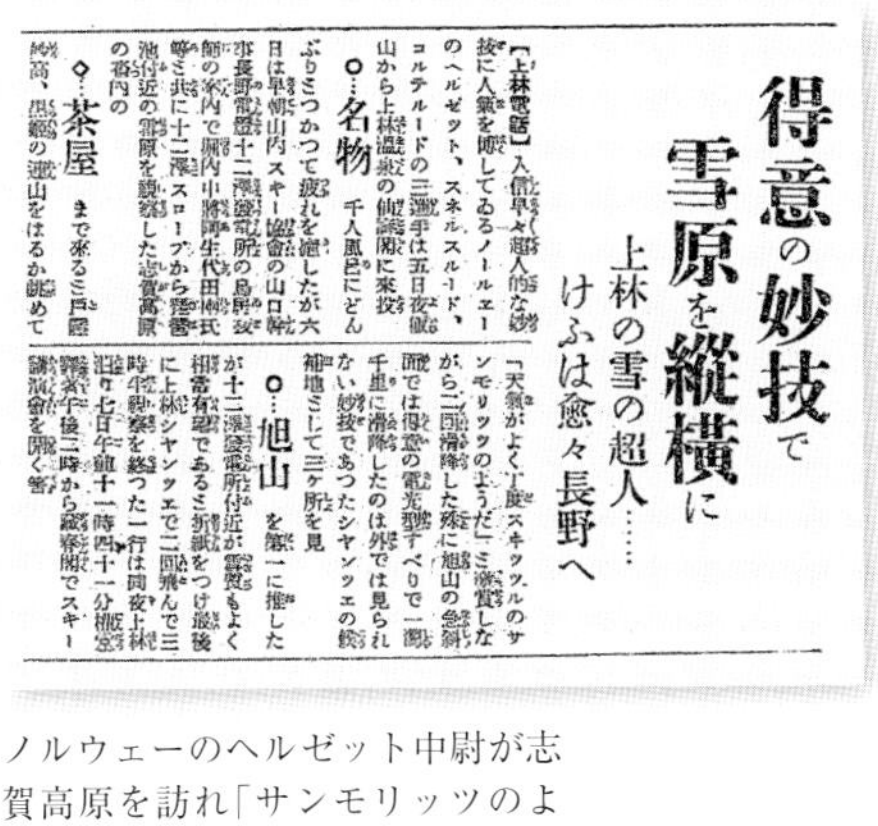

# 得意の妙技で雪原を縦横に
## 上林の雪の超人……
## けふは愈々長野へ

【上林電話】入信早々超人的な妙技に人氣を博してゐるノールヱーのヘルゼット、スネルスルード、コルテルードの三選手は五日夜霞山から上林温泉の仙壽閣に來投

○…名物 千人風呂にどんぶりこつかつて疲れを癒したが六日は早朝山内スキー協會の山口幹事長野電鐵十二瀑發電所の島田技師の案内で堀内中將岡生代田村氏等と共に十二瀑スロープから琵琶池付近の雪原を縦縦した志賀高原の奇内の

○…茶屋 まで來る三戸屋 高、岩菅の連山をはるか眺めて「天氣がよく丁度スキッツルのサンモリッツのようだ」と激賞しながら二回滑降した殊に旭山の急斜面では得意の電光型すべりで一瀉千里に滑降したのは外では見られない妙技であつたシヤンツェの候補地として三ケ所を見

○…旭山 を第一に推したが十二瀑發電所付近が露營もよく相當有望であると折紙をつけ最後に上林シヤンツェで二回飛んで三時半視察を終つた一行は同夜上林温泉七日午前十一時四十一分 驛發午後三時から縣廳でスキー講演會を開く筈

ノルウェーのヘルゼット中尉が志賀高原を訪れ「サンモリッツのようだ」と賞賛したことを伝える記事＝昭和4年2月7日（来訪は5日）

# 河東鉄道の開業

## 河東地域の期待——まずは吉田駅

明治31年（1898）8月27日の新聞に次の記事が載った。〈長野、豊野、間に新設したる上水内郡の吉田停車場は、来9月1日より開始することに決定したるが、乗車賃は長野より2等6銭……〉

官営鉄道直江津線——のちの国鉄信越本線、吉田駅の開業告知である。吉田駅はその後「北長野」と改称され、国鉄からJR、さらにしなの鉄道となり、長野市北部住民のための駅、さらに貨物拠点となる駅だが、開業当時は千曲川東側（河東地域）の期待を大きく背負っていた。

明治21年（1888）5月1日、直江津から延びてきた鉄路は長野に到達、順調に延伸して同年内に軽井沢まで開業した。5年後には碓氷峠の急勾配をアプト式で克服し、鉄路が上野までつながった。

一方、鉄道ルートから外れた河東地域、特に製糸産業で栄えていた須坂や松代は焦った。原料繭や製品生糸の輸送は長野、豊野両駅経由だったが、運ぶにはなお遠かった。吉田駅は、より近い位置への設置を求めて運動した結果だった。

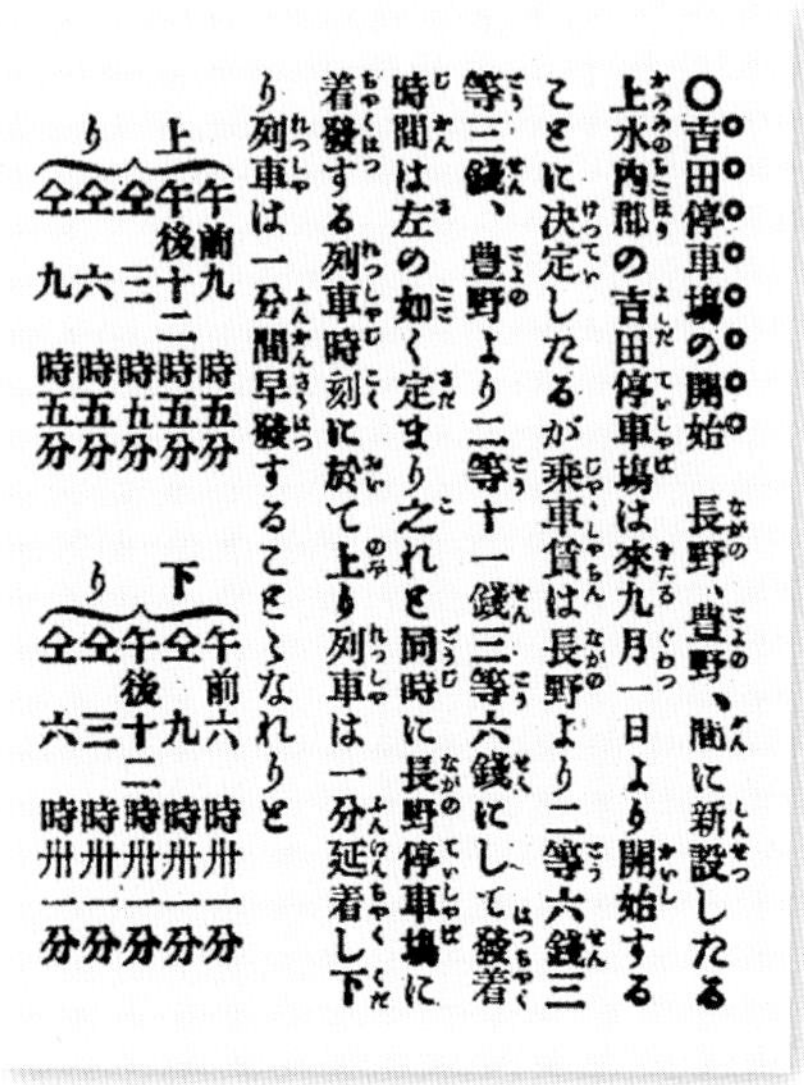
○吉田停車場の開始　長野、豊野、間に新設したる上水内郡の吉田停車場は來九月一日より開始することに決定したるが乗車賃は長野より二等六錢三等三錢、豊野より二等十一錢三等六錢にして發着時間は左の如く定まり之れと同時に長野停車場に着發する列車時刻に於て上り列車は一分延着し下り列車は一分間早發することとなれりと

上り
午前九時五分
午後十二時五分
仝三時五分
仝六時五分
仝九時五分

下り
午前六時卅一分
仝九時卅一分
午後十二時卅一分
仝三時卅一分
仝六時卅一分

長野—豊野間に吉田駅が開業することを伝える。河東地域の製糸業者らの期待を受けて設けられた＝明治31年8月27日

## 期待を背負って工事は順調

とはいえ、やはり地元に鉄道が欲しい。折も折、篠ノ井線や中央東線が開通、大正に入って伊那谷や安曇野、佐久や軽井沢でも民間鉄道が次々と開業した。〝鉄道敷設ブーム〟の世で河東地域で浮上した構想も一気に進む。以下、記事を追ってみる。

**大正8年（1919）10月21日**《河東鉄道総会、同盟会発会》〈信越河東鉄道期成同盟会発会式を19日午後3時より埴科郡屋代町農蚕学校内に挙げたり。出

席者は沿道町村関係者100余名にして…〉

**大正9年1月24日**《河東鉄道創立準備会》〈信越線屋代駅を起点として上高井郡須坂町に至る間を第1期線とする河東鉄道にては、愈諸般の準備成りたるより22日午後6時より市内権堂町富貴楼に於いて会社創立準備会を開きたり。出席30余名協議の結果、名称を河東鉄道株式会社とする事、資本金を500万円とし中佐久鉄道に於て200万円、同鉄道株主に於て100万円を引受け、残り200万円を公募する事…〉

**同年5月5日**《河東線の認可》〈鉄道院にては3日付を以て佐久鉄道株式会社に対し長野県埴科郡埴生村より同県上高井郡須坂町に至る延長15哩20鎖の蒸気鉄道敷設免許証を下附したるが、建設資金は200万円なり〉

**同年5月31日**《河東線の総会》5月30日開催、社長・神津藤平ほか役員が決定し、会社創立

**大正10年6月1日**《河東線起工式》5月30日、屋代—松代間に着工（屋代駅敷地）

記事中、路線認可先として「佐久鉄道」が登場した。同社は小諸—中込間を大正4年に開業させ、河東地域の路線計画を発表して免許も得たが、結果的に目的を同じとする期成同盟会と〝合流〟し、敷設免許は河東鉄道に移された。

大正11年6月10日、第1期線の屋代—須坂間が蒸気運転で開業した。同日の全面祝賀広告《祝　河東鉄道開通》は、広告主の多くが須坂の製糸業関係。金融、飲食・娯楽などもあった。沿線各地の祝賀会の様子も事細かに記事になったが、同日載った社説は特に興味深い。

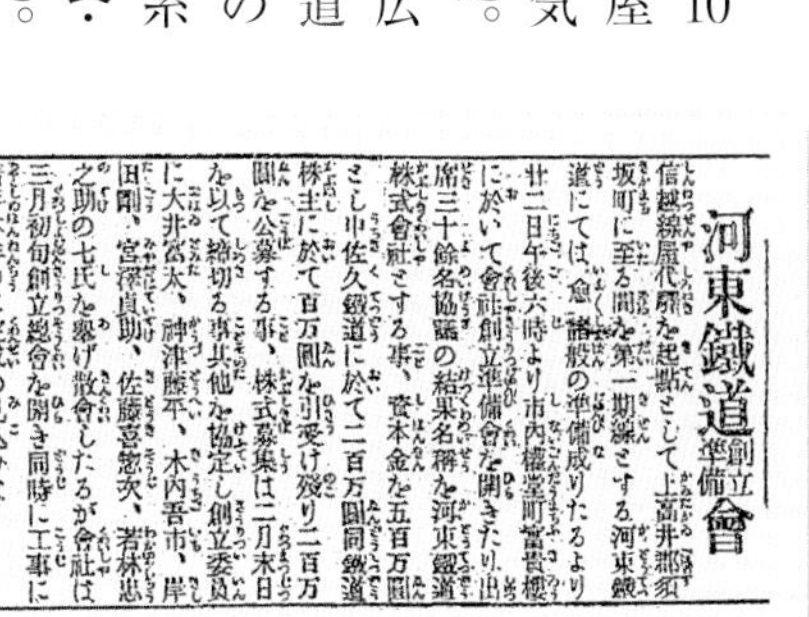

河東鐵道創立準備會

信越線屋代驛を起點として上高井郡須坂町に至る間を第一期線とする河東鐵道にては、愈諸般の準備成りたるより廿二日午後六時より市内權堂町富貴樓に於いて會社創立準備會を開きたり、出席三十餘名協議の結果名稱を河東鐵道株式會社とする事、資本金を五百萬圓とし中佐久鐵道に於て二百萬圓同鐵道株主に於て百萬圓を引受け殘り二百萬圓を公募する事、株式募集は二月末日を以て締切る事其他を協定し創立委員に大井富太、神津藤平、木内吾市、岸田剛、宮澤貞助、佐藤喜惣次、若林忠之助の七氏を擧げ散會したるが會社は三月初旬創立總會を開き同時に工事に着手本年中に完成の見込みなり

会社創立準備会。500万円の資本金や株式の引き受け割合などを報じる。創立委員に初代社長となる神津藤平の名前も＝大正9年1月24日（総会は22日）

《信州交通網と河東線　自力の文化》

今日から河東鉄道の第1期線に属する部分が営業を開始する。

昨秋は飯山鉄道の一部が開通し、今又此河東線が運転するようになった。信州の交通系の中で最後に取り残された所謂北極帯の交通問題が、斯くして、解決に一歩を踏み込んでいく。

河東線の第1期線と云うは、屋代須坂間15哩2鎖

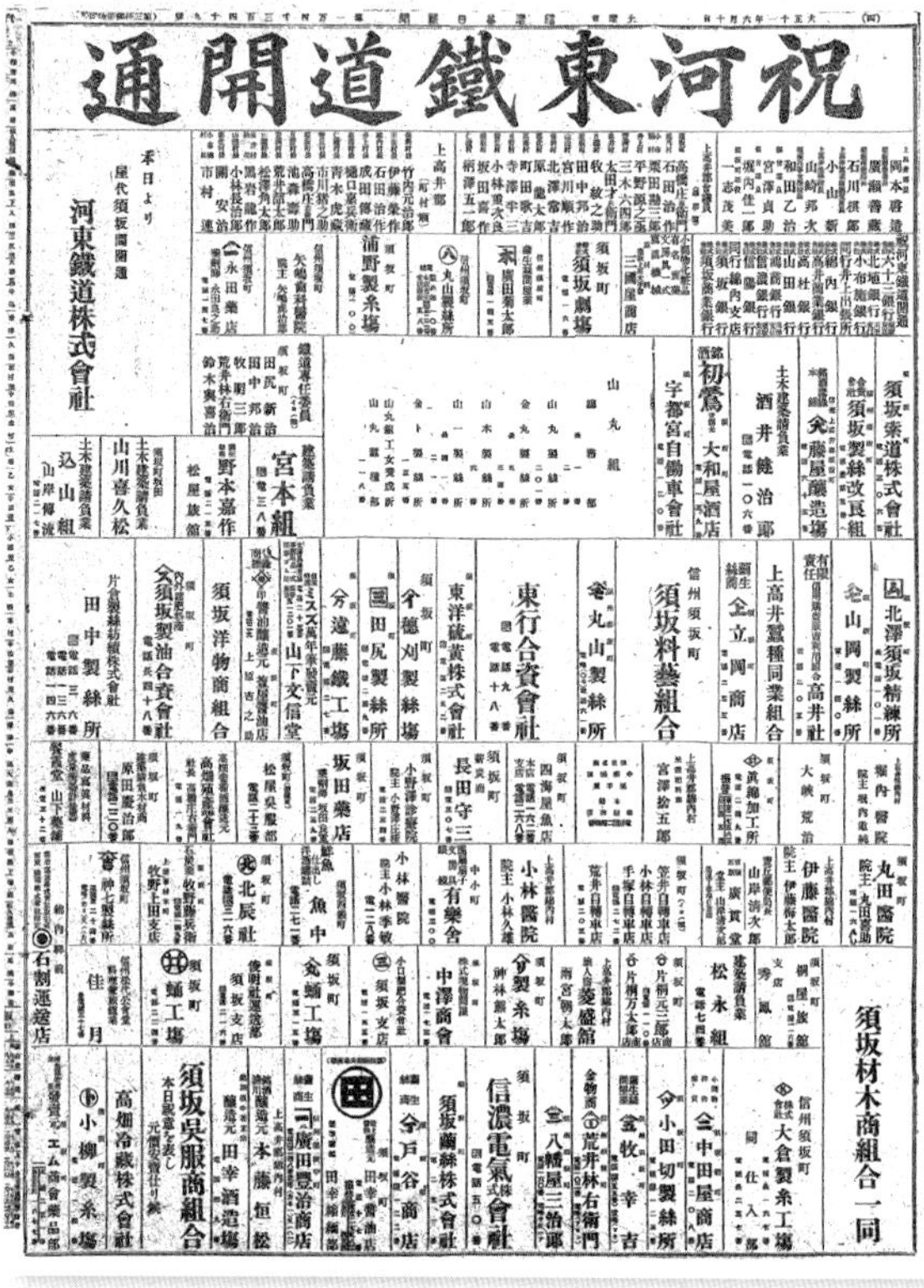

第１期線の開通を祝う全面広告。須坂町の製糸業関係の会社が多い。鉱業や金融、料飲なども＝大正11年6月10日

の延長である。昔なら真田侯の首府松代。堀侯の居城須坂。是れを貫く信州屈指の官道である。今日なら一等国道とも云う可き交通の要路であったのであるが、明治以後の行政上、実業上幾多の変革が、当谷街道の空名を存して、殆ど此処を廃道同様にして久しく其儘で居た。それが今度復活の緒に就くのである。

但、河東線も今の処では一部分の竣成に過ぎない。第2期線なると、昔は北信一帯の天領（幕府直轄）を統べた中野町までの工事がある。其処から更に延長して飯山鉄道と相並んでか、それとも或地点で合致するかして、国境を越え、下越の魚沼郡から蒲原平原に突出するに於て、此線の機能が完全に発揮されるのであって、今日はまだ緒に就いたまでである。

更に其地方的使命からすれば、河東線と飯山線とが、千曲川に沿って此の北極帯を縦断すると共に、長野若しくは豊野辺から横に山ノ内温泉を前橋方面に向かう一線が、前記縦線を連絡して初めて本質的使命を完全になる。

信州の北極帯と云わるるのは、永い間此地方の堪えがたき侮蔑であったが、どうしてそんなように取残されるに至ったか。

独り交通関係のみではなく、すべてに於て然りであった。言わば現代文化の除外地でもあったかの観があった。何処に小県や、筑摩、諏訪、各地に見らるる道路があるか。何処に一個の中等学校があるか。何処に産業上特殊の保護を受けたものがあるか。

総じてこの一帯の地は、県税の負担者ではあったが、県費の分配者ではなかった。一言すれば、地方政治の薄福者(はくふくしゃ)であった――此点は現任者たる知事其人によく知って欲しい――故にこの一帯の人達で、現代文化の享受に志しあるものは政府の力を頼まず、地方庁の施設を竢(ま)たず、自力によって困苦を艱難(かんなん)しなければならなかったのである。

殊に交通問題に於て尤(もっと)も甚だしかったのは、北極帯の名を負えるによっても判るだろう。

飯山鉄道や河東鉄道やは、この隠忍(いんにん)から崛起(くっき)した結果である。唯、外資輸入の形のあるのは遺憾とも云えるが、それは当世の常体として自ら慰むべしであろう。

自力の地方は、自ら自力の地方、自力の人民で自ら満足し、自ら鞭撻(べんたつ)すべしである。何にも県会や、議会やを頼むまでもなく、何処までも自力一貫で、自己の文化を向上せしめねばならない。それが寧ろ人間の本来であり矜持である。

河東鉄道や、飯山鉄道やは、物質的に地方文化に資するの外に、此意味の刺激剤に充分なるであろう。

「北極帯」との呼ばれ方は驚きだが、北信濃に鉄道

第3期線(信州中野―木島間)の開業を知らせる。開通式典の予定や、野沢温泉発展への期待も＝大正14年7月12日

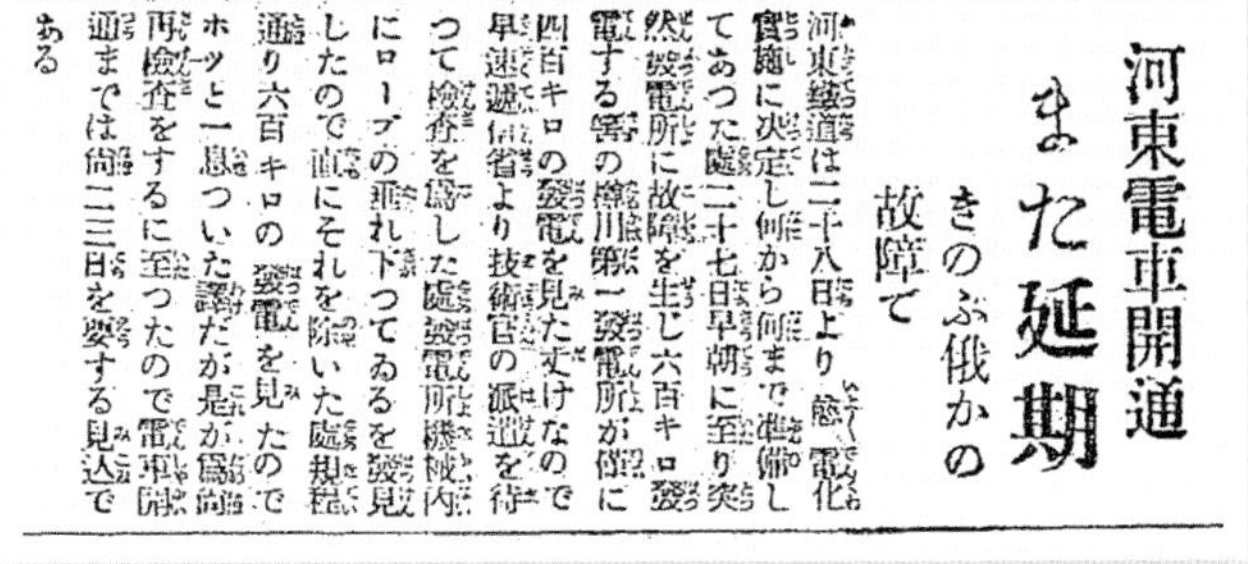

河東電車開通
また延期
きのふ俄かの故障で

河東鐵道は二十八日より愈々電化實施に決定し前から何まで準備してあつた處二十七日早朝に至り突然發電所に故障を生じ六百キロ發電する筈の樽川第一發電所が僅に四百キロの發電を見た丈けなので早速遞信省より技術官の派遣を待つて檢査を爲した處發電所機械内にロープの垂れ下つてゐるを發見したので直にそれを除いた處規定通り六百キロの發電を見たのでホツと一息ついた譯だが是が爲め再檢査をするに至つたので電車開通までは尚二三日を要する見込である

電車の運転を始める矢先、樽川発電所の故障で延期されたことを伝える。翌日記事では「最終からは無事運転」とのこと＝大正15年1月29日

が通る意義を、当時の壮大な路線構想にも触れながら期待を込めている。

### 中野、木島へ――延伸そして早々に電化

　河東鉄道は翌大正12年3月26日に信州中野、2年後の14年7月12日に木島まで延伸し、一応の全通を果たした。さらに半年後には全線電化したが、この電力は木島駅上流の樽川に自前の発電所を設けて得た。県内の電化路線は当時まだ伊那電車軌道（飯田線の前身）のみだったが、創業当初からの直流1500V運転は河東鉄道が初。省線（国鉄）や、対岸を走る飯山鉄道は、まだしばらく蒸気機関車が主流の時代が続く。

　ところで、河東鉄道の電化は〝公称〟大正15年1月29日。ただ同日の記事によれば、28日から予定されていたと読める。〈河東鉄道は28日より愈電化実施に決定し、何から何まで準備してあった処、27日早朝に至り突然発電所に故障を生じ、600キロ発電する筈の樽川第1発電所が僅に400キロの発電を見た丈けなので…〉。発電所が故障。もっとも翌30日記事には〈28日の屋代駅発午後7時20分の最終列車から運転開始したが成績は良好であった〉とある。記事の通りだと、電化は少し早く実現していたようだ。

## 千曲川を渡る――長野線と村山橋

### 県との共同架橋で克服

　国や大手の私鉄にとっても大きな壁となる大河川への架橋。それを100年前に誕生した地方私鉄会社が行う。それも、長さが800メートル超えともなると、その難度の高さは計り知れない。

　県都・長野と河東地域を鉄道で結ぶ構想は、大正の早い時期からあった。大正元年（1912）、須坂の製糸業者を中心に創設された北信電気鉄道株式会社は、現在の長野電鉄の路線と同じ長野―須坂―平穏を軽便鉄道で結ぶ計画を立てた。これは政治的な事情で挫折したとされるが、時まだ舟橋―木橋の時代、架橋が障壁だったのは間違いないであろう。

　須坂など河東地域には先に、屋代からの河東鉄道が実現したが、長野指向は依然強かった。そんな中、長野市と周辺町村の合併問題を契機に、須坂―長野間の鉄道計画は一気に現実味を帯びる。合併先候補の一つ、吉田町が掲げた合併条件である鉄道敷設を

積極推進した長野市長が、神津藤平・河東鉄道社長に強く依頼し、藤平はそれを受け入れた。

とはいえ、千曲川架橋が最大の難関であることに変わりはない。が、藤平はこれを「県と共同架設」というアイデアで乗り切り、名橋「村山橋」は大正15年（1926）4月に完成。当時県内最長の814メートルを誇り、珍しい道路鉄道併用橋として、長きに渡って長電のシンボル的構造物として知られることになった。

## 完成への道筋――注目された工事

村山橋建設の注目度は、工事の進捗（しんちょく）を報じる記事でも分かる。内容を追ってみる。

**大正12年（1923）6月30日**〈延長は長野須坂間7哩（マイル）20鎖（チェーン）で、大工事は千曲川の村山橋架橋である。工事に着手すると約1ヵ年半で竣工する予定で、工費は200万円の資本の内150万円位で間に合う見込だというている。それは市から20万円、県から14万円の補助があるからである〉

※この間、同年9月1日の関東大震災で測量図が焼失、再測量に

**大正13年12月13日**〈長野電車会社は柳原村以東須坂迄（まで）の土工及び軌道布設工事を請負に附し、県と共営の千曲川架橋工事も着手した〉

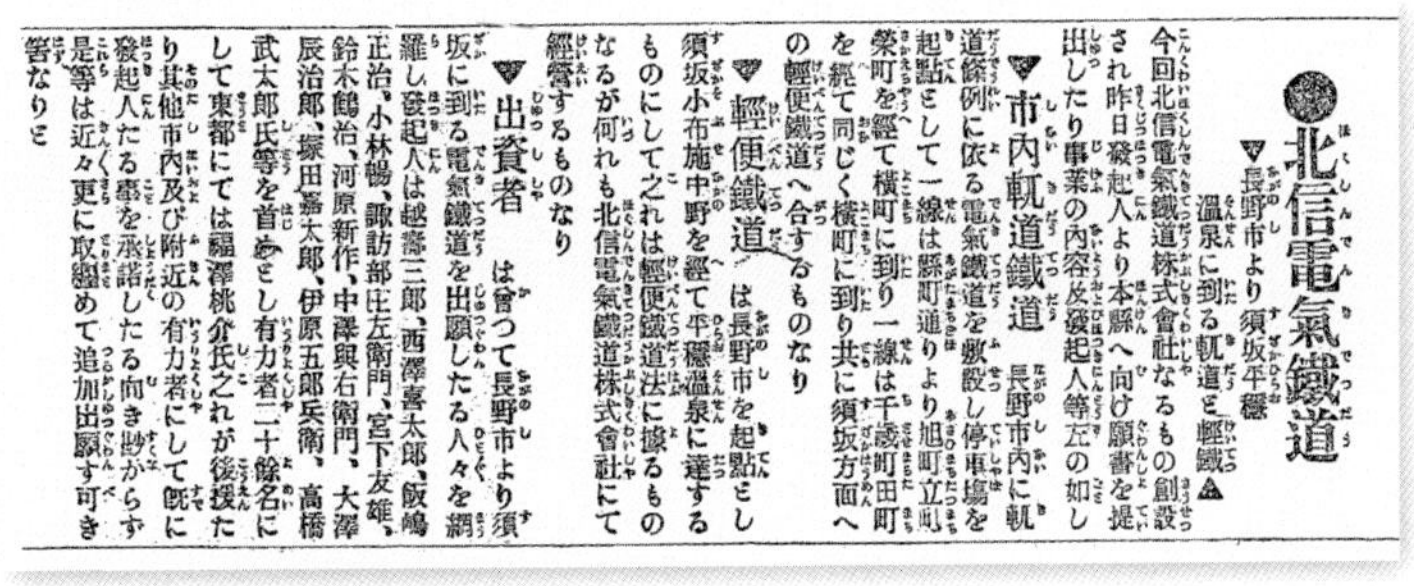

北信電氣鐵道
▽長野市より須坂平穏温泉に到る軌道と輕鐵△
今回北信電氣鐵道株式會社なるもの創設され昨日發起人より本縣へ向け願書を提出したり事業の内容及發起人等左の如し
▽市内軌道鐵道
長野市内に軌道條例に依る電氣鐵道を敷設し停車場を起點として一線は縣町通りより旭町立町榮町を經て横町に到り一線は千歳町田町を經て同じく横町に到り共に須坂方面への輕便鐵道へ合するものなり
▽輕便鐵道
は長野市を起點とし須坂小布施中野を經て平穏温泉に達するものにして之れは輕便鐵道法に據るものなるが何れも北信電氣鐵道株式會社にて經營するものなり
▽出資者
は曾つて長野市より須坂に到る電氣鐵道を出願したる人々を網羅し發起人は越壽三郎、西澤喜太郎、飯嶋正治、小林暢、諏訪部庄左衛門、宮下友雄、鈴木鶴治、河原新作、中澤與右衛門、大澤辰治郎、塚田嘉太郎、伊原五郎兵衛、高橋武太郎氏等を首めとし有力者二十餘名にして東都にては福澤桃介氏之れが後援たり其他市内及び附近の有力者にして既に發起人たる事を承諾したる向き尠からず是等は近々更に取纏めて追加出願す可き筈なりと

長野から須坂を経て平穏（湯田中）を結ぶ北信電気鉄道が設立。長野市内の軌道線なども計画していた＝大正元年8月23日

**大正14年7月11日**〈目下潜水作業でピーヤの建設中、ピーヤは7月一杯で完成の予定。橋の延長は453間、千曲川第一の長い橋。又（また）其（そ）の幅に於ても第一の広い橋、県と会社の共営に成るものである〉

※ピーヤ＝ピア、橋脚のこと

**大正14年11月27日**〈私設鉄道始まって以来の大工事とまで目された長野電気鉄道須坂長野線中の村山橋架橋工事も着々竣工の域に向かっている。既にガーダーは取付済みとなり、トラス一部分丈（だけ）の工事で1月頃は完成の予定であるが、線路も桐原まで出来て来ているので、開通は来春5月頃と予想されている〉

**大正15年6月27日**〈開通いよいよ明日にせまった長

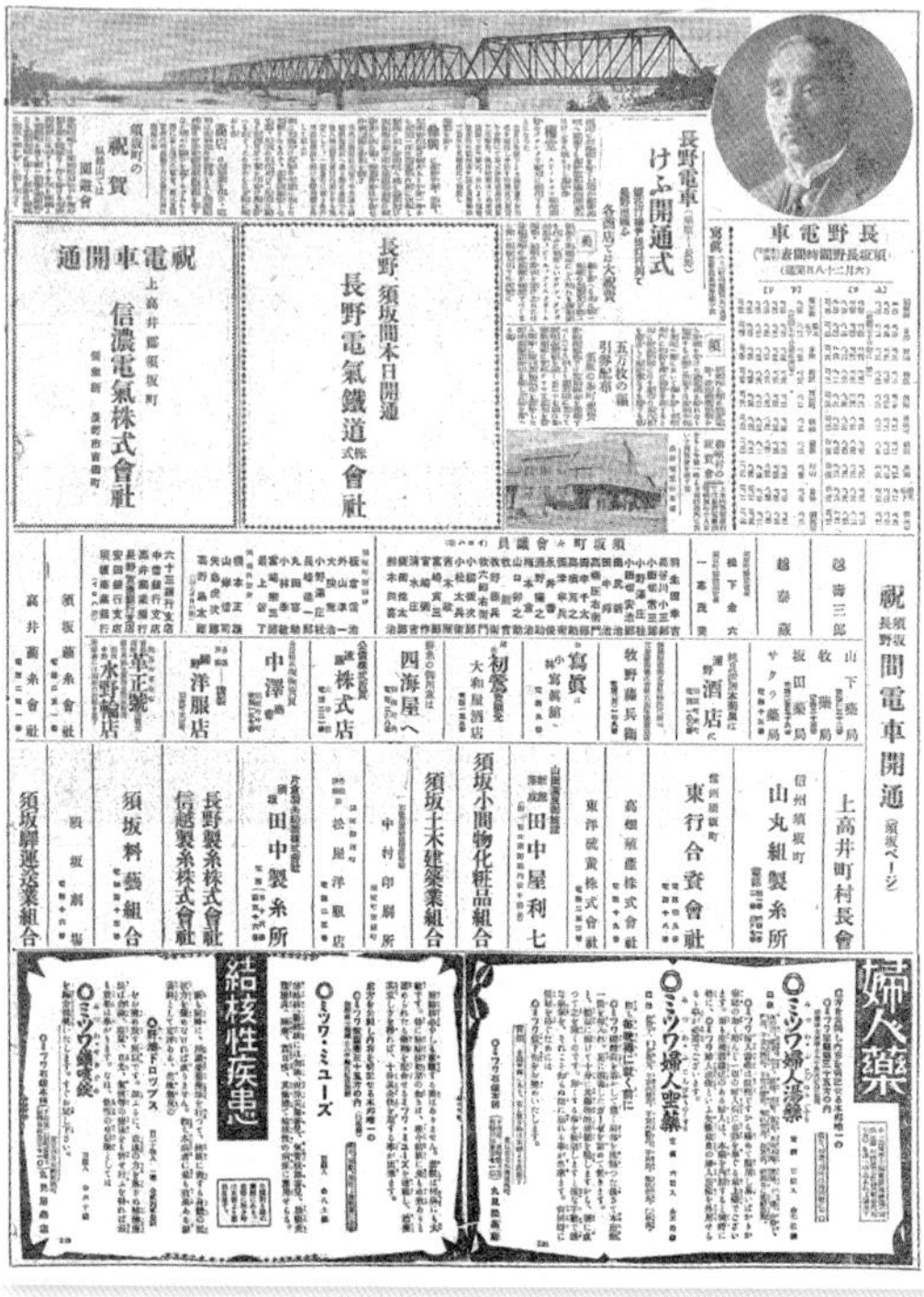

長野電車 けふ開通式

長野電車

須坂長野間時間表

長野、須坂間本日開通

長野電氣鐵道株式會社

祝電車開通

上高井郡須坂町

信濃電氣株式會社

須坂町々會議員

祝長野須坂間電車開通

上高井町村長會

山丸組製糸所

東行合資會社

田中屋利七

須坂小間物化粧品組合

須坂土木建築業組合

田中製糸所

長野製糸株式會社

信越製糸株式會社

須坂料藝組合

須坂郵運送業組合

婦人藥

ミツワ婦人藥

結核性疾患

ミツワ・ミューズ

須坂一権堂間開通当日の特集紙面。写真は社長・神津藤平と村山橋。日中30分間隔での運行を知らせる時刻表も＝大正15年6月28日

# 長野電車の工費百五十萬圓

## 一ケ年半で竣工の見込

長野電気鐵道會社の發起人は西澤喜太郎氏外三十六名で賛成人は長野市外沿道の各町村の有力者約三百名に達する延長は長野須坂間七哩二十鎖で

### 大工事は 千曲川の村山橋架橋である

工事に着手すると約一個年半で竣工する豫定で工費は二百萬圓の資本の内百五十万圓位で間に合ふ見込だといふてゐるそれは市から二十萬圓縣から十四萬圓の補助があるからである長野善光寺と須坂及び河東鐵道一帯と山の内野澤山田各温泉と結びつけたいそして客の誘致に力めたいにある其爲に村山橋も

### 美觀を呈する最新式

のものを工事第一着手としたいさ云ふてゐる株式最初の拂込は金五圓で株式申込の際の證據金五圓を拂ひ替へる事にするそうである立入認可を得次第直に測量をし續いて要地の買収に着手する筈である

長野電気鉄道発起人による建設工事の見通し。村山橋架橋を含め工費150万円、工期は1年半と見込んでいる＝大正12年6月30日

# 廿四分で須坂と長野を連絡

## 廿分毎に發車する

### 河東線の竣工近づく

私設鐵道始まって以來の大工事とまで目された長野電氣鐵道須坂長野線中の村山橋架橋工事も漸く竣工の域に向ってゐる既にガーターは取付済みとなりトラス一部分丈の工事で一月頃は完成の豫定であるが線路も構成まで出來て來てゐるので開通は來春五月頃と豫想されてゐる車輛も長野須坂間專用車四輛を注文濟みで一月までには完成到着の豫定であるが該車輛は中屋式のもので車輛界の粹を集めた中々のもの、各車輛には百馬力モーター四個宛取付千五百ボルトの電壓で長野須坂間八マイルを二十四分間で走る高速度電車であるが同區間は凡そ廿分に一度位宛發車の豫定である一方河東線の方は電化工事も更に進捗し又客車の改造も成り十二月末までには總成の豫定であるが之に關して神津社長は次の如く語った

『電化には既設線種々な改良を施さなくてはならないので迷惑を御掛けするのは申譯がない御承知の通り電化の曉は各客車にパンダグラフを付けなくてはならないのでその爲現在のトンネルでは低いので線路を下げねばならぬから勢ひ除行區間も多い譯で列車の運轉に不圓滑を來す樣な次第誠に申譯ないが何れ改良工事竣成の上はより以上の御便宜を御與へする』

と

尚又兩線に使用する發電所は六百キロの第一發電所は既に成り送電するばかりになってゐるし第二千キロの方も工事に着手して來春六月頃には完成の豫定である更に第三發電所は目下設計中との事である斯くて此の鐵道が兩者相俟って完成の曉は長野市を中心として温泉旅行遊覽旅行等には申し分のない便利を受くる譯にならう

竣工近き村山橋

村山橋の建設、線路の敷設、車両の準備、発電所工事…。もろもろが順調に進んでいることを伝える＝大正14年11月27日

野電車は、きのう午前記者団を招いて試乗を行った。（中略）事業計画の当初、工費100万円といわれ、この工事中の最大難関でもあった千曲川鉄橋は、県道と共通の点から云っても画期的架橋であって、その上、神津社長の努力はこの難工を会社側の負担32万円をもって仕上げた〉

そして同年6月28日。須坂―権堂間の開通当日の紙面には、藤平社長と美しい7連トラス橋の写真が載る。併載の時刻表は、整然とした30分間隔の時刻が配列され、大都市の時刻表と変わらない雰囲気だ。

なお、長野電気鉄道はこの開通3ヵ月後の9月30日、河東鉄道と合併して「長野電鉄」となった。当初の開通は須坂―権堂間で、省線長野駅には3年後の昭和3年（1928）6月24日に接続する。

以上、村山橋完成までの経過をたどった。同橋の存在の大きさや特徴は昭和33年（1958）6月9日の連載記事《橋》に詳しい【P80紙面参照】。

### 架橋80年余で架け替え

昭和を生き抜いた名橋・村山橋も、半世紀を過ぎると時代に合わなくなってきた。特に、車道側は対面2車線で歩道もなく、朝夕の渋滞や歩行者・自転車の安全確保も問題になった。

県による村山橋の架け替えは、平成に入って着手。旧来橋のすぐ上流側に新橋を架ける事業で、新橋も鉄道併用橋とすることから平成8年（1996）3月、吉村午良知事と神津昭平社長（共に当時）が「相互に協力し合って事業を進める」趣旨の基本協定を締結、平成10年11月に着工した。

架橋は2段階。まず、上り車道（長野市方向、片側2車線）を新橋として建設し、旧橋も下り車道（2車線）として活用することで、まずは暫定的な計4車線を実現（平成16年8月完成）。その上で、鉄道併用となる下りの新橋を建設し、全体の完成後に旧橋を撤去する手順。10年以上に及ぶ大事業である。

平成21年（2009）11月9日、新橋を電車が走り始めた。道路は前年暮れに先行開通しており、旧橋は同6日の電車の最終運行をもって、83年間の役目を道路、鉄道とも完全に終えた。1000系特急車両による深夜の「さよなら列車」渡り納めの後、2日間（7～8日）で切り替え工事を実施【P81紙面参照】。新橋にはロングレールやラダー枕木といった技術を採用し、乗り心地改善や軽量化、コスト軽減を図った。

新村山橋は837・8メートル（鉄道橋としては822メートル）、幅は旧橋の約3倍。新しい橋も、新時代にふさわしい壮大な橋に生まれ変わった。

連載記事「橋」。村山橋を紹介＝昭和33年6月9日

# 橋 (16)

## 村山橋 …長野市村山—須坂市村山…

# 県下でいちばん長い

## 北信地方結ぶ〝裏玄関〟

〇…〃橋〃といえば、むかしからかならず伝説めいた話があるものだが「この村山橋には、そういった古事来歴を伝える話は少ない」と地元の人達は残念そうにいう。しかし、その代りでもないだろうが、この橋には、大正末期に架設されていらい、すでに三十五年近くなるが未だに県下の、どの橋にもみられない二つの特徴をもっている。それは長野電鉄の電車が鉄橋をいっしょに走っていることと、橋の長さが県下でいちばん長いことだ。全長八百十三・六メートルにおよぶ鉄橋を最新式の特急ロマンス・カーとバス、トラックなどが並んで軽快に走っている光景は、まさに大都会なみの〃偉観〃であり、〃近代橋〃である。そして長野市の南の丹波島橋が、同市の〃表玄関〃にあたれば、北の村山橋は、須坂、中野、志賀高原など北信地方を結ぶ〃裏玄関〃としての交通の大動脈である。

〇…しかし、いまでこそ、立派な近代橋の景観をそえているが、そのむかしにさかのぼれば、ここも幾たびか千曲川の出水によって押し流され、ひきちぎられていた舟橋や木橋にすぎなかった。〃製糸の町〃須坂と、県都長野市の間は、わずか十キロ余りの近距離にすぎないが、その間は犀川と合流した千曲川の本流によってさえぎられて、日常の通行にもこと欠くありさまだった。当時は、いまの村山橋の上流約百メートルの柳原地籍に木橋がかかっていたが、別名〃柳原橋〃とも呼ばれていた。全盛をきわめた須坂の製糸工場の燃料である石炭も、運送馬によって全部この橋を渡って運ばれたものだが「これだけではとても間に合わなかったので、当時は吉田町(現在長野市)から鉄索を張ってそれで運んだ」と須坂の昔の製糸家は語っている。しかしこの橋も、増水期には押し流されてしまい、渡し舟によって、ようやく両者の連絡をとっていたものの、交通は全く中断してしまい、地方の発展にとって大きなブレーキとなっていたという。このため「〃千曲川の征服〃こそが長野市と北信地方の多年の宿願であった」とは地元の古老たちの話だ。そのころ長野市では、吉田町など隣接一町三カ村を合併し、また地元からは長野—須坂間の鉄道敷設の声が強かった。そこで当時の長野市長丸山弁三郎氏は、河東鉄道(現長野電鉄)の神津藤平社長に白羽の矢をたてて、鉄道敷設を懇請し、神津氏もこれを引受けたため、この計画とならんで村山橋が架けられた、と当時の記録には書いてある。

〇…しかし、神津氏は鉄道敷設を引受けたものの、資金難で村山橋の架設には自信がなかったので、当時の長野県知事本間利雄氏を説得して、県と共同で〃ダブル橋〃を架けることになったもの。地元では二重の喜びにわいたわけだ。工事は大正十三年十一月からはじまり、同十五年六月三十日には完成という〃超スピード〃ぶり。工費は百一万千九百二十一円十四銭一厘で、県が六割、電鉄会社が四割の比率で負担したという。橋の構造は「プラット・スチール・トラス橋」といい、四十五トンの重さに耐えるようになっている。わずか一年半近くで出現したこの近代橋には、地元の人たちは余りの立派さにどぎもを抜かれ、しばらくは毎日のように見物に行ったり、また三年ばかりは納涼大会や、とうろう流し、花火大会などを催して祝ったといっている。このように開通した当時は、長野と須坂を結ぶ〃産業橋〃として果した役割は大きかったわけだが、戦後は須坂の製糸もすたれ、その代り平穏温泉郷や山田、野沢温泉、また志賀高原、万座などが開発されるにおよんで、年々交通量も増大し、一日に行き交う車はざっと一千台。そして次第に、〃観光橋〃として、橋の模様も新しく塗りかえられようとしている。

自動車と特急がいっしょに走る村山橋＝須坂市側からうつす

新しい村山橋へのバトンタッチを間近に控えた旧橋を渡る2000系。架け替え記念のヘッドマークを付けて走る＝平成21年11月

チェンジ

須坂市側から見た切り替え工事前（上）と工事後（下）の線路。旧橋に続くレール（右）から新橋に続くレールに切り替えられた

最終列車の「渡り納め」を待って線路の切り替え工事が始まった＝7日午前2時20分

新しい村山橋を通過する列車。歩道から透明なパネル越しに間近に見ることができる

# 昼夜兼行 バトンタッチ

## 長野・須坂の村山橋 新旧切り替え

長野・須坂市境の千曲川に完成した新しい村山橋を、9日から長野電鉄の列車が走り始めた。旧橋から新橋への切り替え前後の動きを追った。

7日午前0時の少し前。ライトアップした旧橋の中央で、鉄道ファンらを乗せた長野発の臨時特急が止まった。土手の切りからも別れを惜しむ人たちが見守る。5分間の停車後、列車はゆっくりと須坂駅に向かい、橋は83年間の歴史に幕を下ろした。

この「渡り納め」が終わるとすぐに線路の切り替え工事がスタート。古い枕木やレールを撤去し、コンクリート製の枕木と最長で553㍍のロングレールを敷設した。これで騒音と揺れが抑えられる。

工事は120人態勢、昼夜兼行で進んだ。8日午後3時、完了を祝う締結式。試

### 6日深夜「渡り納め」 9日早朝営業再開 新たな歴史刻む

運転列車を走らせた後、9日午前5時35分須坂発の上り普通列車から営業運転を始めた。

この日は、橋の周りに鉄道ファンや写真愛好家らが集まり、通過する列車を写真やビデオに収めていた。その中に、長野電鉄で30年間運転士を務めたという佐藤清さん(71)＝須坂市＝がいた。「橋を渡る時、車内の子どもたちから『わあ、鉄橋だ』と歓声が上がったのを今でも思い出す。新しい橋も子どもたちに親しまれるといいね」。新橋を渡る列車を見つめて話した。

村山橋は全国的にも珍しい道路と鉄道の併用橋だ。新しい橋の道路部分は昨年末に全面開通。隣を通る歩道から、列車と車が間近に見える。

写真・文 渡会 浩

旧橋の運行最終日の6日、列車の明かりが橋と千曲川の水面を照らした＝午後5時53分

旧橋で開いた「渡り納め式」は、橋と同じ83歳の人たちもパレードに加わった＝14日

週刊 Photo Journal 写真ジャーナル

村山橋の鉄道部分が完成。旧橋の最終運行から中2日間で新橋への切り替え作業が行われた様子を写真で特集＝平成21年11月16日（新橋の運行開始は9日）

旧村山橋の親柱や鉄骨、レールを並べたメモリアルパークが完成。渡河や橋の歴史を伝える＝平成23年12月

column ❶

# 善光寺平環状線鉄道構想

長野電鉄（前身を含む）の路線構想は、河東線や山ノ内線の延長のほかにもあった。実際に路線の敷設等を申請したものをまとめると、次ページの図になる。河東鉄道も創業当初から千曲川右岸を北上し、現在の野沢温泉村七ケ巻（ななまき）、さらには新潟県十日町市を目指していた。

初期の構想にはもう一つ「善光寺平環状線鉄道」があった。長野電気鉄道が須坂―長野間の建設を進めていた時期に浮上。長野（権堂）から犀川を渡って篠ノ井―稲荷山―八幡―上山田と千曲川西側を南下、東側の戸倉に渡して屋代に戻し河東鉄道につなげる計画。千曲川、犀川の中州を貫くことから「川中島線」と呼ばれる。

同構想は大正13年（1924）7月に突如発表され、同月25日初報された。前述の十日町への計画と合わせ〈信越交通機関を完整する計画〉とし〈この川中島平野を縦断して各枢要地共に名勝古蹟温泉地等を連絡しゆくことによって、当に川中島のみでなく広き善光寺平一帯の開発を促す影響は蓋（けだ）し多大なものがあろうといわれている〉と書いている。

背景には、筑摩鉄道（アルピコ交通の前身）との争いがある。河東鉄道設立の2日前、大正9年5月29日に設立された筑摩鉄道は、松本―長野間を犀川沿いに結ぶ「犀川鉄道」を計画、さらに長野市中央通りに路面軌道を敷くべく大正12年12月、県に申請した。その前月に設立されたばかりの長野電気鉄道もこれを看過できず、年明け早々に市内軌道敷設を申請。以降「敷設優先権」の奪い合いとなるが、それを有利に進めるために地元志向の計画として打ち出したのが「環状線鉄道」というわけだ。見出しに《長野市内電車競願に端を発し》とあるのは、このためだ。

筑摩鉄道の計画は社内事情から頓挫したが、長電の環状線構想への期待は高く、昭和3年（1928）6月10日には長野―八幡間の免許を得た。並行して屋代―八幡（河東線延長）、木島―戸狩（飯山鉄道接続）も申請（のちに取り下げと却下）。しかし、昭和恐慌に阻まれた。昭和10年9月、鉄道省が事業廃止を要請したが、既に計画は行き詰まっていた。

この頃には、川中島線や犀川鉄道に限らず、県内や周辺にも複数の路線計画が浮上しているが、「当時の技術でできるのか」という疑問符ものも多い。どこまで実現性を見越していたかは分からないが、ロマンのある話ではある。

## 長野電鉄が描いた路線描いた計画・構想
### (河東鉄道・長野電気鉄道時代を含む)

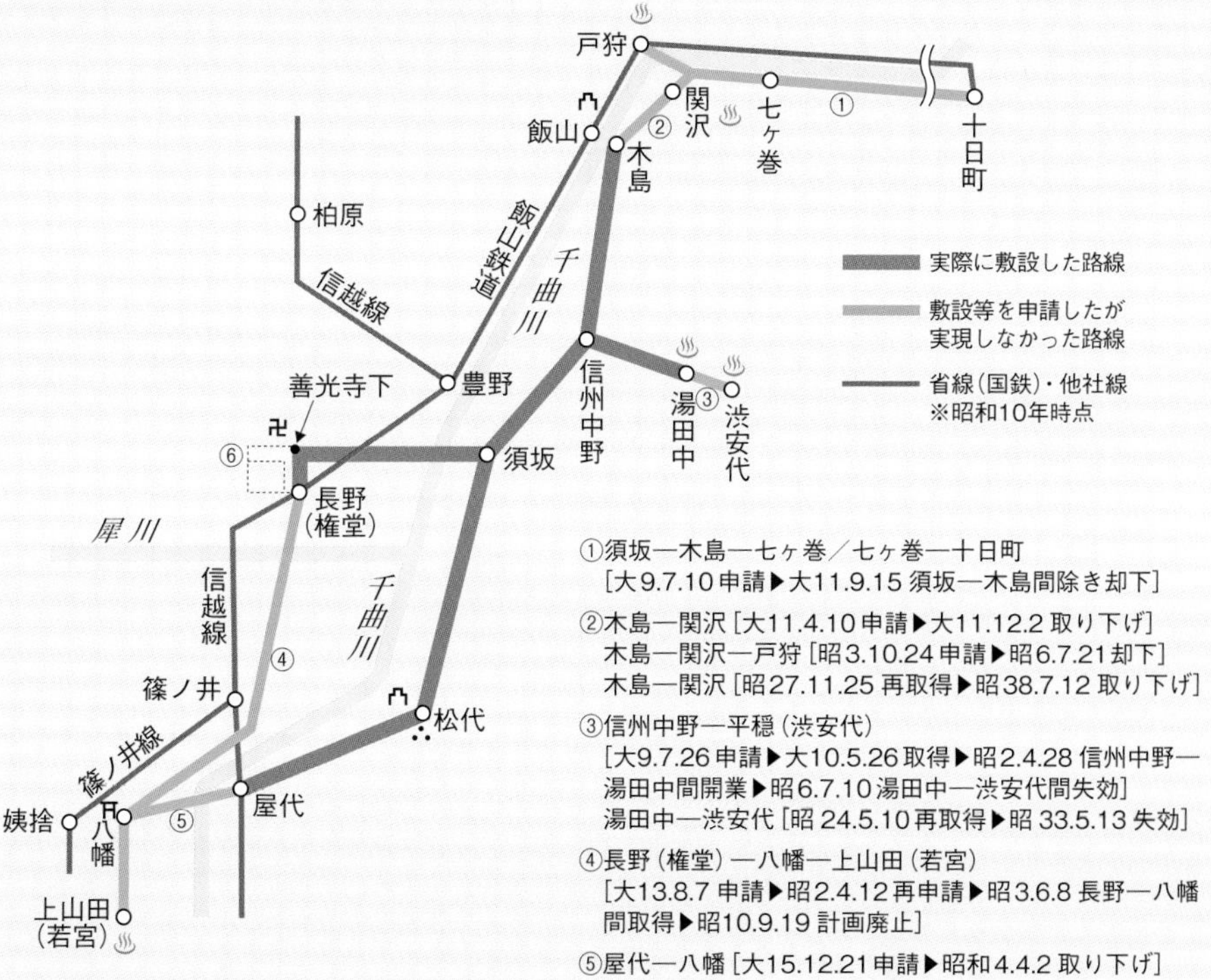


①須坂―木島―七ヶ巻/七ヶ巻―十日町
[大9.7.10 申請▶大11.9.15 須坂―木島間除き却下]

②木島―関沢 [大11.4.10 申請▶大11.12.2 取り下げ]
木島―関沢―戸狩 [昭3.10.24 申請▶昭6.7.21 却下]
木島―関沢 [昭27.11.25 再取得▶昭38.7.12 取り下げ]

③信州中野―平穏(渋安代)
[大9.7.26 申請▶大10.5.26 取得▶昭2.4.28 信州中野―湯田中間開業▶昭6.7.10 湯田中―渋安代間失効]
湯田中―渋安代 [昭24.5.10 再取得▶昭33.5.13 失効]

④長野(権堂)―八幡―上山田(若宮)
[大13.8.7 申請▶昭2.4.12 再申請▶昭3.6.8 長野―八幡間取得▶昭10.9.19 計画廃止]

⑤屋代―八幡 [大15.12.21 申請▶昭和4.4.2 取り下げ]

⑥長野市内軌道 [大13.8.11 申請▶後日取り下げ]

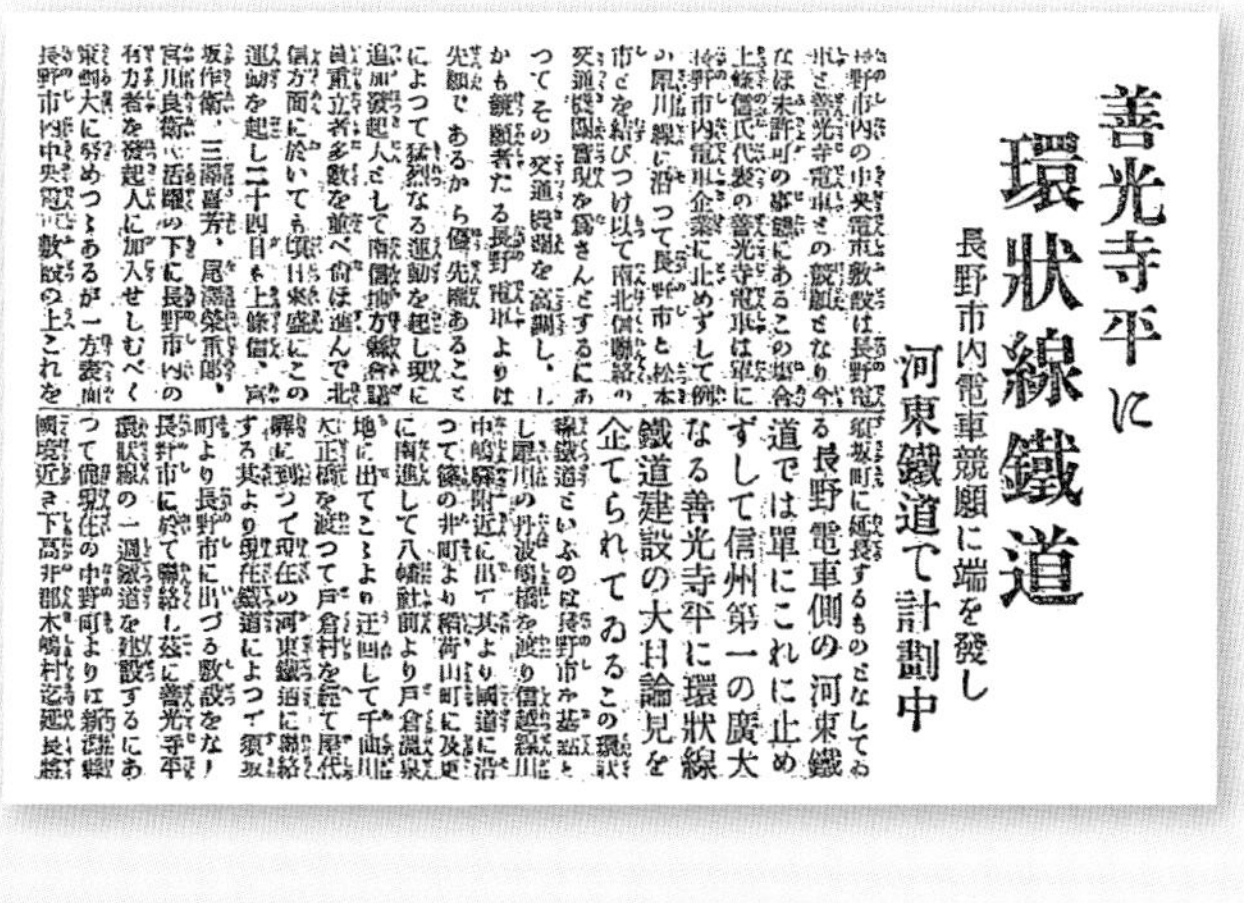
善光寺平に環狀線鐵道
長野市内電車競願に端を發し
河東鐵道で計劃中

長野市内の路面電車計画を発端に浮上した善光寺平への環状鉄道構想を最初に報じる=大正13年7月25日(部分)

# 生糸から硫黄へ――貨物輸送の変化

## 須坂東方で採掘　軍事需要も

河東鉄道や長野電気鉄道の創業には、沿線の須坂や松代で栄えた製糸業者が大きな力で牽引したことは、先にも触れた。とりわけ須坂は、県南の諏訪地方と並び、県北の「器械製糸の町」として発展した。

河東鉄道は、旅客同様に貨物への期待が大きかった。吉田駅へ運んだ製品生糸の輸送は屋代経由に切り替わり、横浜の港から海を渡った。ただ、開通から程ない昭和4年（1929）に始まった世界恐慌のあおりで糸価が大暴落し、製糸業は凋落（ちょうらく）。一方で貨物輸送に台頭してきたのが、硫黄である。

硫黄は、須坂の東方にある米子鉱山や、群馬県境を越えた小串鉱山で採掘された。昭和10年（1935）1月17日記事《須坂駅の硫黄出荷　昨年2万余トン余》は、数字を示して、当時低迷気味だった旅客輸送と比較して次のように書いている。

〈旅客に対し、貨物の発着量は長野電鉄全線中断然第1位を占めているが、糸の街須坂を背景としている同駅が製糸関係で第1位となっているのかと思えば、事実は全く予想を裏切り、その主要貨物は高井村奥の小串と、仁礼村奥の米子両砂山から採掘される硫黄で、その数量2万344トン、発送貨物総量2万2223トンの9割6分を占めている〉

硫黄の行き先は〈大阪、神戸、姫路、広島等〉、また用途は〈化学用の人絹と製紙用〉、省線と合わせても〈長野運輸事務所管内でも二本木駅の曹達（ソーダ）に次いで2位〉とある。「人絹（じんけん）」はレーヨンで、本物のシルクに似せた化学繊維。製糸で栄えた町から運ばれる硫黄が〝シルクもどき〟のレーヨン製造に使われるとは皮肉だ。生糸出荷は〈わずかに〉750トン、硫黄の3分7厘（3・7％）とある。

昭和12年（1937）6月14日記事《製糸に代る硫黄時代》は〝須坂駅の貨物取扱今昔〟をまとめている。

> 昔は製糸関係を主とした長野電鉄須坂駅も、今は硫黄全盛の駅と変わり、時代の推移を物語っている。同駅5月中の硫黄発送量は3456トン（内訳小串鉱山2140トン、米子鉱山1315トン）で、毎日平均10車以上大阪神戸地方へ向かって発送されるので、

本年の合計は恐らく4万トンをはるかに突破する見込みである。

殊に横手山硫黄鉱山も目下盛んに溶鉱炉敷設中であり、運搬の鉄索も既に鉱山より万座街道五色温泉まで架設されるに至ったので、今後同鉱山から盛んに出荷されることになれば近々5万トン以上にも達すべく期待されている。

のみならず、この硫黄鉱山のために年々約2万トンの石炭と1500トンの莚（むしろ）、縄等藁（わら）製品が、燃料並びに荷造り材料として、又、煉瓦（れんが）、鉄材、釜等が須坂駅に到着、トラック、鉄索によって鉱山へ運搬されているので、発送、到着を併せた硫黄山関係の貨物は莫大の数量に上り、須坂駅における絶対的の宝庫となっている。一方、生糸は5月中の発送料50トンで、全盛時代に比しては半分にも満たぬ激減振りのみならず、近来製糸業者は燃料に石炭を殆（ほとん）ど用いず大部分山中から切り出す薪、松葉等を使用しているので、石炭の恩恵もなく、同駅は完全に製糸時代から硫黄時代に変遷してしまった。

硫黄の用途は記事では触れていないが、時は日中戦争の開戦直前、太平洋戦争に向かう時期でもあり、軍事用火薬原料の需要が高まっていく流れにも重なる。生産の増強に合わせ、昭和18年（1943）に

製糸に代る硫黄時代
須坂驛の貨物取扱今昔

【須坂電話】昔は製糸關係を主とした長野電鐵須坂驛も今は硫黄全盛の驛と變り時代の推移を物語つてゐる
同驛五月中の硫黄發送量は三、四五六トン（内譯小串鑛山二、一四〇トン米子鑛山一、三一五トン）で毎日平均十車以上大阪神戸地方へ向つて

**發送** されるので本年の合計は恐らく四萬トンをはるかに突破する見込みである
殊に横手山硫黄鑛山も目下盛んに熔鑛爐敷設中であり運搬の鐵索も既に鑛山より万座街道五色溫泉まで架設されるに至つたので今後同鑛山から盛んに出荷されることになれば近々五万トン以上にも達すべく期待されてゐる
のみならず、この硫黄鑛山のために年々約二萬トンの石炭と千五百トンの莚、繩等藁製品が

**燃料** 並に荷造材料として又煉瓦、鐵材、釜等が須坂驛に到着、トラック、鐵索によつて鑛山へ運搬されてゐるので發送、到着を併せた硫黄山關係の貨物は莫大の數量に上り須坂驛における絕對的の寶庫となつてゐる
一方生糸は五月中の發送量五〇トンで全盛時代に比しては半分にも滿たぬ

**激減** 振りのみならず近來製糸業者は燃料に石炭を殆ど用ひず大部分山中から切り出す薪、松葉等を使用してゐるので石炭の恩惠もなく同驛は完全に製糸時代から硫黄時代に變遷してしまつた

須坂駅からの貨物輸送の対象が、製糸から硫黄に変わっている実情を伝える＝昭和12年6月14日

米子礦山の鐵索竣工

上高井米子礦山では生產增强のため山元から仁禮村龜倉まで架設されてゐる鐵索を龜倉から須坂驛まで五キロを約三十五萬圓の巨費を投じて引き延ばし時局重要資源たる礦石は山から直接驛へといふことになり、右引延ばし工事が一ケ年間の日子で三日竣工したので同日驛前の荷卸し場で盛大な竣工祝賀式を擧行した
工費は巨額だが今後同輸送費も省け且つ今まで動員されたトラックも全然用なしで時局に即應した施設といはれてゐる【寫眞は落成した須坂驛附近の鐵索荷卸し場】

米子鉱山からの鉱石運搬用索道が、麓の亀倉から須坂駅まで5km完成。直接駅に運ばれるため「トラックいらず」と書いている＝昭和18年6月5日

は米子鉱山―須坂駅間に総延長13キロの運搬用索道も開通。駅には貨車引き込み線ホームも設置され、索道終点から直接貨車に積み込んだ。同鉱山は翌昭和19年には硫黄の採掘を中止、褐鉄鉱を掘り出す鉄山となっている。

火薬五十箱が爆發
一瞬に死傷七十餘
きのふ須坂驛前の椿事
爆薬運搬中の事故
關係者全滅で原因不明
二町以内の畑は全滅
次々に燒死體發掘
慘鼻を極める爆發現場
死者は八名
民家はさながら大震災
泣き伏す肉親
耳も裂ける爆音
「夢のやうです」

須坂駅に隣接する索道終点で起きたダイナマイト爆発事故を大きく報じる事故翌日の一連の記事。鉄道を含め周辺一帯に広く被害が出たことなどを詳しく伝える＝昭和21年6月19日

## 須坂駅近くの大爆発事故

ところで、米子鉱山関連では須坂駅近くで大きな事故が起きている。ダイナマイトの大爆発である。

昭和21年（１９４６）６月18日昼過ぎ、駅に隣接する索道終点の倉庫でダイナマイトが入った箱約50個が爆発。翌19日記事は〈同鉱山原動所、倉庫２棟及び事務所、鍛冶場は一瞬木っ葉微塵に吹っ飛び、作業中の従業員は爆風と材木の下敷きになって即死した〉と状況を伝え、この時点の死者を８人としている。

原因については、同日20日記事が次の〝有力説〟を紹介。要約すると――。終戦で不要になった松代大本営築造用ダイナマイト約1万本を、県は米子鉱山に隠そうとした。かなりの箱数を鉱山に上げたが、連合軍が県に払い下げたため、県は道路改良など各地の工事に活用すべく再び須坂駅に下ろした。が、既に鉱山内で変質しており、気温30度の高温の中、鉄索が停止した衝撃で爆発し、延火した――。

爆発の被害は町内広範囲に及び「周辺2町の畑が全滅」とも伝える。駅や線路にも影響が出たが、長野線は爆発1時間後には復旧。線路上に建物が倒壊したり鉄塔が折れた河東線も、夜遅く復旧したとある。

## リンゴの輸送、そして終焉

貨物輸送はその後、農産物の輸送が中心となる。昭和30年代を支えたのは、沿線の特産物であるリンゴの輸送だった。

昭和37年（1962）9月には、大阪に向けたリンゴの専用貨物列車「やまさち号」が初運行。信州中野発で9月15日から10月末まで毎日、30時間かけて大阪へ届けられた。9月16日記事《リンゴ列車を初運転》は〈13時34分、3両編成で信州中野を出発した「やまさち号」は、途中小布施駅で4両、須坂駅で9両、綿内駅で1両を増結、計17両となって15時50分屋代駅に到着。同駅から国鉄で大阪市場へ向かった〉。基本は15両編成だが、初日は盛況で、須坂で2両追加となった。

こうして隆盛した貨物輸送も、昭和30年代がピーク。徐々に小回りの利くトラック輸送に切り替わり、取り扱いは縮小された。昭和41年2月に小口扱い貨物が廃止となり、昭和54年（1979）3月をもって貨物営業は全廃となった。

リンゴ列車を初運転

中野から 大阪へ「やまさち号」

信州リンゴのかおりをいっぱいに乗せた長野電鉄の急行リンゴ貨物列車「やまさち号」が十五日午後、信州中野始発で大阪に向けて初運転された。13時34分、三両編成で信州中野を出発した「やまさち号」は、途中小布施駅で四両、須坂駅で九両、綿内駅で一両を増結、合計十七両となって15時50分屋代駅に到着、同駅から国鉄で大阪市場へ向かった。この「やまさち号」は信州リンゴの鮮度を落とさずに三十時間で大阪の市場に送りとどける目的で、長野電鉄および須高、中高地区の経済連、園芸連、青果物移出商業組合、果樹振興会などが話し合い、ことしから毎日一編成十五両ずつを十月末まで運転することになったもの。

初日の十五日は、須坂駅で予定より二両余分に増結するほどの盛況で、一貨車に「紅玉」が十㌧から十五㌧ずつ積みこまれた。須坂駅では「やまさち号」の処女運転を記念して同日午後二時二十分から関係者百余人が参加して祝賀式をおこない、運転士に花束を贈って祝福した。

大阪の市場に向けてリンゴ輸送専用貨物列車が出発したことを伝える。途中で急きょ増結するなど、盛況ぶりも＝昭和37年9月16日

# 国鉄列車の乗り入れ

## 昭和10年代には省線乗り入れ実現

〝長電の思い出〟というと、国鉄時代に上野―湯田中を直通した急行「志賀」号を挙げる人は多い。碓氷峠を越えて信越線屋代駅にたどり着いた列車は分割され、湯田中行きは河東線を北上する。「冬、志賀高原にスキーに行くとき家族で乗った」「湯田中まで満員で、ずっと立っていた」とのエピソードは、往年の利用者からよく聞く話だ。

違う鉄道会社への乗り入れ自体は、多くが私鉄だった黎明期に決して珍しくはないが、国鉄（省線）の優等列車、それも東京から地方私鉄への直行は限られる。長野電鉄への乗り入れは、歴史的に見て最も早い時期に行われた画期的な例と言えるだろう。

最初の乗り入れは昭和12年（1937）1月2日。長野駅経由で、スキー客を乗せた上野と大阪から来た省線客車が、年末年始限定で湯田中まで乗り入れた。前年11月26日記事は《志賀高原列車試運転好成績》の見出しで、試運転の様子を紹介している。

〈長野電鉄へ乗入れのスキー列車運転に先立ち、新潟鉄道局では25日、測定車を牽引し、音羽技手、吉村長運所長、電鉄係員等搭乗のもとに試運転を試みた。（中略）大体成績良好で電鉄も大いに意気込んで居る〉

昭和11～12年頃は全国に鉄道網が整い、吉田初三郎らの絵師が各地で観光用の鳥瞰絵図を描くなど、

スキー列車長野 電鐵初乘入れ

スキーヤー待望の省線長野驛より直通にて國際スキー場志賀高原入口湯田中驛へゆく長野電鐵初乘入は一日午後四時五十五分大阪驛發長野二日午前四時三十二分着臨時スキー列車より行はれ同五時無事に長野驛より約二百五十名を乘せたまゝ志賀高原目ざして行つた、この日乘入となる列車には大阪より「志賀高原行き」と札をかゝげてあつた【寫眞はその列車】

省線からの初の長電乗り入れを伝える。大阪発湯田中行きだが、客車には「志賀高原行」と掲げられ、250人のスキー客らを乗せて長野駅を出発した＝昭和2年1月3日

観光ブームを迎えていた。志賀高原の開発も進む中、省線車両の乗り入れには、初代社長・神津藤平による強力な誘致も想像される。

客車乗り入れは、昭和12年7月15日からは屋代駅となった。7月16日記事《志賀高原号来る》によると、この時は上野―軽井沢間の「青葉」号の長野、湯田中までの季節延長運転。〈後尾と各車に〃高原志賀〃を図案化したマークがつけられ、東海道線に見る様(よう)なスマートな鋼鉄車5両編成で、その颯爽たる初姿を予定通り午後1時10分、屋代駅ホームに付けた〉。屋代駅で2両が切り離され、河東線に入った。

## 待望の通年運行　気動車から電車へ

上野―湯田中の直通運転は、戦時中は休止されたが、昭和25年（1950）7月20日に1ヵ月の季節運転で再開。昭和37年（1962）3月1日には、国鉄キハ57系気動車による急行「志賀」「丸池」による通年運行が実現した。ダイヤ改正を伝える同2月24日記事の特急時刻表には、同時に長野―木島間に新設された「のざわ」など、当時の特急名がずらりと並ぶ。

3月1日記事《きょうから湯田中直通》。長電内の停車駅は松代、須坂、信州中野の3駅で〈各駅では、

きょうから湯田中直通

信越線急行の「志賀」「丸池」

長電長野―木島間

に特急「のざわ」登場

湯田中乗り入れの開通式（屋代駅で）

気動車による乗り入れ通年運行初日。各停車駅での歓迎の様子などを伝える＝昭和37年3月1日夕刊

長電ダイヤ改正

来月一日から

長野電鉄は、三月一日から湯田中―上野間ディーゼル急行乗りいれにともない、電車ダイヤの一部を改正する。

こんどのダイヤ改正によって、あらたに長野―木島間に特急「のざわ号」を二往復運転、また直通ディーゼル急行「丸池」に接続する「丸池二号」を長野―須坂間に一往復運転する。このほか、朝夕のラッシュ時の混雑を緩和するため、通勤列車のダイヤを一部改正する。改正ダイヤ（特急のみ）は下表のとおり。

特急電車時刻表

（上野直通ディーゼル急行を含む）

※印は不定期

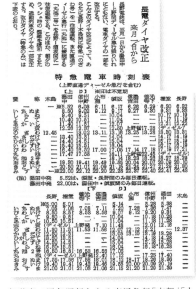

気動車で通年運行となる直通急行「志賀」「丸池」ほか、長電特急の名称と時刻がずらり並ぶ＝昭和37年2月24日

急行「志賀」運行廃止された翌日の解説記事。国鉄との直通運行の経過や、廃止となった背景を掘り起こしている＝昭和57年11月15日

## 時刻表から消えた志賀 上野―湯田中

# スキー客、車に奪われ 20年余、さびしさ隠せず

すぽっと

「時刻表から『志賀』の文字が消えるのはさびしいですよ」ー。華やかな上越新幹線開業の陰で、下高井山ノ内町湯田中と東京・上野を結ぶ直通列車が、十四日限りで廃止となった。長年にわたり住民や観光客になじんできただけに、十四日長野電鉄湯田中駅で行われた"最終列車"のお別れ式は、一抹のさびしさを漂わせたものだった。

「東京からの直通列車といっても、いまは乗客が一時より少なくなっているし、スキー客も都会からの直通バスやマイカーで来るので、廃止による実質的な影響はないですよ」。同町の観光関係者はこう見ているが、スキー場のメッカとして、全国に知られる志賀高原の名前が、列車の時刻表から消えることには淡い表情だ。

湯田中ー上野間の通年直通列車が始まったのは、二十年余り前の三十七年三月一日。長野電鉄の話だと、当初はディーゼル車二両連結で一日二往復。開通時一カ月の乗客人員は二万二千四百三十人余りで、乗車率一二〇%を超える利用だった。翌三十八年十月からは三両連結の電車となり、町民たちは「座席券を買わなければ座れなかったほど」と当時を振り返る。

しかし、四十九年ごろから乗車率は徐々に低下し、「国鉄の運賃値上げに比例して利用者は減少し続けた」という。この十月の乗車率は三三・二%と定員に対して三分の一の利用だ。・「国鉄への車両使用料に加え、屋代ー湯田中間の乗務員の人件費、電気料などを総合すると、乗車率が六〇%以下になると赤字」という。長野電鉄側の負担も重くなっており、直通列車運行開始当時に比べ様変わりの状況になっている。

町は今年春、国鉄から直通列車廃止を通告してきた際、内心は不可能と知りつつも「絶対反対」の態度を示した。この裏には、三十六年に通年直通運行を運動したいきさつがある。長野電鉄、山ノ内町、同温泉観光協会、同旅館組合が中心となり、長野電鉄沿線市町村にも協力を呼びかけ、国鉄利用償の引き受けを条件に、急行「志賀」運転が決まった。信越本線改良促進期成同盟会も加わり、沿線七市町村と利用償を引き受け、ようやく三十七年に運行開始となった。こうした運行開始当時のいきさつから、町の関係者は「志賀」号廃止

湯田中駅で行われた"最終直通列車"のお別れ式

駅ホームでは、長野電鉄、鉄道友の会長野支部、長電友の会三者共催の「上野ー湯田中間直通列車お別れ式」が行われた。主催者代表あいさつの後、"最後の乗務員"に花束

れまで特急電車（長野ー湯田中）に付けていた「奥志賀」の愛称を、十五日から「志賀高原」に改め、衣替えした「志賀高原」号が湯田中駅に到着することになる。

万国旗、5色のテープを駅いっぱいに飾りつけ、花束を贈って歓迎、終点の湯田中駅でも「祝ディーゼルカー開通」の横断幕、紙旗を駅前から目抜き通りに飾りつけ、約500人の町民が出迎えた〉と盛大な歓迎ぶりを伝えている。「2時間以上の時間短縮」を喜ぶ乗客のコメントも載せている。

翌昭和38年10月1日には電車化。横川―軽井沢間のアプト式廃止と上野―長野間の全線電化によるも

ので、165系電車が「志賀」として2往復した。長電は創業当初から国鉄と同じ1500Vの電化路線であったから、国鉄車両の方が追いついたと言えなくもないが、湘南色の車両は新たな風を吹きこんだ。とはいえ、翌10月2日記事は、1年前の通年運行開始に比べると扱いは小さい。

## 乗り入れ半世紀 車に奪われたスキー客

華やかな存在だった上野―湯田中間直通の「志賀」も、長野―善光寺下間の地下化が完成した翌年の昭和57年（1982）11月14日、終わりを迎えた。通年運行開始から20年目だったが、既に昭和53年10月には2往復のうち1往復は不定期化。上越新幹線・大宮―新潟間の暫定開業という華やかな話題の陰で、半世紀近い乗り入れの歴史がひっそりと終わった。

廃止の経過や背景は、同15日記事《時刻表から消えた志賀》に詳しい【P90紙面参照】。「国鉄から乗り入れる〝エリート的な存在〟」という顔の一方で、モータリゼーションによる乗客減や負担増など、実際の運行には重い課題があった。昭和37年の通年運行実現の際、長電や沿線自治体の国鉄利用債引き受けを条件に実現した――との事情も明かしている。

「志賀」終了から5年後の昭和62年（1987）4月、国鉄は分割民営化で消滅しJRに。さらに10年後には北陸（長野）新幹線・高崎―長野間が開通し、在来線の横川―軽井沢間は廃止となった。「志賀」が走り続けても、いずれ消える運命ではあった。ただJRは現在も、伊豆や日光、富士山へと、首都圏からの優等列車の私鉄乗り入れを一部では積極的に行っている。湯田中直通はそれらの先駆例だけに、訪日客でにぎわう今の湯田中駅を見ると、往時が思い出される。

# 戦時下の統制と運行

## 電力調整令――自前発電も管理下に

社史『長野電鉄80年のあゆみ』によると、昭和10年代後半の5年間は「鉄道需要は、きわめて旺盛であった」とある。昭和15年（1940）に年間約430万人だった旅客数は年々100万人単位で増え続け、終戦を迎える昭和20年（1945）には能力の限界を超える1122万人に達した。

戦局の激化に伴って旅客、貨物共に往来が増えたのが理由だが、一方で節電や、人手・物資の不足という相反する事態を乗り越える必要性も生じた。特に「電力調整令」による節電要求は最も堪え、終戦に向けて幾度も対応を迫られることになり、自前設備の発電所（樽川第1・第2）さえ、自由に使えなくなった。

昭和16年（1941）1月14日記事《長野電鉄運転減》は、同日から全線で実施された内容を伝える。〈節電のため、14日から当分の間全線に亘り左の如く運転休止する事になり、又、車中の暖房を廃止する事になった〉とし、運休する計25本の列車を列記している（2本は新設）。『あゆみ』で補足すると、この内容は「走行キロの2割削減策」だったが、旅客・貨物の激増に耐えられず、一方で暖房廃止が機器類の凍結を招いて「かえって電力使用量が増えるという矛盾した事態」となった。

この統制は約50日後には緩和されたが、昭和18年2月6日からは節電が求められる。同2月4日記事《長野電鉄一部運休》には〈節電強化のため、6日より一部列車の運転、須坂長野間8往復、須坂湯田中間3往復、中野湯田中間1往復、中野木島間1往復、屋代須坂間4往復を休止する〉、さらに〈始発時刻を各方面50分遅ら〉せたり〈運休のため運転間隔相当長くなったものがあるので、なる可く均一にするため湯田中発急行長野行は須坂長野間各駅停留所に停

長野電鐵一部運休

【須坂】長野電鐵では節電強化のため六日より一部列車の運轉須坂長野間八往復、須坂湯田中間三往復、中野湯田中間一往復、中野木島間一往復、屋代須坂間四往復を休止する、始發時刻を各方面とも五十分遅らし終發時刻を屋代須坂間は二時間、長野須坂間は一時間須坂湯田中間は二時間早くなほ列車運休のため運轉間隔相當長くなつたものがあるので運轉間隔をなる可く均一にするため湯田中發急行長野行は須坂長野間各驛停留所に停車すること、須坂發十一時九分屋代行きを十一時三十四分に時刻變更等をしてこれに對處して行くことに決し須坂事務所から三日發表した尚節電による長野電鐵各方面の始發及び終發時刻次の通り

始發時刻　須坂發午前六時五分長野行、長野發午前六時二十六分湯田中行、木島發午前七時十六分信州中野行、信州中野發午前七時四十一分木島行

須坂驛屋代驛間は變更なし

終列車時刻　長野發午後七時五十二分湯田中行、長野發午後十時五十五分須坂行、屋代發午後七時三十分須坂行、須坂發午後十時四十三分長野行

信州中野驛木島驛間は變更なし

戦時下の節電のため列車本数を減らしたり、始発時間を遅らせるなどの内容＝昭和18年2月4日の記事（部分）

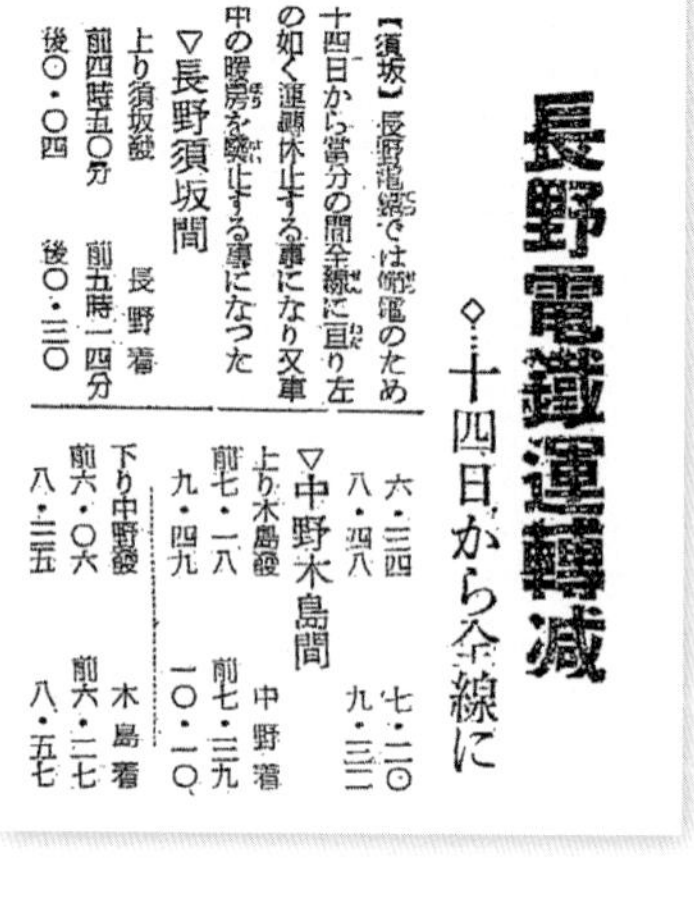

長野電鐵運轉減

◇…十四日から全線に

【須坂】長野電鐵では節電のため十四日から當分の間全線に亘り左の如く運轉休止する事になり又車中の暖房を廢止する事になつた

▽長野須坂間

| 上り須坂發 | 長野着 |
|---|---|
| 前四時五〇分 | 前五時一四分 |
| 後〇・〇四 | 後〇・三〇 |
| 六・三四 | 七・二〇 |
| 八・四八 | 九・三二 |

▽中野木島間

| 上り木島發 | 中野着 |
|---|---|
| 前七・一八 | 前七・三九 |
| 九・四九 | 一〇・一〇 |

| 下り中野發 | 木島着 |
|---|---|
| 前六・〇六 | 前六・二七 |
| 八・三五 | 八・五七 |

本数減によって走行キロの２割削減を目指したが、かえって電力使用量の増加を招いた＝昭和16年1月14日（部分）

車すること〉とある。

## 節電に「不要不急」も加わる

昭和19年（1944）に入ると、鉄道省の統制はますます厳しくなり、節電のほか「不要不急列車の運行」も制限した。まず1月11日の豊洲、日野両駅の休止。2月5日にはさらに運行本数を減らし、急行の廃止に続き、4月1日に大きな時刻改正を行った。これに先だって載った同3月30日記事《長野、湯田中直通は全廃》。内容は〈貨物輸送の増強を図り、信州中野屋代間、須坂長野間に貨物列車を増加し、通勤通学時の列車は総て2両編成、信州中野を中心に上り下りとも旅客が混雑するので、これを防止するために…〉。

この内容を『あゆみ』に基づいて整理すると▽通勤通学を除く運転間隔は長野―須坂間は30分、それ以外は60分▽長野―湯田中間の直通は取りやめ信州中野乗り換え。信州中野―湯田中間は単車運転▽軍需工場従業員の輸送を確保するため屋代、木島両線で各2往復増発▽奥地からの木材搬出の増加に対応するため、貨物列車も須坂を各方面へ1往復増発――といった具合。なお、大本営建設のため、松代駅の貨物対応を増強したのも、この時期（8月から）である。

もろもろの統制に辛くも対応しつつ、長電が戦時中に一

長野、湯田中
直通は全廢
長野電鐵・時刻改正

長野電鐵では列車運轉時刻を次の如く改正四月一日より実施する、その要点は貨物輸送の増強を図り信州中野屋代間、須坂長野間に貨物列車を増加し通学通勤時の列車は総て二輌編成、信州中野を中心に上り下りとも旅客が混雑するのでこれを防止するため長野、湯田中間直通列車を全廢し長野信州中野間直通列車とし全部二輌編成湯田中及び木島方面旅客は総て信州中野駅で乘り換へることゝなつた以上により毎日午前六時半頃より午前八時頃までと午後五時頃より午後七時頃までは何れの駅でも通勤通学者の乘車が非常に雑沓するので一般旅客はこの時間を戰力増強の通勤者に提供し通勤者輸送の確保に協力するやう会社当局は望んでゐる

▽下り列車 長野須坂間長野発五時四十分より二十二時二十五分迄毎時四十分と十分発の三十分毎に、長野湯田中間は長野発五時四十分より二十時四十分迄毎時四十分発とし一時間毎に信州中野木島間は信州中野発六時三十五分より二十時三十五分迄毎時卅五分発とし一時間毎に屋代須坂間は屋代発六時二十分より十時二十分迄毎時二十分発とし一時間毎にその他は二十一時三十二分迄一時間乃至一時間半毎に運轉

▽上り列車 須坂長野間は須坂発五時より二十一時五十三分迄毎時二十三分と五十三分発の三十分毎に湯田中長野間は湯田中発六時十分より二十一時十分迄毎時十分発の一時間毎に木島、信州中野間は木島発六時五分より二十時五分迄毎時五分発の一時間毎に須坂、屋代間は須坂発六時十一分より十一時十一分迄は毎時十一分発の一時間毎にその他は最終二十時二十一分迄約一時間毎に信濃吉田、長野間通勤時刻は十五分毎に運轉し通勤者の輸送を確保する

「不要不急列車の運行」制限が求められる一方、軍需関連の旅客・貨物輸送は増強へ＝昭和19年3月30日

通りの輸送を完遂できたのは、金属類回収を逃れたことが大きい。回収令は実際に出され、架線柱の撤去や複線の単線化も命じられたが、撤去作業で〝もたもたして〟いる間に終戦を迎えた。「不要不急」と認定され、実際に鉄道資材が撤去された例では、県内でも近くの善光寺白馬電鉄や、建設途上だった大糸北線がある。それを考えると、現在も複線が維持されているのは幸運ともいえる。

なお、駅の休止では、豊洲、日野に、緑町も続いた。緑町駅の休止は昭和20年8月10日、終戦のわずか5日前だった。

## 女性の活躍と戦後の駅復活

話は変わるが、戦時中の鉄道の現場では女性が活躍した。応召する男性社員が増える中、踏切警手や駅事務に女性が充てられた。昭和18年（1943）9月27日連載記事『戦列の乙女』の《踏切守って18時間》では、信濃吉田駅付近の踏切警手を紹介している。

〈朝5時から夜11時まで18時間、15分毎(ごと)に往復する電車に気を配って遮断機を上げ下ろしする踏切番の仕事は楽ではない。だが、それだけに任務は重大である。一寸(ちょっと)した心のゆるみから若(も)し電車の通過時間をあやまったならどんな恐ろしい事故が惹起(じゃっき)せぬとも計られない。米英撃滅の前線へ、戦力増強の工場へと続々出て行った男に代わり長野電鉄全線30個所の要所は、48名の女踏切番によってがっちりと固められている〉

一方、戦後の昭和25年（1950）には休止した緑町駅を復活させる動きが浮上。11月16日記事《長電緑町駅復活へ　近くの6ヵ町で期成同盟》は〈長野市上千歳、緑町、問御所、新田、南県、居町の昭和通りに近い6ヵ町は、長野電鉄緑町停留所復活期成同盟会を結成。13日、代表が長電本社に緑町停留所を復活してほしいと陳情した〉。長電側は人件費や駅間の短さ（権堂から400メートル）など難色を示していることも伝えている。

長電緑町驛復活へ
近くの六ヵ町で期成同盟

長野市上千歳、緑町、問御所、新田、南県、居町の昭和通りに近い六カ町は長野電鉄緑町停留所復活期成同盟会を結成、十三日代表が長電本社に緑町停留所を復活してほしいと陳情した

商工会議所の裏にある緑町停留所は戦時中電力節約のため廃止されたまゝとなっていたが、昭和通りが完成し、貯金局、県庁などの通勤者も相当あり、権堂駅の混雑緩和をはかりたいというのが復活希望の理由だが、会社側は人件費などから年百五十万円の経費が必要で、復活しても収入は期待できない、設備が狭いと、権堂駅からわずか〇・四〝しかないことなどから難色を示しているが同盟会は設備の拡張は地元で負担するからと今後も強力に運動を続けるという

節電目的で休止となった緑町駅の復活を、地元が求める。長電側は難色＝昭和25年11月16日夕刊

緑町駅は復活しなかったが、昭和56年（1981）3月の地下化で誕生した市役所前駅の北側出入り口が旧緑町駅の場所にできたことで事実上〝復活〟となった。ほかの休止駅2駅――豊洲は「北須坂」と改称して昭和35年（1960）4月11日に、日野も昭和62年（1987）10月8日に、共に沿線の人口増加や渋滞対策として再開している。

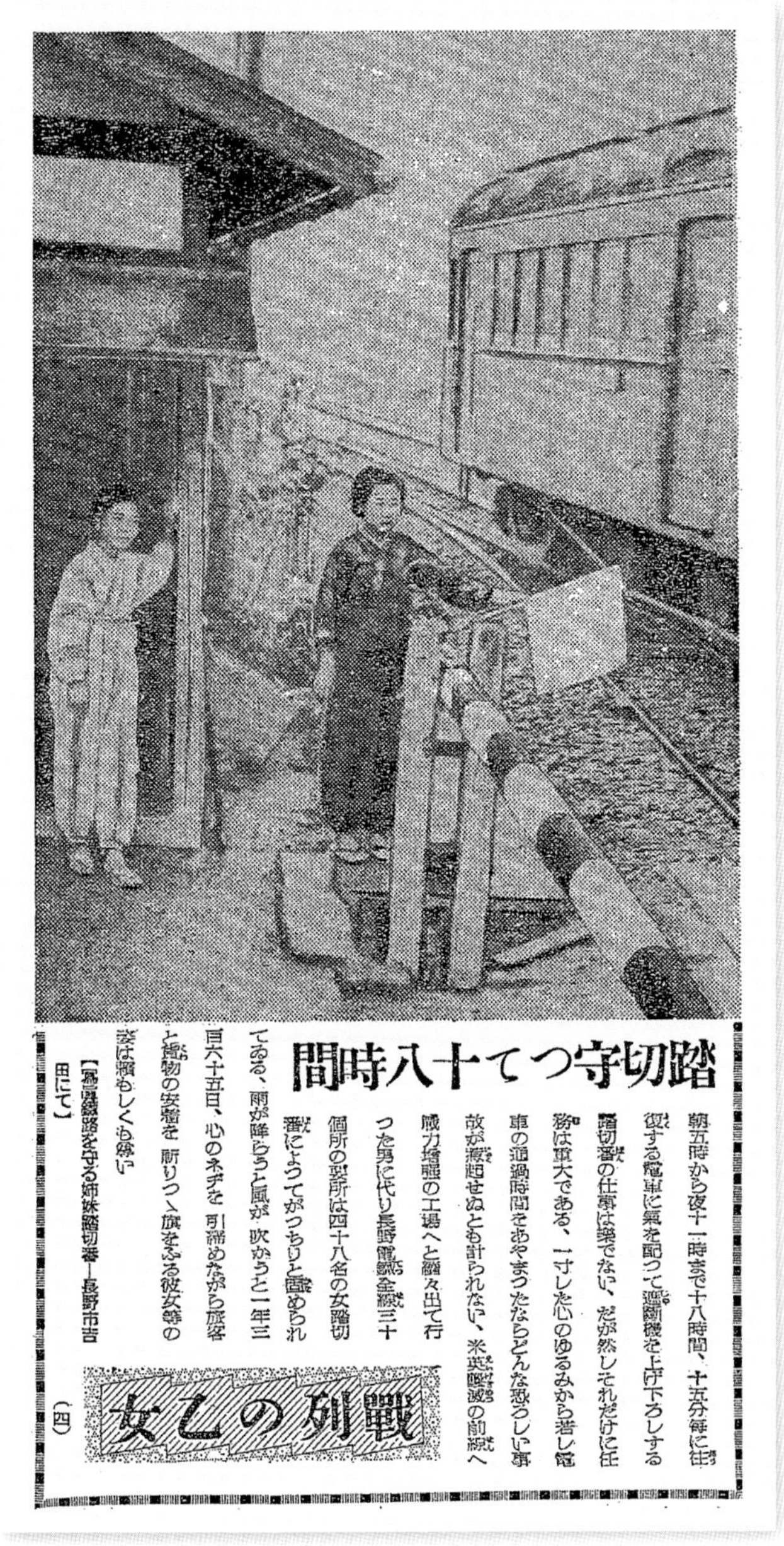

戦列の乙女（四）

踏切守つて十八時間

朝五時から夜十一時まで十八時間、十五分毎に往復する電車に氣を配つて遮斷機を上げ下ろしする踏切番の仕事は樂でない、だが然しそれだけに任務は重大である、一寸した心のゆるみから若し電車の通過時間をあやまつたならどんな恐ろしい事故が惹起せぬとも計られない、米英撃滅の前線へ戦力増强の工場へと續々出て行つた男に代り長野電鐵全線三十個所の要所は四十八名の女踏切番によつてがつちりと固められてゐる、雨が降らうと風が吹かうと一年三百六十五日、心のネヂを引締めながら旅客と貨物の安穏を祈りつゝ旗をふる彼女等の姿は頼もしくも尊い

【寫眞は鐵路を守る姉妹踏切番―長野市吉田にて】

企画記事「戦列の乙女」。応召された男性従業員に代わり、踏切警手として重責を担う女性の姿を伝える＝昭和18年9月27日

column❷

# 自然災害―闘いと教訓

「地震（震度４）発生のため現在のところ列車の運転を休止しています」

昭和40（１９６５）年11月17日の連載記事《動く大地 地震の科学》に載る写真は、河東線・松代駅の様子。同年夏に始まった松代群発地震を取り上げており、駅玄関の「列車運転休止のお知らせ」を男性が眺めている様子だ。

同群発地震は、皆神山付近を震源に、同年８月に始まり、約５年５ヵ月の間に６万回を超える有感地震を観測した長期にわたる群発地震。列車運行に大きな影響はなかったが、長野電鉄では、これを機に防災規定が整えられた。

自然災害が鉄道、中でも地方の中小私鉄に与える打撃は計り知れない。長電で最も大きかった災害では、昭和52（１９７７）年３月15日に発生した河東線・田上―信濃安田間の落石がある。巨岩の除去に加え、落石の危険がある斜面への防護措置もあり、結果的に半年にわたって列車運行は完全運休、バス代行輸送が行われた。後にも先にもこれだけの長期ストップは例がない。バスへの乗り継ぎ対応や落石監視のため、無人の田上駅に係員を置いた。発生１ヵ月後、５月16日紙面では、５枚の写真を使って落石除去や防護策に取り組む様子を特集している。

台風被害では、昭和57（1982）年9月の「18号」が記憶に残る。千曲川の増水により飯山市の支流・樽川の堤防が決壊し、木島地区一帯に流入。木島駅舎と併設のバス営業所が浸水した（ただしOSカー1編成は柳沢駅に待避し無事、路線バスも全車両修繕され廃車は免れた）。また、更埴市（現千曲市）でも雨宮―岩野間で線路が冠水した。

この台風被害は後年の「教訓」となった。長野市北部で千曲川が決壊した令和元（2019）年10月の台風19号で、浸水エリアに近かった長電バス本社は、いち早く保有バス124台を〝避難〟。被害をゼロに抑え、2日後には通常運行を実現した。

台風ではこのほか、昭和56年8月に山ノ内線、昭和61年（1986）9月に木島線の、共に夜間瀬川の橋梁で橋脚が傾き、復旧まで約2週間を要している。

松代群発地震に悩まされた河東線。震度4級の揺れもあり、運行休止も余儀なくされた＝昭和40年11月、松代駅

田上―信濃安田間の落石除去作業。架線やレールがあるためクレーン車が使えず、人力頼りに。防護策も含め運休（バス代行）は約半年に及んだ＝昭和52年5月

台風による増水で橋脚が洗われて橋梁が傾き、線路が曲がった木島線の夜間瀬川橋梁＝昭和61年9月

▶台風による千曲川支流・樽川の氾
で木島地区一帯が水につかり、木島
舎やバスが泥水に埋まった＝昭和
年9月13日（写真提供＝共同通信社）

# 幻の路線延伸——木島線問題

## 野沢温泉目指す——合併で市政難題に

「もし、木島線が野沢温泉まで伸びていたら、廃止は免れたのだろうか」。河東線の一部、通称「木島線」（信州中野—木島間12・9キロ）の廃線が決まった時、こんな風に考えた人もいるのではないだろうか。

終点・木島駅は、野沢温泉行きバスの乗換駅だった。ただ、駅の位置を地図で見ると、飯山市街地から程近く、当時は村中心部だったとはいえ、取り立てて観光地もない。中途半端な位置に見える。先には現在の木島平村の中心部や、野沢温泉がある。

長野電鉄には、実際の開業路線のほか、創業当初から複数の路線計画があった。それらはコラム「善光寺平環状線鉄道構想」（P82）で書いたが、実現した路線以外は、早い段階で敷設免許が取得できないか、取得できても後に中止された。

ただ、木島線の木島—関沢間（6・5キロ）と山ノ内線・湯田中—渋安代間（1・1キロ）の2路線は、昭和30年代まで延伸問題がくすぶった。免許の取り下げや失効で昭和初期に一度計画消滅しても、戦後あらためて再取得し、実現を目指している。

木島線の延伸については『長野電鉄80年のあゆみ』に「創業以来の悲願」とある。木島—関沢間の免許再取得は昭和27年（1952）だが、これは長電が野沢温泉でのホテル経営など、観光開発を昭和24年から本格化させたことも背景にある。

しかし、木島までは順調に開業した河東線も、先端数キロの延伸は困難を極めた。最大の障壁は土地所有者の強硬な反対。事態を打破すべく、昭和28年1

足踏みの木島線（長野電鉄）の延長問題
きょう期成同盟大會
木島村役場で 実現を期し対策協議

行き詰まっていた木島線延長。前進させるべく期成同盟大会が開かれることを報じる＝昭和28年1月29月

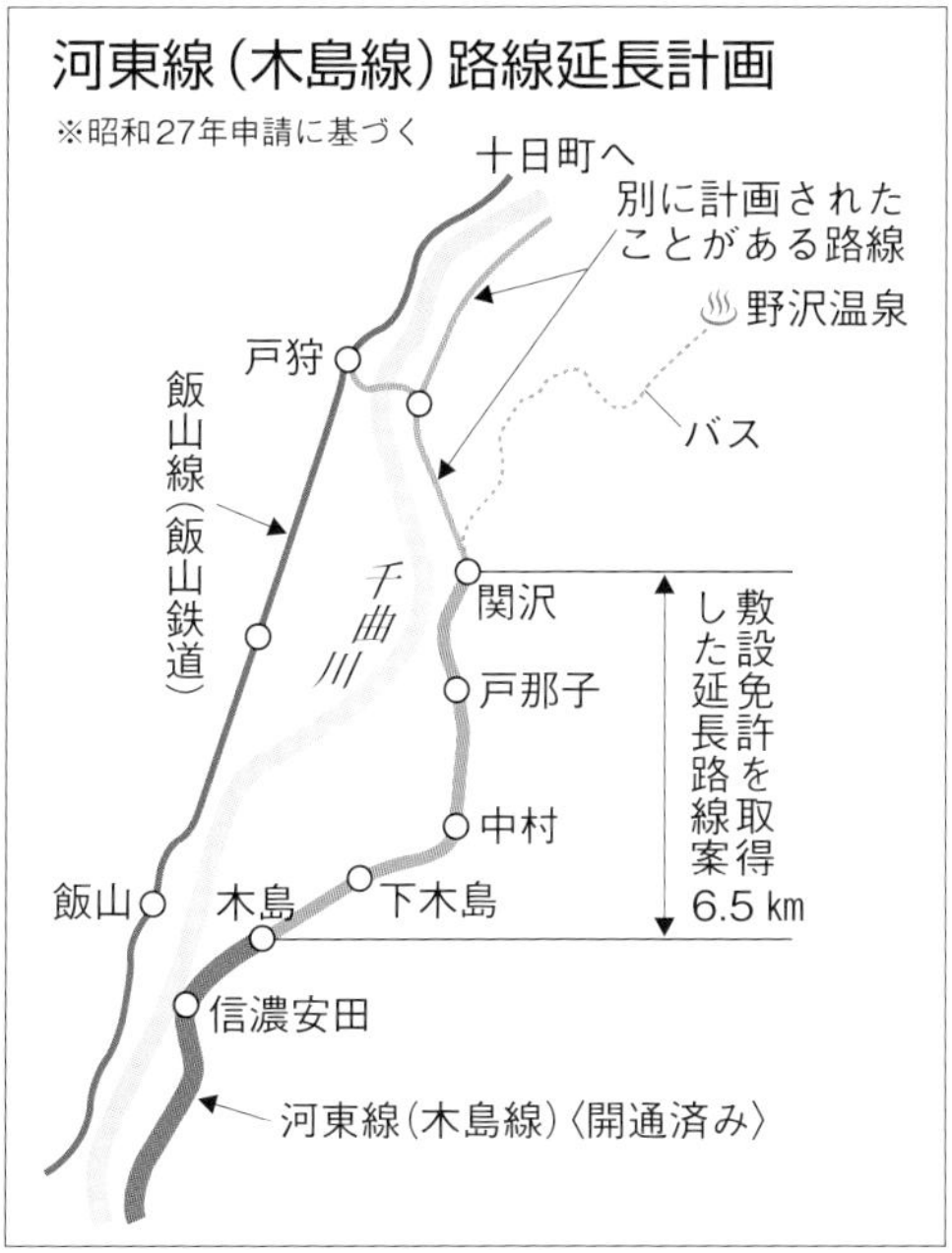


月には予定沿線の期成同盟大会が開かれたが、その記事（1月29日）には同盟会が〈一日も早く延長実現への態勢を整えなければならない〉とする一方、反対者の動きとして〈昨年敷設が認可となるや、木島村下木島部落を中心とする農家が、農地のつぶれは死活問題だと反対し、関係村の幾度かの交渉にも折れ〉ない状況を伝えている。

この延伸問題は当時、合併による市制施行を目指していた飯山市政の難題となった。関沢駅予定地の旧瑞穂村が、木島線延伸を合併の条件にしたからだ。問題の難しさは昭和30年（1955）10月2日記事「13市の話題　飯山市」に詳しい【全文掲載】。

《飯山市――いまなおモタつく長電延長問題》

●木島地区、やや軟化

飯山市が生まれてから、市当局者を悩ましつづけ、いまなおゴタゴタをつづけているものに長野電鉄延長問題がある。1町6ヵ村が集まって市制を施行するさい、瑞穂村が参加したのも、電鉄延長実現による住民福祉の増進にあったといわれるだけに、同地区は篠井市政にたいして、しつように実現を迫って来るわけである。

電鉄は現在、木島駅（飯山市）を終点とし、ここからバスで野沢温泉と結んでいるが、旧瑞穂村、旧木島村（現在飯山市）、穂高村、上木島村、往郷村（現在木島平村）、野沢温泉村など沿線の村々は、これを瑞穂地区関沢まで延長することが、長い間の念願だった。電鉄は、こうした動きにたいし、昭和26年、地元町村に敷地を無償提供する用意があれば延長工事を行うことを明らかにした。ところが、この運動に参加はしているものの終点木島駅をもつ旧木島村は、水田がつぶれることを理由に反対、問題がこじれ出し29年5月に至って木島村議会と下高井町村会長との意見が激突最早打開の道はないかに見えていた。

このようにいったん閉ざされた〝延長への道〟は、飯山市誕生と同時に瑞穂から一つの公約としてもちこまれた。反対を叫ぶ木島と、実現を主張する瑞穂とがたまたま飯山市という自治体に同居することと

木島線延長問題の背景を詳報した「13市の話題　飯山市」に併用された挿絵＝昭和30年10月2日

なり、ここに問題はさらにむずかしくなった。

木島地区の反対といっても、延長軌道の通過する下木島区だけだ。初代助役のイスにすわった高橋東治氏が同地区の出身者である点から一般には同氏の説得で実現は早いかに見えたが、再三、再四におよぶ関係者との懇談会でも下木島の反対態度は変わらず、「農民として土地を失うほど悲しいことはない」と地元民はいっている。一方瑞穂地区は、ことあるごとに実現を迫り、さきごろは区民大会を開き、市当局の不誠意をなじり「早期実現」の決議文をもって大挙して市役所へねじこんでいる。この区民大会では「電鉄延長が不可能なら市から離脱する」という極端な意見をはくものもあったという。

神津電鉄社長は「最後の仕事として延長を実現する」と声明しているが、高橋助役は「絶対反対から一部にはやむをえないとする意見も出て来ている」と下木島の空気が好転しつつあることを説明している。

では、かりに下木島が賛成したとすれば問題はどこへ移るだろうか。電鉄は敷地の無償提供を条件としている。潰地には飯山市木島地区５０００坪、同瑞穂地区１万４０００坪、木島平村１万７０００坪となっており、市は結局１万９０００坪を買収し

て電鉄へ寄付しなければならないわけである。坪1000円としても1900万円にもなるが、坪1000円では農民が承知しまい。するとさらに高額になる。一私鉄へ寄付するための起債が認められないことは明らかである。では財源をなにに求めるか。――これが下木島を説得したのちの問題となって来るわけである。

下水内太田村への合併呼びかけ、支所の統廃合、工場誘致など当面する問題は多いが、まず下木島を説得して電鉄延長反対という時限爆弾の信管だけは、ことしのうちに抜き去り、篠井市政安泰へともって行きたいところ。

この後、昭和31年（1956）4月25日には《木島線の延長解決す》の記事が載った。工事を2期に分割、約4000万円の土地買収費用は3市村が3等分することを原則とすることで土地買収に着手する――との内容で、いよいよ進展するかに見えた。

しかし、結局は頓挫した。当時の市長はインタビュー（昭和32年12月18日記事）で〈〝一歩後退、二歩前進〟作戦でねばったが、なんともむずかしい。どうしても無理なら、その代わりバス道路の舗装をはかって交通網を確立したい〉と白旗。強硬な反対がこじれて修復不可能になった上、長電労組も豪雪地であることを理由に反対の姿勢を崩さなかった。路線免許は昭和38年7月に取り下げられた。

## 「渋安代」も時間切れ

山ノ内線の湯田中―渋安代間も、長電が〝執念〟を持って延伸に取り組んだ路線だ。

一度は失効した路線免許を昭和24年（1949）5月10日に再取得。4日後の14日に小さな記事《湯田中反対　渋賛成》が載る。〈長野電鉄湯田中から安代温泉入口への延長につき、湯田中その他一部の反対で測量打切りの状態だが安代、渋、沓野、上林等の業者、通勤者その他を一丸に黒岩市兵衛氏を会長として期成同盟会が結成され、湯田中区との折衝を開始する一方、電鉄に対し延長実現を要望しているが、湯田中側は温泉の源湯に支障があり、湯田中の招客にも影響すると依然反対している〉

延伸距離はほんの1キロ余だが、そのほとんどが湯田中地区。途中駅になると客が来なくなる……との心配でもあった。新駅舎を温泉街の反対側に新設しただけでも〝敏感〟に反応する地元・湯田中温泉。路線免許の期限は数回延長されるが、こう着状態が好転することはなく、渋安代への延伸は昭和33年5月、時間切れ「失効」となった。

# 都市間輸送力の強化

## 将来見据えた創業からの複線

昭和31年（1956）5月9日《15日から新ダイヤ　短距離列車を増発》の記事。〈工事中だった朝陽―信濃吉田間の複線がこのほど完成したので、権堂―朝陽間11往復の増発が中心となって、朝陽―長野間2往復、須坂―権堂間1往復がそれぞれ新設された〉。新たに運行される列車の時刻表も載っている。

### 15日から新ダイヤ

長野電鉄　短距離列車を増発

長野電鉄は十五日から新ダイヤを実施する。工事中だった朝陽―信濃吉田間の複線がこのほど完成したので、権堂―朝陽間十一往復の増発が中心となって、朝陽―長野間二往復、須坂―権堂間一往復がそれぞれ新設された。このほか、長野発20時34分木島行の七九列車の発車時間がくり下げられ、これまでは長野駅着20時35分の信越線下り三三五列車の乗客への連絡は終発車までなかったものが改善されるなど通勤、通学や信越線との接続時間の短縮など利用者にとっては大幅な改善となっている。

新設列車

| | 列車番号 | 発駅 | 同時刻 時 分 | 着駅 | 同時刻 時 分 |
|---|---|---|---|---|---|
| 【上り】 | 260 | 朝陽 | 8.50 | 長野 | 9.06 |
| | 262 | 須坂 | 9.07 | 権堂 | 9.30 |
| | 264 | 朝陽 | 10.00 | 〃 | 10.11 |
| | 266 | 〃 | 10.33 | 〃 | 10.44 |
| | 270 | 〃 | 11.10 | 〃 | 11.21 |
| | 272 | 〃 | 12.10 | 〃 | 12.21 |
| | 274 | 〃 | 12.45 | 〃 | 12.56 |
| | 276 | 〃 | 14.10 | 〃 | 14.21 |
| | 280 | 〃 | 14.45 | 〃 | 14.56 |
| | 282 | 〃 | 15.18 | 〃 | 15.29 |
| | 284 | 須坂 | 15.34 | 長野 | 16.02 |
| | 286 | 朝陽 | 16.25 | 〃 | 16.40 |
| | 290 | 〃 | 17.00 | 権堂 | 17.11 |
| | 294 | 〃 | 17.58 | 〃 | 18.09 |
| | 296 | 〃 | 18.31 | 〃 | 18.42 |
| 【下り】 | 253 | 長野 | 8.20 | 朝陽 | 8.35 |
| | 259 | 権堂 | 9.40 | 〃 | 9.51 |
| | 261 | 〃 | 10.17 | 〃 | 10.28 |
| | 263 | 〃 | 10.49 | 〃 | 11.00 |
| | 265 | 〃 | 11.50 | 〃 | 12.01 |
| | 267 | 〃 | 12.30 | 〃 | 12.41 |
| | 271 | 〃 | 13.45 | 〃 | 13.56 |
| | 273 | 〃 | 14.30 | 〃 | 14.41 |
| | 275 | 〃 | 15.02 | 〃 | 15.13 |
| | 277 | 長野 | 15.49 | 須坂 | 16.17 |
| | 279 | 〃 | 16.00 | 朝陽 | 16.15 |
| | 281 | 権堂 | 16.40 | 〃 | 16.51 |
| | 287 | 〃 | 17.35 | 〃 | 17.46 |
| | 291 | 〃 | 18.15 | 〃 | 18.26 |
| | 293 | 〃 | 18.50 | 須坂 | 19.12 |
| | 81 | 長野 | 21.39 | 信州中野 | 22.30 |

時間変更列車

| | 列車番号 | 発駅 | 同時刻 時 分 | 着駅 | 同時刻 時 分 |
|---|---|---|---|---|---|
| 【上り】 | 52 | 木島 | 6.08 | 信州中野 | 6.30 |
| | 288 | 須坂 | 16.26 | 長野 | 16.52 |
| 【下り】 | 79 | 長野 | 20.53 | 木島 | 22.09 |
| | 295 | 〃 | 22.15 | 須坂 | 22.41 |

廃止列車

| | 列車番号 | 発駅 | 同時刻 時 分 | 着駅 | 同時刻 時 分 |
|---|---|---|---|---|---|
| 【上り】 | 262 | 信濃吉田 | 8.34 | 長野 | 8.47 |
| | 272 | 須坂 | 21.55 | 〃 | 22.15 |
| 【下り】 | 101 | 長野 | 5.28 | 須坂 | 5.43 |
| | 269 | 〃 | 21.27 | 〃 | 21.54 |

信濃吉田―朝陽間の複線化工事が完成、一気に十数本が増発される新ダイヤを並べた＝昭和31年5月9日

信濃吉田―朝陽間2・0キロの複線化は、既設の複線区間を1駅分、延長したものだ。創業当初から市街地区間の長野―信濃吉田間4・4キロ（地上線時代）を複線としたことで、長野線は概ね30分間隔での運行が可能になっていた。

『長野電鉄80年のあゆみ』には「権堂―吉田間を複線とした技師長の英断が、ダイヤ編成を容易にしたためであるが、地方私鉄の複線は当時きわめてまれなことであった」とある。実際、当時の長電の時刻表を見ると、20～30分間隔で運行される大都市私鉄の雰囲気がある。

複線区間の延長は、通勤などの輸送改善と、昼間の利用増が狙いだった。また、同時期に〝ライバル〟飯山線が蒸気運転に代えてディーゼル車3両の導入と、1日5往復の増便を明らかにしたため、利用客の流出を防ぐ必要もあった。複線の延長に先立ち、昭和28年（1953）9月には村山駅の交換駅化も完了していたが、朝陽駅も複線化に合わせて折り返し可能とし、長野市の北部郊外と市街地を結ぶ足を強化した。

## 信州中野までの「15分間隔」実現

特急導入による観光路線化を進める一方、長電は創業時から重視してきた都市間輸送も、複線や駅設

備強化で充実させてきた。以降、昭和期のダイヤ改正を経て、長野―須坂間は15分間隔輸送を実現。平成に入ってからは、懸案だった須坂―信州中野間（単線区間）の輸送力増強に着手する。具体的には交換駅を2駅（北須坂、延徳）増やす内容だ。

平成3年（1991）11月5日記事《2駅の設備拡張へ》が、その事情に詳しい。

〈長野電鉄は、鉄道路線の須坂―信州中野間で、日中の運行を上下とも約15分ごとの等間隔にする方針を決め、北須坂、延徳の2駅で電車の行き違いができる設備計画を進めている。15分間隔の運行は長野―須坂間で行っており、信州中野まで延長することで、都市間輸送の機能を高める（中略）同社鉄道路線は、志賀高原や小布施などを控えて観光路線の側面も持つが、沿線人口の増加とともに都市間輸送の機能が高まっている。15分間隔の運行は「あまり時刻表を気にせずに、便利に電車を利用してもらえる」（神津昭平社長）との考えだ〉

記事中、北須坂駅は当時のホームの対面に新ホームと線路を新設して地下道で結ぶ――とあったが、実際は駅を南に約30㍍動かした島式1面2線となった。北須坂は平成6年（1994）6月に完了、延徳駅は工事開始が遅れたが同年10月13日、旧駅の約300㍍信州中野寄りに島式1面2線の新駅が完成した。同15日からのダイヤ改正では、長野―信州中野間での日中15分等間隔運転を実現。1時間に2本だった普通列車の運転が4本に倍増した【P104紙面参照】。

交換駅になる前、棒線ホームの北須坂駅＝平成3年11月。駅舎ホームを須坂寄りに移動し島式の交換駅としたが、のちに交換設備は撤去された

## 乗客減でオーバースペックに

1998年長野冬季五輪を、早朝運転や信濃竹原駅でのシャトルバスとの接続などフル稼働で乗り

切ったが、沿線人口の増加や五輪による知名度アップの期待とは裏腹に、旅客減に歯止めがかからなくなった。スキーブームの陰りも響いた。ダイヤ編成は「長野駅での新幹線との接続改善」に主眼が置かれるようになっていく。

5年ぶりの大幅なダイヤ改正となった平成17年（2005）12月10日実施は〈各駅での等時刻の運転を廃止し、JR長野新幹線との接続を優先させる〉（11月18日記事）。夕方に増便して混雑緩和を図る一方、こだわってきた等間隔運転は〝捨てた〟形だ。

以降、外国人客の増加などに合わせ、観光面重視の特急運行やイベント列車を走らせつつ、通常の都市間輸送は「利用実態に合わせた輸送」にシフト。平成25年（2013）から進めた運行の集中

**長野発最終30分繰り下げ**

**土曜の運行休日ダイヤに**

**長野電鉄 あすから大幅改正**

長野電鉄（本社・長野市）は十五日からダイヤを大幅に改正する。午前九時―午後六時台で、下りの朝陽、須坂止まり、上りの朝陽、須坂発を廃止、すべて長野―信州中野間の運行とし、一時間に特急一本、普通四本と統一。併せて須坂行き下り最終電車の長野発時刻を三十分繰り下げて午後11時3分とするほか、土曜日は休日ダイヤに切り替える。

二年間をかけ、北須坂、延徳の両駅を交換駅化し、電車の擦れ違い待ち時間を短縮したため、大幅な改正が可能となった。長野市北部から須坂市にかけての住宅増や、長野・須坂市間の千曲川村山橋の慢性的な交通渋滞を考慮し、特に須坂以北の利用増を見込んでいる。

朝のラッシュ時ダイヤでは、須坂7時1分始発の信州中野行きと、信州中野7時58分始発の長野行きを増発する。

長野発須坂行き最終電車を三十分繰り下げるのに伴い、路線バスの長野駅―平林―柳原―須坂駅線の長野駅午後11時5分、10時5分発の二便は柳原止まりとなる。

同社は「今後は電車を利用してほしい」とし、土曜日の電車ダイヤを運行本数の少ない休日ダイヤとする点については「週休二日制が進んでいるので理解を」と話している。

**中野の新延徳駅が完成**

長野電鉄が単線の河東線信州中野―須坂間の輸送能力アップを目的に、列車がすれ違える新駅舎を建設していた延徳駅（中野市篠井）が十三日完成した。

新延徳駅は旧駅より約三百㍍信州中野駅寄りに移し、ホームや列車すれ違い用の線路、民家風駅舎などを建設した。

今回の増発に伴う延徳、北須坂両駅工事などを含めた総事業費は約六億円。

新駅舎前で行った完成式典には約五十人が出席。長野電鉄の神津社長は「新駅は昭和六十年代からの懸案。完成によって善光寺平、中野市の発展に役立つと思う」とあいさつした。

延徳駅は、作曲家中山晋平の生家や記念館の最寄り駅。中野市では「晋平の里」づくり事業として、九一―九二年度、新駅建設を見越して約三千平方㍍の「駅前広場」を整備した。しかし、新駅の工事が遅れ、一年半も「駅の無い駅前広場」状態が続いていた。

列車のすれ違いができるようになった新延徳駅（中野市篠井）

延徳駅の交換駅化完成と、それに合わせて長野―信州中野間で1時間4本の普通列車を設定する大増発の新ダイヤを伝える＝平成6年10月14日

連動化や、須坂以北の乗客減少により、一部の交換設備等はオーバースペックとなり、朝陽駅の上下渡り線や北須坂駅の待避線は撤去。延徳駅も令和2年（2020）秋には棒線化される。須坂―信州中野間の普通列車の時刻表は同年7月現在、日中1～2本の運行に戻っている。村山、北須坂、柳原、附属中学前といった都市近郊の各駅の無人化も進めた。

# 独自車両の開発――2000系とOSカー

長電の顔――特急車両2000系

〈長野―湯田中を40分で走るという特急快速電車が長野電鉄にお目見得、3月はじめから時間短縮に一役買うことになった。

この電車は二線型（ママ）（ABF型）といい、特徴は非常に軽く（1両普通36トンだが、これは32トン）3両編成で、しめて6000万円をかけた長電自慢の車。長野―湯田中間現在の1時間10分（準急53分）を、ぐっとちぢめ40分で走り、長野―須坂間は18分ていどだという。内部はロマンスシートで定員は1両100名、天井には蛍光灯に扇風器、各座席ごとに電気暖房、車内放送施設もある〉

昭和32年（1957）2月8日、2000系初登場時の記事。特急車両として半世紀にわたって〝長野電鉄の顔〟となる車両である。

記事にある編成は、その2日前に長野駅に到着したが、1週間後には2編成目が早くも到着した。一挙に2編成の導入――のちにA、B編成と呼ばれる車両だが、力の入れようが伝わってくる。

記事はもっぱらスピードアップを強調するが、流線型のフォルム、回転式ロマンスシート（向かい合わせの座席）、狭軌鉄道として日本初の75キロワット級電気モーターの採用など、当時の地方鉄道では群を抜い

2000系特急車両の初登場。写真は須坂の車庫に入った様子と、回転式クロスシートの内装＝昭和32年2月8日

快速電車お目見得

長野電鉄 長野―湯田中 3月から40分で

長野―湯田中間を四十分で走るという特急快速電車が長野電鉄にお目見得、三月はじめから時間短縮に一役買うことになった。

この電車は、二線型（AB F型）といい特徴は非常に軽く（一両普通三十六トンだが、これは三十二トン）三両編成で、しめて六千万円をかけた長電自慢の車。長野―湯田中間現在の一時間十分（準急五十三分）を、ぐっとちぢめ四十分で走り、長野―須坂間は十八分ていどだという。内部はロマンスシートで、定員は一両百名、天井には蛍光灯に扇風器、各座席ごとに電気暖房、車内放送施設もある。

長電では七日から須坂電車工場で運転手、技術者などを集めて操作講習会を開いている。

（上）長電に入った新型快速電車外部と（下）内部（須坂電車工場で）

ていた。

しかし、デビュー当初はよい評判ばかりでもなかった。華々しく「ロマンスカー」と呼ばれたもののﾞ、ラッシュ時を避けて走らせたため、通勤客からは不評を買った。運行から半年後、10月7日の連載記事「輸送路線」では次のような書かれようだ。

〈この3月から、観光客の便をはかって、長野—湯田中間（約34キロ）に特急が運転され、普通列車で1時間10分かかるところを、40分ほどでぶっとばしている。車両も、みるから軽快そうな流線型で、スピードも出て、なかなか好評だ。車の名も〝よこて〟〝かさだけ〟といったぐあいに、志賀高原にちなんでつけられているが、これも志賀高原へ遊びにきた人には「いい名前だナー」と印象深いようだ。しかし、一部の複線区域をのぞいて、大半が単線のため、普通列車の〝待ち時間〟はおおきくなり、土地の人々にいささか不便がかかっているらしい。そして通勤者は、時間的に特急を利用できず、恩恵がすくないという〉

# 特急全車両に冷風

## 長野電鉄の冷房化完了へ

### 普通列車の導入に弾み

長野電鉄の特急冷房化。最後の一編成も仕上げに向けて工事が進む

長野市の長野電鉄は今月中に、昨年から進めてきた特急全車両の冷房化を終える。県内の私鉄では初めての冷房化で、同社電車部車両区（須坂市）では、最後に残った一編成（三両）の設置工事を急いでいる。鉄道部門の年間収入が約三十億円（平成元年度）の同社で特急料金は九千百万円を稼ぐ。「百円増しの特急料金に見合う乗客サービス」（同社電車部）と同時に、乗客数も増やしたい―と期待をかける。

特急は長野―湯田中（下高井郡山ノ内町）間を一日十三往復、三両ずつの四編成で運行している（木島発長野行き一本も含む）。冷房化については「家にも自動車にも冷房が入っている時代。電車も当然の流れ」と踏み切った。昭和三十年代に導入した特急車両の座席改良や外部塗装も併せて施し、総額四億六千万円を投じた。

実際には、今年五月までに冷房化した三編成で運行をやり繰りしているため、どの特急車内にも涼風が流れている。四編成の冷房化が済めば、首振り扇風機に頼る普通列車のダイヤの一部に冷房車両を走らせることも可能になるという。

従来の特急は一両につき埋め込み式の扇風機が六個だけ。一日平均二千七百人近くが利用し、朝夕のラッシュ時には乗車率一三〇―一五〇％に達するため、乗客には「目的地に早く行けるだけで百円余計に取るのはおかしい」といった不満もあった。二編成を冷房化した昨年度、特急の乗客数が前年比四・三％増という実績も残し、「乗客に喜ばれ、増収につながれば言うことなし」（同社電車部）としている。

2000系特急車両の全編成を、長野県内の私鉄では初めて冷房化する取り組み＝平成2年7月3日

２０００系はその後、昭和34年、39年に各1編成ずつ（C、D編成）が製造されて計4編成に。塗装も当初の濃い茶色（マルーン）から、赤とベージュを塗り分けた〝りんごカラー〟となり、親しまれた。製造から30年余が経過した平成元年（１９８９）～2年には当時の県内私鉄では初の冷房化も行われた。

運行から半世紀。２００６年以降は小田急電鉄１００００形（ロマンスカー）、JR東日本２５３系（成田エクスプレス）への置き換え環境が整うのに合わせ、B編成から順次引退に。D編成を最後に平成23年（２０１１）2月、全編成の定期運用は終了したが、屋代線の廃止イベントなど、最後の最後までフルに働いた。

特急運行50周年を記念、1編成を赤ライン塗装から「りんごカラー」に塗り替えて運行。小布施駅では「ゆけむり」と並んだ＝平成19年8月25日

## 時代先取りしすぎた？　OSカー

独自の看板車両では、「OSカー」も忘れてはならない存在だ。

OSカーという愛称自体、もはや地方らしからぬ雰囲気が漂う。Oはオフィスメン、Sはスチューデント。新発想の通勤電車である。初代0系の初登場は昭和41年（１９６６）11月と意外に早い。

須坂―湯田中間の試運転が行われた同年1月31日の記事。〈1両の車体の長さが19・5メートルとこれまでのものとくらべ1・5メートルほど長く、1両に１６０人（現在の車両だと約１００人）も乗ることができる。それに乗降車口が片側に四つずつあり乗り降りがはやくできるほか、長野―湯田中間を50分で走り、これまでの電車より10分ほど短縮できる〉。前面に強化プラスチック（FRP）を採用した日本初の車両でもあった。

当初の2両編成から、同年11月には増備して4両編成に。翌42年5月、鉄道友の会による「ローレル賞」に選ばれた。〈「ことしは国鉄の地下鉄乗り入れ電車が有力とされていたが、これを破ったもの。地方私鉄では初めての受賞だ」と自慢している〉。同年5月14日記事には誇らしげなコメントも載る。

14年後の昭和55年（１９８０）12月、OSカーには〝2代目〟10系が登場。間近に控えた長野―善光寺下間の地下化に合わせての新造で、初代の先進的仕様だった前面FRPや4枚扉はなくなった。

ただ、2000系車両の活躍が半世紀にわたったのに対し、OSカーの〝命〟は短かかった。初代0系は増備が予定されたが、利用客の減少で中止に。平成5年（1993）に始まった屋代線、木島線のワンマン運転への対応（改造）も難しく、長野冬季五輪では活躍の場もないまま、平成8年には廃車となった。

以後、営団地下鉄（現東京メトロ）から譲り受けた旧日比谷線3000系（長電3500／3600系）が幅をきかせるが、2代目10系もワンマン化が難しい上に、木島線の廃線で3500系に余裕が出たため、平成15年（2003）3月に廃車となった。10系は最後の独自車両となった。

ちなみに営団3000系の製造は昭和30年代後半～40年代。OSカーは、自分よりも〝高齢〟の車両に置き換えられたことになる。あまりにも先を行きすぎてしまったのか……。

とはいえ、長電＝OSカーを思い浮かべるファンも多く、2000系と合わせて語り継がれる車両であることに変わりはない。10年以上須坂駅に留置されていた10系OSカーは、平成29年（2017）年3月5日、お別れイベントが開かれた。

さよなら運行のヘッドマークを付け、村山橋を走る10系OSカー。記念運行は2日間行われた＝平成15年3月

0系OSカーの新規導入を予告。「日本でいちばんよい通勤路線になる」との自慢も＝昭和41年1月31日

高原調

○…長野電鉄は、このほど通勤・通学ラッシュ改善のため、最新型の通勤専用電車「OSカー」二両を導入し、三十一日に須坂―湯田中間で試運転をおこなう。

○…「OSカー」とは、オフィスメン（通勤者）、スチューデント（通学者）のための電車という意味。一両の車体の長さが十九・五㍍とこれまでのものとくらべ一・五㍍ほど長く、一両に百六十人（現在の電車だと約百人）も乗ることができる。それに乗降車口が片側に四つずつあり乗り降りがはやくできるほか、長野―湯田中間を五十分で走り、これまでの電車より十分ほど短縮できるなどが通勤電車向きという。

○…長野電鉄は、試運転のあと二月中旬ごろから、長野―湯田中間、長野―木島間で営業運転をはじめる予定だが、二両で六千万円という最新型電車だけに「日本でいちばんよい通勤路線となる。ことしじゅうには四両にしたい」と自慢している。長野電鉄線に登場する「OSカー」

# 駅舎橋上化と駅ビル化の試み

斬新だった「本郷駅デパート」

〈長野電鉄本郷駅が新しく生まれかわりました〉〈本郷ステーションデパート　本日29日★10時オープン〉

昭和44年（1969）3月29日の紙面に載った全面広告。新しくなった長野線・本郷駅のオープンを華々しく伝えている。〈ラッシュ時の混雑を緩和するホーム・改札口の増加・危険防止の処置など十分研究を重ねた結晶です〉〈県下初のステーションデパートとして有名店舗・スーパーなど12店が入店し、皆様に楽しくお買いものしていただけるようにいたしました〉

本郷駅のある現在の長野市三輪地区一帯は、急速に新興住宅地化と人口増加が進んだエリアで、隣の吉田地区とほぼ同時期の昭和40年代半ばに、市内でもいち早く住居表示が実施された地域でもある。本郷駅の新築は、都市化に伴って増加した乗降客への対応が大きな狙いだった。当時の駅舎は大正末期に開業した時の建物だった。

混雑の緩和と乗客の安全のため、新駅舎は「橋上駅」に。上下ホームの行き来に踏切を渡らずに済むよう、駅全体を覆う跨線橋を架け、その中に出札・改札などの駅舎機能も持たせたのが橋上駅だ。これだけでも当時の県内の鉄道駅では初の事例だったが、本郷駅では、その中を賃貸によるテナント店舗を入れる

本郷駅のステーションデパート開業を大々的に伝える当日の全面広告＝昭和44年3月29日

「駅ビル」という斬新さも加わった。
　開業の約半年前、昭和43年（1968）9月18日記事《ショッピング駅　来春誕生》。利用客が1ヵ月で約9000人あり、さらに急増傾向にある――という駅新築の狙いを、長電はあくまでも混雑緩和と踏切の安全対策としつつも〈電車利用客はもちろん、付近の主婦たちも気軽に各商店に出入りできるようにし、とくに「勤め帰りにちょっと夕食の材料を……」という主婦などをねらいにしている〉と解説している。新駅舎開業に合わせ、C特急の停車駅を善光寺下から本郷に変更した。

## バリアフリーが課題に

　先の全面広告に「県下初の」とある通り、この当時、県内の駅には国鉄を含めても橋上駅や駅ビルはまだない。
　県内国鉄初の駅ビルは篠ノ井線・松本駅。県内を主

# ショッピング駅　来春誕生

## 混雑緩和　住宅街の主婦も吸収

### 長電本郷駅

　「ちょっと駅まで夕飯のおかずを買いに…」といった駅とスーパーマーケットが結びついた〝ショッピング駅〟が、来年四月ごろ、長野市内に誕生する。長野電鉄が計画している長野市内の本郷駅新築工事で、本郷駅一帯にかけて急速にひろがっている住宅街の主婦たちを、がっちり〝ショッピング駅〟にひきつけようというもの。長野電鉄では、同駅の混雑緩和と近くの踏み切り安全対策のためといっているが、これからの県下私鉄の行き方を示すものとして注目されている。

　この計画は、十七日開いた同社の役員会で正式にきまった。いま本郷駅敷き地内の地質調査などを進めているが、来年四月にはオープンする目標でこれからの段取りをすすめる。計画によると、いまの本郷駅の場所へ、電車の架線をまたいで地上から約八・四㍍の高さの二階建て駅を総工費約六千万円で新築、ちょうど駅のまん中を電車がくぐって停車するようにする。二階の延べ面積は約千二百平方㍍の計画で、ここに日用雑貨品や食料品業者などを十一―十二店収容する予定だ。電車利用客はもちろん、付近の主婦たちも気軽に各商店に出入りできるようにし、とくに「勤め帰りにちょっと夕食の材料を……」という主婦などをねらいにしている。

　いまの本郷駅は、建築されてから約四十年たっており、年々ふえる乗降客をさばくには手ぜまになってきていたという。とくに、同駅は、長野市吉田、本郷、桐ノ木など、〝新興住宅街〟のまん中にあるため、現在でも一月約九千人の乗降客があり、利用客は急増傾向にあるという。このため、「駅の混雑を緩和し、さらに駅近くの踏み切りをわたらなくても線路を横断できるように〝陸橋〟になるような駅にしたい」（笠井長野電鉄取締役・総務部長）という。

ショッピング駅になる現在の本郷駅

本郷駅が半年後にテナントの入った商業ビルになることを伝える。周辺の新興住宅地化などの背景にも触れている＝昭和43年9月18日

会場として開催された昭和53年（1978）の「やまびこ国体」に合わせ、同年7月に開業した。規模ははるかに大きいが、本郷駅の約9年後だった。

松本駅は、駅舎自体が構内を跨いで東西を結ぶ構造ではなかったため、厳密な意味での橋上駅ではなかった（別の自由通路で東西を結んでいた）。それだけに本郷駅は、かなり先駆的だったと言える。開業を間近に控えた昭和44年（1969）年3月23日記事では〈多角経営化している県下私鉄各社の新しい試みの一つ、と話題をよびそうだ〉と紹介し、利点として〈ショッピングセンターが待ち合い室の役目を果たす〉なども挙げている。

長電は、松本駅が駅ビルとなる約2年半前の昭和50（1975）年12月には須坂駅、平成元（1989）年7月には信州中野駅を、2階に出札口を置き、1階などにバス営業所や商業テナントが入る〝駅ビル〟に建て替えた。また、信濃吉田駅は平成9年（1997）4月、長野市のJR北長野駅周辺再開発に合わせ、支所などが入る市施設「ノルテながの」や分譲マンションとつながった近代的な橋上駅となった。

時代が流れ、郊外店の進出などで買い物のスタイルも変わると、本郷駅のテナント店舗にも空きが目立つようになる。加えて、課題となったのはバリアフリー化。道路からすぐそこに見えるホームに行くにも、急な階段を上り下りしなければならない。拠点駅の須坂駅、信州中野駅はエスカレーターやエレベーターが設けられたが、本郷駅は難しかった。

令和元年（2019）秋、本郷駅は駅前の市道から上下それぞれのホームにスロープで直接入れるようにする改良工事に着手、翌年2月に完了した。橋上駅舎は階段が取り外され、階上のテナント施設は廃止。先駆的発想の遺産は、ホームの屋根としてだけ残ることになった。

ステーションデパートとして完成したばかりの本郷駅舎＝昭和44年3月。県内の鉄道駅では初の本格的橋上駅舎だった

column❸

# 続々ユニークきっぷ

長野電鉄では、次々とユニークなきっぷが登場する。最たるものは長野駅のジャンボ入場券だろう。横14・8センチ、縦10・5センチのハガキ大。昭和47年（1972）元日の登場以来続く〝長寿商品〟だ。

〈何か記念になる物はないか、という観光客の注文があったので売り出した〉。昭和49年10月9日記事は好評ぶりを伝えている。〈同（47）年夏に1万枚目が売れ、その後も静かなペースで出て行った。ところが、今年夏ごろから爆発的に人気が高まり、1月12日に4万枚目を記録したあと、さる9月10日に発行いらい6万枚に達した〉。お土産に1人で200枚買った人がいるとか、現金書留をさばくのが駅長の仕事になっている……とも。

裏面は車両図鑑になっており、その顔ぶれは時代と共に変化。ジャンボ入場券は、平成6年（1994）4月には小布施駅にも〝進出〟した。

周年、年月日の語呂合わせ、沿線のイベントなどに合わせた記念きっぷの多さも長電の特徴だが、極めつけは「音が出るきっぷ」だ。初登場は創立50周年の昭和45年9月に発売したソノシート型（薄いレコード盤）特急券で、その内容は急行「志賀」の走行音やタブレット交換の様子を録音したというマニアックな代物。

同年10月2日記事。〈発売後2日間で、予定した5000枚が売りきれた〉〈長野駅に300枚用意したが、あっという間に売り切れ。さらに700枚追加したがこれも数時間でなくなるというすさまじさだった〉。全線開通50周年の昭和53年（1978）年6月登場の第2弾は、2万枚を用意したという。

アイデア次第で増収にもつながるきっぷ。冬季五輪決定記念の絵はがき付き、善光寺御開帳に合わせた金小判型、テレホンカード式……。時代を反映する商品も多い。

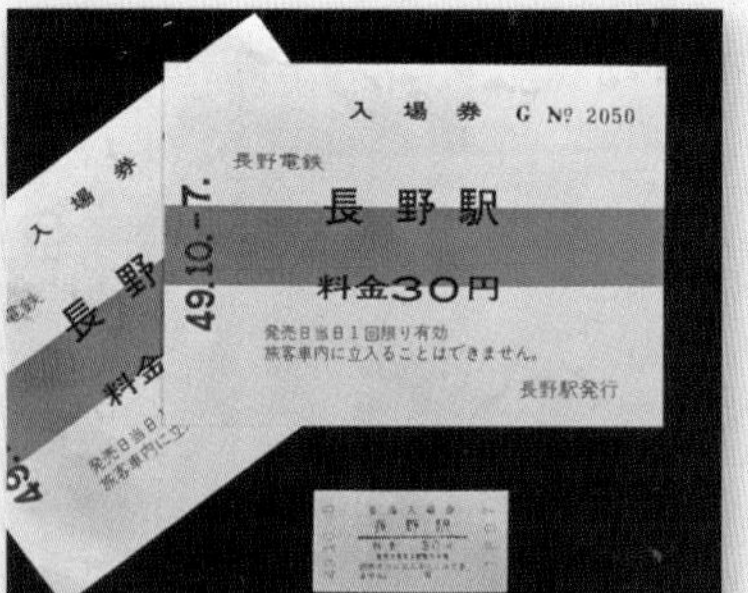


長野駅で発売され、全国的な話題を集めたハガキ大のジャンボ入場券＝昭和49年10月

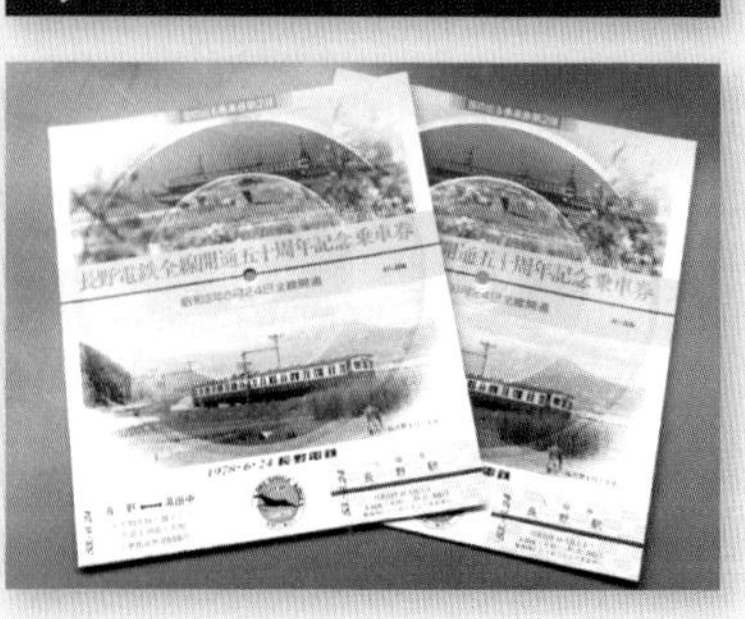


ソノシート型乗車券。創立50周年を記念した第2弾でマニアックな音を収録＝昭和53年6月

column❹

# イベント列車で誘客

ビールを片手に電車での小旅行を楽しむ企画列車「ビアトレイン」。平成6年（1994）から毎年続き、令和元年（2019）で26年目。7〜9月の週2回、長野―小布施（当初は信州中野）間を往復する限定運行だが、受付早々に予約が埋まる列車もあるほどの人気ぶり。

令和元年（2019）7月5日記事。〈特急列車の車両「ゆけむり」（4両編成）の座席を向き合わせ、間にテーブルを設置。カモ肉や豚のヒレカツなど7種類が入った特製弁当を配った。乗客は移ろう景色をつまみに飲み放題のビールを堪能。乗客も〈なじみの風景も、ビールを飲みながら眺めると特別な風情を感じる〉。「ゆけむり」車両を使う前は、通勤車両に会議室の長机を並べた手作り感満載の雰囲気が、乗客同士の一体感を高めていた。

通勤車両を使った夏恒例のビアトレイン＝平成8年7月

企画列車も増収策の一環。普段通勤などで利用しない人に乗ってもらう狙いもある。ビアガーデンに続き、平成19年（2007）4月に「日本酒トレイン」、平成27年11月には「ワイントレイン」も始めた。同年4月に始めた観光特急「ゆけむりのんびり号」は、沿線の観光案内をしながら通常40分の長野―湯田中間を1時間以上かけて走る。

過去の企画の極めつけは「クワガタ号」。地下にある権堂駅の倉庫で平成11年（1999）から養殖していたオオクワガタやカブトムシの幼虫を生かした企画。1匹付きの乗車券で屋代線や木島線を走らせた。

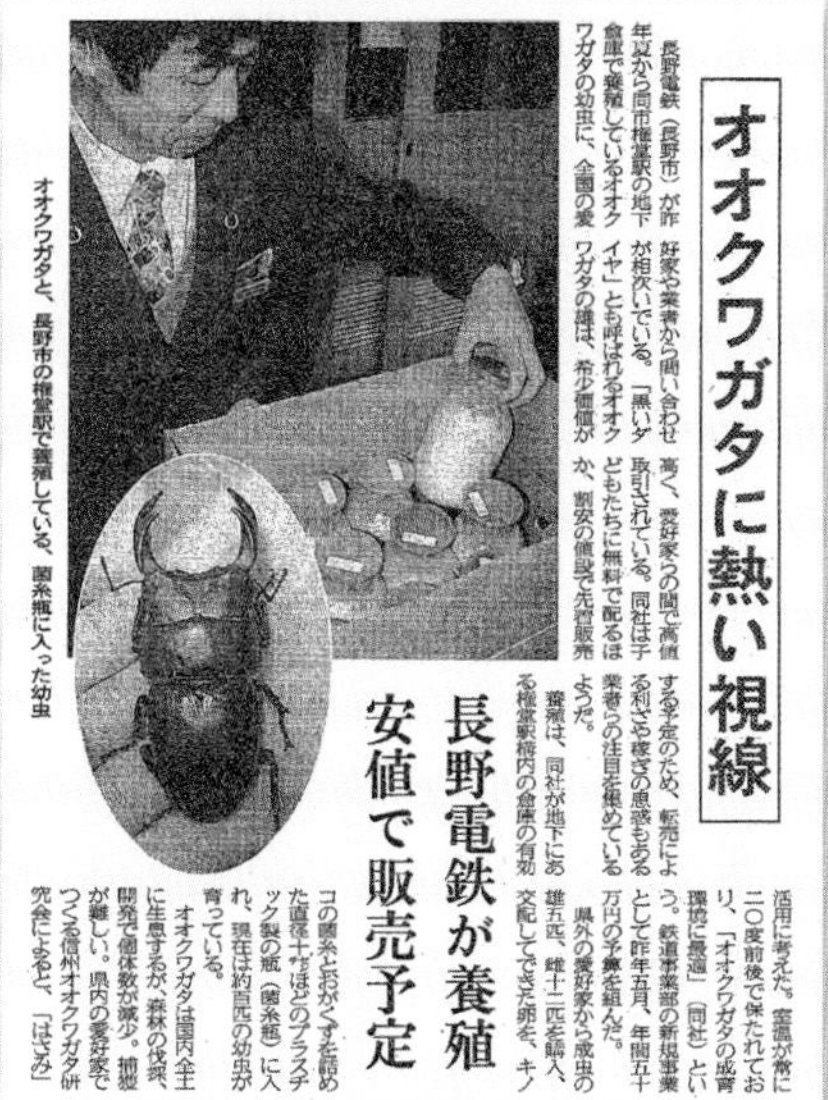

**オオクワガタに熱い視線**

**長野電鉄が養殖 安値で販売予定**

長野電鉄（長野市）が昨年夏から同市権堂駅の地下倉庫で養殖しているオオクワガタの幼虫に、全国の愛好家や業者から問い合わせが相次いでいる。「黒いダイヤ」とも呼ばれるオオクワガタの雄は、希少価値が高く、愛好家らの間で高値で取引されている。同社は子どもたちに無料で配るほか、割安の値段で先着販売する予定のため、転売による利ざや稼ぎの思惑もある業者らの注目を集めているようだ。

養殖は、同社が地下にある権堂駅構内の倉庫の有効活用に考えた。室温が常に二〇度前後で保たれており、「オオクワガタの成育環境に最適」（同社）という。鉄道事業部の新規事業として昨年五月、年間五十万円の予算を組んだ。

県外の愛好家から成虫の雄五匹、雌十二匹を購入、交配してできた卵を、キノコの菌糸とおがくずを詰めた直径十センチほどのプラスチック製の瓶（菌糸瓶）に入れ、現在は約百匹の幼虫が育っている。

オオクワガタは国内全土に生息するが、森林の伐採、開発で個体数が減少。捕獲が難しい。県内の愛好家でつくる信州オオクワガタ研究会によると、「はさみ」の大きさや形、大きさ、体長、産地などで価格が異なり、養殖でも愛知、佐賀産は高値。首都圏のペットショップや百貨店では一定以上の大きさのものは数万円で販売している。マニアの間では「百万円で取引された」大物もあったという。

長野電鉄は養殖のオオクワガタを「元手の資金を回収する程度」に百貨店の半額から三分の一程度で先着販売する予定。この価格に目を付けた山梨や千葉、秋田など全国の愛好家、業者から「売ってほしい」との電話が同駅に一日三件ほど掛かっている。

同社は「決して高値で売るのでなく、一部はイベントなどで子どもたちに無料で配りたい」とする。倉庫で静かに育つクワガタをめぐって〝外界〟の皮算用は騒々しさを増している。

オオクワガタと、長野市の権堂駅で養殖している、菌糸瓶に入った幼虫

権堂駅の地下施設では誘客のためオオクワガタの養殖に取り組んだ。をのちの「クワガタ列車」につながった＝平成12年2月24日

# 県内初の地下鉄――連続立体交差事業

## 初日の地下駅は都会のラッシュ並み

昭和56年（1981）3月1日、県内で初の〝地下鉄〟が誕生した。長野電鉄長野線が長野市街地を通る2・3キロ区間。翌2日の「レポート」記事は、早朝からのフィーバーぶりを伝えている。

〈5時40分発湯田中行き特急。地下鉄一番列車となった1日の始発列車は、前日の正午から並んだ徹夜組20人を含め500人の乗客で超満員。その後の列車にも市民が続々と詰めかけ、地下鉄長野駅は終日、都会の地下鉄ラッシュ時並みの混雑が続いた。この日夕方までの乗客は、いつもの日曜日の乗降客（1万4000人）の3、4倍。およそ15分間隔で出入りする電車はすべてが満員状態で、県下初の地下鉄への市民の熱い期待が伝わってくるようだった〉

1ヵ月後の4月2日記事は、利用客が40万人に達したことを伝え〈この人気を固定客につなげたいんですがねえ〉との運輸課担当者のコメントを載せている。

地下鉄は正式には「連続立体交差」といい、事業主体は県。事業が始まったのは昭和48（1973）年度からとなっているが、立体化構想の浮上自体はさらに10年近く前、昭和39年（1964）にさかのぼる。

国鉄長野駅の整備計画および駅周辺の区画整理事業に絡んで、長電は駅周辺の立体化が求められた。とりわけ市街地域の人口や車の増加、商業化に伴い、長野―善光寺下間は「市街地を分断する存在」と疎まれ、渋滞や事故の原因となる踏切の多さも問題となっていた。同年末、当時の長野市長が長電に立体化の検討を要請。その時点の選択肢は「高架化」のみだった。

## 「高架」案から「地下鉄」に

昭和42年（1967）6月12日記事《来月初めにも工法決定》では、高架化に加え「掘り割り方式」も選択肢となったことを伝えている。掘った〝溝〟部分に電車を走らせる方式だが、路線部分の敷地を他用途に使えない短所がある。

44年5月24日記事（立体化推進の期成同盟会発足）でも「地下鉄」はまだ出てこない。『長野電鉄80年のあゆみ』によると、市側の提案が「高架」から「地下鉄」に変わったのは、その後、調査検討会が始まってから。理由は大きく▽地上を走る高架では市街地分断が解消されない▽地下化すれば地上の路線跡は街路に活用できる――の2点だった。

昭和45年（1970）11月14日記事で《高架、地下で調査委託》が報じられ、この段階で地下化が選択肢となっているが、長電は高架化以上に工費が掛かる上、車両の地下対応の経費も莫大となることを理由に〈できるなら高架がよい〉と地下化には難色を示した。しかし、県、市、長電3者による幾度かのトップ会談等

# 長電立体化、大筋で三者合意

長野市街地を走る長野電鉄長野線の一部を地下へいれ、軌道敷跡へ大通りをつくる立体交差工事事業の実施について十五日午前、県、市、長電は三者トップ会談を行い、費用分担など大筋で三者の意見が一致した。これにより、五十一年度内完成をめざして、今年度着工が確実となった。同市の十年来の懸案であった市街地再開発のマスタープランがようやく実現する。

## 今年度着工へ

### 〝魔の踏切〟20カ所が消える

同日午前八時から開いたトップ会談には、笠原長野電鉄社長、夏目市長、長谷川県土木部長らが出席。三者の事業費分担割合などで難航して、今年度内着工が危ぶまれていた同事業を、一気に解決しようと精力的な話し合いをした。その結果、三者の間でつぎのように意見が一致した。

①長電長野駅―本郷駅間のうち、取り付け部分を含んで二千三百㍍間を地下式構造にする②同事業を県が事業主体の都市計画事業とし、これに市、長電が同意する③総事業費約六十八億円のうち、国庫補助対象となる約五十六億円の分担については、建設、運輸両省の協定などに基づいて、県と長電が話し合ってきめ、協定する④電車の不燃化など地下鉄にともなう車両改造費約八億五千万円や、地下駅舎の整備費などは長電が負担する⑤軌道敷跡を中心に新設する市街地幹線道「長野大通り」の用地の一部約二万平方㍍は、市が電鉄から買収する。

長野市の立体交差工事事業実施の大筋で合意に達した三者トップ会談

〰〰 事業費分担の大筋で意見が一致したことから、県、長電の間で費用分担の細部についてさらに煮つめ、近く協定する。県都市計画審議会を経て、建設省の都市計画事業認可、運輸省の地下構造にともなう認可がおりしだい着工の予定で、来年二月ごろには一部着工の見通しだ。

同事業が完成すると、市街地の交通渋滞の一因ともなっていた〝魔の踏切〟など二十カ所がなくなる。長電の長野、錦町、権堂、善光寺下の四駅は地下駅になり、電車は善光寺下駅の北踏切付近から掘り割りへ出て、金井川の鉄橋で完全に地上へ出る。工事中は、現在線のまま電車は運行されるが、地下式になるとともに、現在の軌道敷を中心に幅二十五㍍ー三十八㍍の長野大通りが新設される。同道路は、五十二年度完成見込みで、長野駅前広場と同市横山地籍の緑町通りを南北に結ぶ。これまで長野市街地を南北に結ぶ道路は、中央通りが中心だったが、同通りの交通渋滞が目立つだけに、長野大通りの新設で、市街地の車の流れはかなり変わると見られている。

紆余曲折の末、県・市・長電3者のトップ会談で地下化方式による連続立体交差事業が合意に達した＝昭和48年10月15日

を経て48年10月15日に大筋合意。同年中着工に至った【紙面参照】。もっとも、費用分担の調整はさらに時間が掛かり、本着工は50年3月17日となった。
当初予定の53（１９７８）年度中完成は遅れ、工費も大幅に膨らんだ。《試運転まであと1年》となった54年11月8日の記事では〈トンネルなど本体工事を終え、今、レール敷設が急ピッチで進められている〉と進捗状況を伝え、56年3月の営業運転開始の見通しを伝えている。地下鉄が完成が近づいく様子は、変貌する市街地の風景と合わせ、写真で特集されている。
こうして2・3キロ区間は複線のまま地下に移り、地上は幅25～38メートルの「長野大通り」として生まれ変わった。長野、錦町、権堂、善光寺下の4駅が地下駅となり、錦町は昭和通り側に移動して「市役所前」となった。
この事業は、地下鉄化による道路との連続立体交差を「都市計画事業」として行う全国初のケース。ただ、

試運転まで１年となった地下工事中の長野駅付近。真新しいレールが敷かれた＝昭和54年11月

長電地下鉄試運転

上々の乗り心地

安全、入念なチェック

着工から５年、来春本番

県下で初めての部分的な地下鉄になる長野電鉄（本社・長野市）長野線が一日、地下鉄区間の試運転に入った。五十年の着工から五年、ようやく走った地下鉄の電車に「ここまでくるのが大変だったんですよ」と宮沢増三郎・同社社長ら関係者の喜びはひとしお。試運転一番電車には約三十人の技術者らが乗り込み、電車はもちろん線路やホームの状況を食い入るような目で点検。三日間の試運転で、大きな問題点がなければ、来年三月から営業運転に入る。

長野電鉄の地下鉄試運転"一番電車"。

試運転したのは、地下部分になる長野市の善光寺下駅―長野駅間二千五十㍍と、在来線との接続部分二百五十㍍を合わせた二千三百㍍の区間。この日未明に在来線の接続部分から入れた不燃構造の特急車両三両が午前九時五十分、善光寺下駅を出発、十五分ほどで長野駅に着いた。この間、スピードは時速五十㌔とノロノロ運転。地下鉄特有の軽い金属音が響くが、揺れはほとんどない。運転室のすぐ後部には車両、電気、運転関係の技術者らが、顔を突き出すようにして前方をみつめ、線路や架線などの状態をひとつひとつチェック、宮沢社長自身も運転士の横にすわって試運転を見守った。

同社はこれまで、敷設した線路、電気工事関係、駅の構造などはすべて点検済みだが、実際に電車を入れての点検は初めて。ホームと電車のドアとの距離や高さ、パンタグラフと架線との接触状況、走行時の揺れなどを実際に目と体で確認した。車内で、宮沢社長は「問題はなさそうだ。乗り心地は上々だね」と顔をほころばす。技術者たちも「自信は持っていたが、実際に走らせてみないと安心できないもんですよ」と、まずは順調な試運転にホッとした表情だった。

試運転は一日だけで七往復し、速度は最高五十㌔まであげる。試運転は三日まで繰り返し、列車無線やＡＴＳ（自動列車停止装置）のテスト、営業運転を想定した速度確認を行う予定。四日以降は運転士、車掌らの乗車訓練も重ね、来年三月の営業開始に向けてさまざまな準備を進める計画だ。

試運転初日当日の様子。3日間の日程で、実際に電車を入れて駅設備や電気、レールなどの具合を点検した＝昭和55年11月1日夕刊

十数年がかりの事業の間には、旅客輸送をめぐる環境も厳しさも増した。長野―須坂間の15分間隔運行など、都市間輸送は充実させる一方、昭和50年代は、半世紀続いた国鉄直通列車の廃止、屋代線などの列車集中制御（ＣＴＣ）導入、各駅での手小荷物取り扱い廃止など、経営効率化への転機にもなった。

## 地下化の副産物――不燃車両導入と踏切廃止

地下化は、前代未聞の大規模工事が注目されたが、長電にとっては車両の確保も難題だった。

都市部１・５キロ以上のトンネルを走るには、国の「電車の火災事故対策基準」に適合した、いわゆる「不燃化車両」が必要。が、保有車両は、古いものでは車体に木材が使われるなど適合せず、大掛かりな代替を迫られた。

白羽の矢を立てたのは、東京急行電鉄５０００系。昭和30年代前後の製造で、東横線や池上線などで広く使われた愛称〝青ガエル〟車両である。昭和51年（１９７６）６月に購入が決まり、翌52年１月から試験走行が始まった。１月28日記事に説明がある。

〈保有する50両のうち、特急車12両を含む16両は、なんとか不燃化対策がとれそうだが、残りの車両は、

地上線時代の錦町駅付近を走る2500系電車。地下化では車両の不燃化が必要になり、東急5000系を譲り受けて改造した。権堂方面（奥）では長野大通りの工事も進んでいる＝昭和55年6月

古いものは50年以上もたっており、不燃化に1両5000万円もかかることから、新しい車両26両を入れることにした。今度の車両は、若干の改造をして、3000万円ちょっとという〉

5000系は長電「2500系」となり、りんごカラーに塗り替えられた。同年2月9日から営業運転を開始、以来平成5年（1993）の旧営団3000系投入まで、長電の都市間輸送の顔となった。

地下化による街の変化では「踏切の廃止」も大きかった。

地下になった区間には、踏切警手が遮断機を上げ下げする「緑町大（昭和通り）踏切」をはじめ、警報器・遮断機なしの第4種踏切まで、大小20ヵ所の踏切があった。これを一気になくすことができた。

下の写真は、昭和44年（1969）4月の昭和通り踏切の風景である。平成8年（1996）2月24日記事では、〝今〟の風景と並べて、踏切時代を回顧している。

〈長野市昭和通り。踏切の遮断機が下り、電車が通る。安全確認する警手が線路わきに立っている。車も人も電車の過ぎるのをじっと待っている。（中略）「今、この踏切があったら大変な渋滞になるだろう」とだれもが思う〉

地上線時代の緑町大（昭和通り）踏切を1100形が通過する。幅27mの大きな国道踏切で、警手が手動操作してワイヤーの遮断機を上げ下ろししていた＝昭和44年4月

# 本社屋上ビアガーデン

夏、ビアガーデンでジョッキを傾ける姿は風物詩。新聞も歳時記のようにそれを載せる。その際、しばしば舞台となったのが繁華街にある権堂駅前、長野大通りに面した長野電鉄旧本社ビル屋上の「ながでんビアガーデン」だ。

平成8年（1996）は、ビアガーデンが始まって9年。5月24日にオープンし、翌25日には早速にぎわう様子が伝えられている。〈昨年と同時期の営業開始。午後5時の開店から約1時間でサラリーマンやOLなど約30人が訪れ、たこ焼きや枝豆を食べながら、ジョッキを傾けた〉。その後ビアガーデンは市内に増え、冬季五輪後の生き残りも懸けて客の争奪戦も激化。ながでんは市内で一、二を争うオープンの早さが売り物だったが、2年後の平成10年はさらに早い5月15日に開店している。

ビアガーデンはスキー場レストラン従業員の職場確保を狙いに始まり、当初の営業開始は6月26日。好評に伴い時期を早め、座席や厨房も広げてきたほか、平成元年にはそのノウハウを生かしたレストランバー「Kami」を開業。鉄道事業を補うその後の「ビアトレイン」につながっていく。

恒例ビアガーデンは、権堂地区再開発で本社ビル解体が始まった平成25年（2013）夏をもって、惜しまれながら終了。ただ、20～30年前とは比べものにならないくらいの猛暑にうだる近年の夏、あの屋上の開放感の再来を期待する人は多いはずだ。

季節を先取りして5月からオープンし、暑い日には勤め帰りのサラリーマンなどで毎年にぎわった本社屋上ビアガーデン＝平成8年7月

column❻

# 権堂駅とイトーヨーカドー

《イトーヨーカドー長野店閉店へ》。令和元年（２０１９）9月8日、1面トップの記事が、長野市の商業界や市民を驚かせた。長野大通りの権堂駅前で約40年間営業してきた権堂町商店街の核施設が、翌年6月になくなる――。〈同店は近年売り上げが減少し、築40年余の建物の老朽化も進行。全国で進める不採算店舗閉鎖の一環とみられる〉

同店は、平成28年（２０１６）に「大型ショッピングセンター（SC）化」構想を打ち出し、それを核に翌年、長野市が権堂地区再生計画をまとめた。ただ〈地元関係者にはこの頃から「構想のまま止まり、動きが見えない」との受け止めが広がり始めた〉。再整備に推進姿勢だった坂城町出身のセブン&アイ・ホールディングス最高責任者・鈴木敏文氏の退任が影響したのとの見方もある。

イトーヨーカドー長野店は、昭和53年（１９７８）6月開店。地下化と本社の移転で生まれた土地に賃貸の長電権堂ビルを建設、イトーヨーカドーを核店舗に積極誘致を実現しており、51年に無配転落した長電の救世主としての不動産賃貸事業を飛躍させ、長野駅前や銀座（新田町）と差が生まれていた権堂商店街を再起させた店舗でもある。

開店時のにぎわいを伝える同年7月14日記事がある。

長電権堂ビル。イトーヨーカドーが入り、繁華街の集客店舗として42年間営業してきた＝令和元年9月

《〃人の流れ変わる〃大型店開店から約3週間　長電・権堂駅の利用客急増》。同駅での乗車券発売枚数と総収入を示し〈開店日前日から日曜日まで（6日間）は、発売枚数が前週の2倍、総収入は同1・55倍の急増ぶり。とくに、開店日の20日は1日で3600枚余、135万円余を売り上げ「平日としては数十年来なかった発売枚数」〉〈開店前後3週間で、1日平均発売枚数を見ると、開店後は1日2050枚で、開店前に比べ77%増〉。

その後、買い物のスタイルは変化。平成に入ると郊外店の進出で、いわゆる中心市街地の空洞化が問題となった。「銀座」のダイエー、長野そごうもなくなった。大型SC化を打ち出しながらのヨーカドー撤退は恨めしいが、止めにくい流れでもあった。ただ、長電権堂ビル自体は耐震補強工事は完了。令和元年（2019）10月22日記事で、長電は〈後継テナントの食品スーパーなどを入れた複合商業施設について、20年秋の新装オープンを目指すと明らかにした〉。近年はマンション住民も増える権堂周辺。閉店後は建物の階層減、屋上駐車場化などの改築工事を行い、開店も令和3年（2021）12月頃として食品スーパーなどの誘致を目指す。

大型店進出は、やはり人の流れを変える―。長野市権堂町の商店街が「夢よもう一度」と、地元が丄をかけて誘致した大型スーパー「イトーヨーカドー」長野店が同町に開店（六月二十日）してから約三週間。同店の足元にある長野電鉄権堂駅が、開店日の前後三週間の同駅利用状況をまとめたところ、電車利用客は、平均で八割増の急伸を示し、とくに、日曜日の利用客は開店前の二―三倍。これからも、こうした状態が続くかはわからないものの、「権堂に客足を」と"核店舗"づくりをめざした同商店街のねらいは、いまのところあたったようだ。

利用客が急増した権堂駅

# "人の流れ変わる"

## 大型店開店から約3週間

# 長電・権堂駅の利用客急増

# 日曜日は2－3倍も

## 水準維持、商店街の手腕に

大型店オープン（6月20日）に伴う権堂駅利用状況の推移

権堂駅総収入（1週間）

権堂駅乗車券発売枚数（1週間）

大型店開店に伴う同商店街への客足の流れをみる一つの方法として、権堂駅での乗車券発売枚数と、同駅の総収入（一部バス、定期券を含む）の状況をみたところ（グラフ参照）、開店日前日から日曜日までは、発売枚数が前週の二倍、総収入は同一・五五倍の急増ぶり。とくに、開店日の二十日は、一日で三千六百枚余、百三十五万円余を売り上げ、「平日としては、十数年来なかった発売枚数」（寺島正義権堂駅長）を記録。開店後、初の日曜日だった二十五日には、同四千百七十枚と、昨年八月の「おびんずる祭り」の四千三百枚に迫り、「行事のない日曜日としては、過去最高の発売枚数ではないか」（同）というほどだ。

開店前後三週間で、一日平均発売枚数を見ると、開店後は一日二千五十枚で、開店前に比べ七七％増。一日当たりの総収入は、利用区間が長野駅―権堂駅、あるいは権堂駅―善光寺下駅区間が圧倒的に多く、利用客一人当たりの料金が低いこともあって、伸び率は発売枚数ほどではないが、それでも四五％増の八十万五千円と、大幅な伸びを示した。

利用客がとくに増えているのは、権堂―長野駅間（七十円）。開店前は、平日一日平均九十五枚程度しか売れなかった切符が、開店日は五百八十一枚と一気に六倍に、二十五日（日曜日）は九百四枚で、十倍近くにハネ上がった。権堂駅では、この原因を「長野駅周辺へ流れていた客が、権堂へも向かっていることを示しており、改札係や、ほとんどの客がイトーヨーカドーの買い物袋を持っているのをみてもわかる」とみている。さらに、市中心部の交通混雑で、"近い"電車が見直されていることも見逃せない。

権堂駅利用客の急増に加えて、マイカー客も押しかけ、開店周辺の道路は、とくに日曜日は大混雑し、七月の歩行者天国を中止する原因になったほど。イトーヨーカドー開店以来、"権ブラ族"がふえたことは、権堂商店街のほとんどの店が認めているという。大型店との競合店の中には、「期待外れで、売り上げは減った」と嘆くところも出ており、"核店舗"としての功罪は、各店によって、さまざまなようだが、これまでのところ、権堂への誘客の目玉になっていることは事実のようだ。開店当初の爆発的人気が落ち着いてきた、ここ一週間の同駅利用状況をみても、従来の四割増の水準を保っている。今後は他地区の巻き返しも予想され、権堂地区がこのままの水準を維持できるかどうかは、"核店舗"イトーヨーカドーはもちろん、権堂商店街全体の手腕にかかっている―とみる商店が多い。

イトーヨーカドー長野店の開店を受け、権堂駅の利用客や権堂商店街を訪れる人が増えていることを伝える＝昭和53年7月14日

# 湯田中駅と「志賀高原」駅名改称騒動

## スキー客であふれた駅

長野線の終点・湯田中駅は、湯田中渋温泉郷と志賀高原への玄関口。長野からの特急電車が到着すると、構内には昭和57年（1957）のヒット曲『美わしの志賀高原』が流れ、降り立つ乗客を出迎える。

有名旅館が出迎えの幟や、客の名前を書いた紙を掲げて待ち構える光景は、以前よりも小ぶりになった印象はあるが健在。近年は外国人旅行客が増えたことで、案内ボランティアやバス出札窓口が、英語で対応する様子も日常的になった。「スノーモンキー」が人気の地獄谷野猿公苑や、志賀高原を目指す人が、次々と長電バスやタクシーに乗り換え、10分もすればにぎやかだった駅は静かになる。

こうした湯田中駅の〝絵になる〟様子は、たびたび特集される駅紹介記事に登場する。昭和29年（1954）2月8日コラム「終着駅」では、超満員のスキー客を運んできた電車の中にゴミがあふれかえっている様子を、駅員が〈いくら旅のハジはかきすてといっても、度がすぎていますヨ〉と嘆いている。

また、2年後の昭和31年（1956）4月26日コラム「駅」は、前年11月に完成した南駅舎（現駅舎）を紹介。〈電車の発着本数は日に29本、1日平均の乗降客6000人、しかし正月、ぼんのかき入れどきともなれば、1万6000人を数えて人の波で埋まるほど〉の利用客をさばく対策だったが、地元・湯田中温泉の反対側に建設されたため〈地元の猛反対を押し切って〉進めたことに言及。〈地元の反対はお客が西口（新駅舎側）ホームで乗り降りされたのでは、湯田中に来る客が逃げてしまうというものだが、このときからお互いにしっくりいかずことごとに争いが起きているのが悩みの種〉。

もっとも、15年後の昭和46年（1971）2月12日コラム「駅前広場」では、多客時の〈戦争のような騒ぎ〉という町民コメントと合わせ、新駅舎もパンク状態であることから、地下化構想の浮上も伝えている。実際、山ノ内町は昭和57年（1982）2月の研究委員会設置の際、強く地下式を希望した。

## 国際化を狙い「志賀高原駅」へ

平成3年（1991）5月20日、長電は「湯田中」

駅を「志賀高原」に改称する方針を、山ノ内町に伝えた。当時、長野が立候補していた冬季五輪の開催地決定（6月15日）に合わせて駅名を変えたい――との内容。志賀高原は五輪のスキー・アルペン競技の会場候補地になっていた。

5月22日記事。〈電鉄側は「山ノ内町全体のイメージアップと宣伝効果を狙い」数年前から変更を計画。冬季五輪招致運動で志賀高原の知名度が、一段と高まってきたことなどから、町内の関係者にも打診した上で「時期が熟した」と判断したという〉

記事は〈地元の総意によるものでない〉〈町内も賛否が分かれるだろうし、まず湯田中の動きをみたい〉と困惑する町側、案の定〈地元との同意を得ない一方的な変更はせん越だ〉と反発する湯田中区の立場も伝えている。一般町民の〈志賀高原の方が通りもよく、時代の流れかも。だが由緒ある湯田中の名が消えるのは寂しい〉との声も紹介した。

長野電鉄 (5)

湯田中駅

旅の恥の捨て所？

自殺未遂も一月來三件

スキー客でごった返す湯田中駅の様子や客らのマナー問題、路線延伸問題などにふれるコラム記事＝昭和29年2月8日

長電は6月、改称をいったん8月に延期した上で、五輪の長野開催決定後の7月、初めて湯田中区への説明会を開き、翌4年1月の改称を申し入れた。混乱を招いたことを謝罪しつつも〈ぜひ円満に実施したい。その間に相互理解を深めていきたい〉と、改称には強い意欲を見せた。が、湯田中区は態度

湯田中温泉側にあった旧駅舎から切り替わり、南側に新しく完成した湯田中の新駅舎。改築を経て、現在も使われている＝昭和31年4月

を変えないまま、議論は進展せず、結果的に「志賀高原駅」は自然消滅した形になっている。

「湯田中」は、遠くから訪れる観光客にとっては、情緒ある温泉郷全体を連想させ、志賀高原の入り口として知られた駅名。一方、地元民にとっては「湯田中渋温泉郷」を構成する複数の温泉の中の独立した温泉名、区名であり、当然駅名に愛着もある。駅名改称をめぐる騒動は〝広義と狭義〟の「湯田中」が、すれ違いも生んだようにも見える。

観光誘客と駅名改称を考える時、頭に浮かぶ近年の動きとしては、平成23年（2011）7月の富士急行「富士吉田駅→富士山駅」改称がある。富士山はその2年後、世界文化遺産に登録。現在は東京方面からJR直通特急も乗り入れ、外国人観光客が押し寄せる駅になっている。

湯田中駅は、スキーブームの陰りなどで昭和30～40年代のような「人があふれかえる」光景ほどではないが、志賀高原のスキー長期滞在やスノーモンキーを目当てに、訪日客で再び注目される駅になった。「玄関口」として国内外にアピールする意味では「志賀高原駅」も「富士山駅」も狙いは同じ。もし改称が実現していれば果たしてどうだったのか――。いや、今なら「スノーモンキーパーク駅」だろうか？

湯田中→志賀高原

駅名変え五輪効果!?

「国際化に対応」と長電

「歴史の名」旅館反発

来月15日から

長野電鉄（長野市・神津昭平社長）は21日までに、下高井郡山ノ内町にある同電鉄山ノ内線の最終駅「湯田中」を「志賀高原」に変更する、と町に伝えた。98年の冬季五輪開催地が決まる6月15日に合わせた駅名変更で、五輪のアルペン競技会場候補地でもある「志賀高原」の名前を地域振興に生かす狙いがある。

6月15日から志賀高原駅に改称する、と突然通告があった長野電鉄湯田中駅

しかし、町側は「地元の総意によるものでない」と対応に苦慮。湯田中旅館組合は二十一日、緊急総会を開き「地元の同意を得ない一方的な変更」と反発を強めている。町民の中には「歴史ある湯田中の名前が消えるのは寂しい」「時代の流れ」など賛否両論が出ており、駅名変更は波紋を広げている。

「湯田中」は山ノ内線開通の昭和二年以来の駅名。開業当初、湯田中区民が資金を積み立てて土地を取得、駅用地として提供した。湯田中が玄関口の同町南部の志賀高原がスキーのメッカとしてクローズアップ。一昨年にはアルペンスキーのワールドカップが開かれ、国際的にも通用する地名になっている。

電鉄側は「山ノ内町全体のイメージアップと宣伝効果を狙い」数年前から変更を計画。冬季五輪招致運動で志賀高原の知名度が、一段と高まってきたことなどから、町内の関係者にも打診した上で「時期が熟した」と判断したという。

二十日に同電鉄の役員らから連絡を受けた友野町長は「志賀高原町への町名変更と絡んで話題になったことはあるが、寝耳に水。駅名は確かに電鉄が決めることだが、地元と摩擦を起こせば、将来支障が出る。町内も賛否が分かれるだろうし、まず湯田中の動きをみたい」と話している。

地元の湯田中旅館組合（十九軒）は二十一日朝、緊急総会を開き対応を協議。「駅名は公共性を帯びており、地元との同意を得ない一方的な変更はせん越だ」との意見が強く出て、地元同意を得るよう、町に陳情することを決めた。

町民の間でも「志賀高原の方が通りもよく、時代の流れかも。だが、由緒ある湯田中の名が消えるのは寂しい」「五輪招致のヤマ場のこの時期に地元が混乱しないか心配」といった声が出ている。

草間茂・長野電鉄電車部長は「山ノ内町全体の活性化を考えた場合、国際的にも『志賀高原』を生かせる時期。地元にも前向きに考えてもらうよう理解を求めたい」と話している。

長野冬季五輪に合わせて駅名の「志賀高原」改称を打ち出したこと、それに対する地元山ノ内町や湯田中温泉、町民の反応を報じた＝平成3年5月22日

## 創業路線の廃止――木島線と屋代線

### 創業路線の大半が消滅

長野電鉄最初の路線は千曲川東側の北信を北上する屋代―須坂―信州中野―木島、50・3㌔。このうち両端の木島線12・9㌔と、屋代線24・4㌔は、今はない。

大正11年（1922）～14年にかけて全通した〝創業路線〟の4分の3は「100年」を迎えられなかった。旧長野線、山ノ内線を合わせたかつての全路線（70・5㌔、地上線時代は70・6㌔）から見ても、現役距離は半分以下。路線を減らさず頑張った〝地方私鉄の優等生〟も、大なたを振るう時代を迎えた。

### 木島線――補てん重く、県が〝とどめ〟

木島線廃止が公式に報じられたのは平成12年（2000）7月27日記事《木島線の存続「困難」》。創立80周年を迎えた直後である。

〈長野電鉄は、乗客の減少で赤字が続く木島線について、「一企業での存続は困難」との見解を沿線6市町村に伝えた。市町村などから赤字を補てんする補助が得られなければ、廃止したい意向だ。今後、地元と協議し、9月末までに結論を出したい考え。今後、廃止になれば、同社の鉄道路線では初めてとなる〉。累積赤字を約30億円とし〈「今後の設備費用を見込んで年間2億円程度の補てんが得られない場合、廃止はやむを得ない」としている〉。

廃止方針決定は7月。路線の廃止は旧来は「許可制」だったが、鉄道事業法改正で同年3月から「届け出制」

長野電鉄

木島線の存続「困難」

深刻な赤字 地元に説明

長野電鉄（長野市）は、乗客の減少で赤字が続く木島線（信州中野―木島間、一二・九㌔）について「一企業での存続は困難」との見解を沿線六市町村に伝えた。市町村などから赤字を補てんする補助が得られなければ、廃止したい意向だ。

今後、地元と協議し、九月末までに結論を出したい考え。廃止になれば、同社の鉄道路線では初めてとなる。

同社によると、木島線の乗客数は一九六七年度の二百三十一万九千人をピークに減少。九九年度は最盛期の二一%にあたる四十八万六千人、一日当たり千三百人余にまで減った。ワンマン運行、駅の無人化などで経費節減をしてきたが、七五年ごろから毎年一億円を上回る営業赤字が続き、同線の累積赤字は約三十億円に達している。

特にこれからの五年間で、トンネルや橋の補修など新たに八億四千万円の安全投資が必要だという。

同社はこうした現状を中野、飯山両市、下高井郡木島平村、野沢温泉村、山ノ内町、下水内郡豊田村に説明。周辺人口の減少や少子化にも触れた上で、「これ以上、区間を維持するのは困難な状況」とした。県にも現状を説明した。

同社は「今後の設備費用を見込んで年間二億円程度の補てんが得られない場合、廃止はやむを得ない」としている。廃止後の代替バス輸送については「協力したい」としている。

木島線は一九二五（大正十四）年に開設。中野市と飯山市の八駅を結び、現在上下合わせて一日三十本運行している。

中野市は「中高生が通学に利用しており存続してほしいが、地元も巨額の負担は難しい。近隣市町村と対応を真剣に協議したい」（企画情報課）、飯山市は「存続を求めたいが、経営の厳しい状況も聞いている。十分に論議して双方が納得できる形で最善の手だてを見つけたい」（企画財政課）としている。

鉄道事業法の改正で、三月から赤字路線の廃止が許可制から届け出制になり、原則一年前に運輸大臣に届け出れば、地元の同意がなくても廃止できる。


木島線廃止方針の初報。「存続には年2億円程度の補てんが必要」＝平成12年7月27日

創業路線の河東線区間全線の中で、最も千曲川に近づく柳沢―田上間を走る＝平成13年10月

となった。地元同意がなくても、国への1年前までの届け出で廃止できる。ただ長電は、地元同意を前提にする姿勢は示し、同月8日には沿線自治体が対策協議会を設置。この席上、長電は当初の「9月末」結論を「年内」と軟化したが、廃止方針は不変であることを強調している。

年間2億円の赤字分全額補てんは、財政難に悩む沿線自治体に重くのしかかった。一時的に可能でも、継続的に支出し続けることは不可能。存続を求める署名運動や、回数券購入などが呼び掛けられる中、頼みは県による独自の補助金だったが、県は当初から支援には一貫して消極的。12月県会で田中康夫知事（当時）は明確に姿勢を示した。

12月15日記事《木島線支援せず》。〈知事は、地元市町村が長野電鉄への年間6千万円の財政支援策を提示していることに対し、「長期的な支援は市町村財政を圧迫する恐れがある」との懸念を表明。「特定の事業者や路線を対象とした助成は、県の交通施策としての公平性が確保できない恐れがある」と述べた〉

事実上この知事答弁が〝とどめ〟を刺した形となり、以降は沿線自治体も廃止後の代替輸送対策に軌道修正。長電は同年度末（平成13年3月）に廃止を届け出、翌年3月末での廃止が決定した。廃止表面化から8ヵ月。沿線に主だった観光地も、人口集積もない末端路線の運命は、あっけなく決まった。

## 屋代線——実証実験もしたが……

屋代線廃止に向けた初報は、廃止3年前の平成21年（2009）年2月18日記事《屋代線の支援要請「単独運営は困難」》。ただ、木島線が最初から「廃止」方針が示されたのとは展開が異なる。〈長野市など沿線3市や県に存続に向けた協議を申し入れた——と明らかにした。経営立て直しに向けて国の支援を得ていくため、地域公共交通活性化再生法に基づく法定協議会を設置することも視野に話し合いを進めている〉とあり、当初は「存続」も視野に入っていた。
5月1日、長野市が中心となって地域公共交通活性化再生法に基づく「長野電鉄活性化協議会」を設置。翌2日記事には初会合で〈乗客減で厳しい経営が続く同線の立て直しに向け、地域へのPRや観光振興による利用増、「顧客満足度」の向上などを盛った基本方針を決めた〉とあり、早速、沿線世帯への利用実態調査が行われたほか、年度末には活性化策を盛った3ヵ年の「屋代線総合連携計画」も策定された。

同法は19年（2007）施行で、住民が議論する余地や時間的余裕がなかった木島線に比べると、かなり丁寧に進めることを定めている。7～9月には日中の増便や、サイクルトレインなどの実証実験も行われたほか、沿線では存続や活性化をテーマにしたシンポジウムも開かれた。

しかし22年10月の協議会。実証実験での利用者増は1割程度止まり。アンケートでも〈沿線地区の住民で、屋代線の存続について回答した人のうち「維持すべき」は549世帯（39・0％）だった。「維持が困難であれば、バスなどの手段による運行で良い」は718世帯（51・1％）で、「必要性を感じない」は139世帯（9・9％）だった。利用状況では「自分も家族も利用していない」との回答が沿線で7割を超え、利用者の少ない現状も浮き彫りになった〉＝10月28日記事。この結果を裏付けるように、20年度に1日1キロ当たり450人だった輸送密度は、廃止が現実味を帯びても最後まで500人を超えることはなかった。

年が明け平成23年（2011）1月29日記事は「バス転換優位」の協議会事務局と、「存続」住民側が平行線であるとし、三つの選択肢から一つに絞ることを伝えた【P128紙面参照】。2月2日の協議会では、委員26人の投票で「バス転換」が過半数を得、翌24

屋代線存続に向け、実証実験として自転車から鉄道への乗り換えを促すサイクルアンドライドも行われた。写真は岩野駅の駐輪場＝平成22年8月

年3月末での廃止が決定。2年の間にも赤字は積もり、累積50億円超になっていた。くしくも、木島線からちょうど10年後の廃止となった。

事務局「バス優位」　住民は「鉄路存続」

# 屋代線の存廃問題 平行線

乗客の減少で経営が悪化している長野電鉄屋代線(屋代—須坂)について、長野電鉄活性化協議会(会長・酒井登長野市副市長)は2月2日、今後の方向性を決める。事務局側はこれまでに、設備投資を除く運営コスト面などからバス代替運行が優位とする分析結果を提示。一方、沿線の長野市若穂、松代地区の住民らは鉄路の存続を目指して実証実験の継続を求めており、議論は平行線をたどっている。

## 活性化協 2日に方向性

協議会事務局は昨年11月、今後の方向性として▽実証実験を引き続き実施▽屋代線を一時休止し、バスを代替運行▽屋代線を廃止し、バス運行に転換—の3案を示した=表。それぞれにメリット、デメリットを挙げている。

3案のいずれでも、国への来年度事業の申請や国との協議などが必要。日程上の制約から、事務局の長野市交通政策課は2月2日の会合で一つの案に絞り込む考えだ。

これまでの協議会での検討に対し、若穂地区住民自治協議会の星沢重幸会長(69)は「どうしたら存続できるかという議論がない」と不満を訴える。実証実験について、1カ月間のサイクルトレインや3カ月間の割引回数券販売などは「短期間で不十分」とも指摘。「問題の認識や存続に向けた機運の高まりといった住民への浸透はこれから」と言う。3カ年の総合連携計画に盛られた27の施策のうち、実施したのは18事業にとどまることもあり、この時期の結論付けに疑問を投げ掛ける。

松代地区住民自治協議会の中嶋鉄夫・屋代線存続対策部会長(66)も「住民の要望を反映し、実証実験を行ってほしい。しなの鉄道との接続改善や通勤通学時間帯の増発など、まだやるべきことがある。われわれも住民に利用を働き掛ける」とする。

半面、3市の住民に対する活性化協のアンケート(回答率42・1%)では「自分も家族も屋代線を全く利用していない」との回答が沿線で約7割、沿線外で約9割に上った。

長野電鉄は1993〜98年に屋代線の運行本数を1日30便から38便に増やした。しかし、利用者は減少傾向が続き、30便に戻している。笠原甲一社長(66)は「30本を続けているのは、われわれとしては最大の営業努力」と強調。「(バスに替えて)住民の足を確保するということを考えてほしい」と訴える。

2月2日の協議について、事務局は「委員の同意を得た上で、最終的には多数決で決める方向」としている。

長野市の大室—信濃川田駅間を走る長野電鉄屋代線

**今後の方向性3案**

| 方向性の案 | 考え方 | 費用 | 主なメリット○・デメリット× |
|---|---|---|---|
| 実証実験を引き続き実施 | 総合連携計画を見直し、利用者増が図られるか検証するため、屋代線を継続して運行する | 2億円<br>実証実験 6千万<br>赤字補塡 1億4千万 | ○・定時性の面でバスよりも優れている<br>×・大幅な利用者の増加がない限り、維持には大きな費用が必要 |
| 屋代線を一時休止、バスを代替運行 | 今後の技術革新を見極めるため、屋代線の運行を一時休止してバスによる代替運行を実施し、その間に検討を進める | 3億1千万円<br>設備投資 1億4千万<br>鉄道施設保存など 1億<br>赤字補塡 7千万 | ○・鉄道よりも少ない費用で交通手段の確保が可能<br>・バス停の位置を柔軟に決められる<br>×・バスは鉄道に比べて定時性は劣る<br>・鉄道の運行再開に向けた設備の維持費用が必要 |
| 屋代線を廃止、バス運行に転換 | 屋代線を維持する場合よりも費用が少ないバス運行に移行し、公共交通の維持を図る | 2億1千万円<br>設備投資 1億4千万<br>赤字補塡 7千万 | ○・鉄道よりも少ない費用で交通手段の確保が可能<br>・運行経路やバス停の位置を柔軟に決められる<br>×・バスは鉄道に比べて定時性は劣る |

**長野電鉄活性化協議会** 長野電鉄が沿線の長野、須坂、千曲3市などに助力を求めたことを受け、2009年5月に発足。3市や長野電鉄、住民などでつくる。これまでに11回の会合を開いてきた。地域公共交通活性化再生法に基づき協議会が定めた総合連携計画は、基本的な方針として「地域が一体となった鉄道を支える仕組みづくり」「新たな運行形態への移行の検討」などを挙げている。

## 09年度 1億7000万円の赤字

屋代線は1922(大正11)年、製糸業の発展に伴う鉄路での貨物輸送に対する要望の高まりを受けて「河東鉄道」として開業した。長野電鉄で最も古い路線だ。千曲川右岸の屋代(千曲市)—須坂(須坂市)間の24・4キロを結ぶ。

現状は厳しい。長野電鉄によると、乗客数は65年度の約330万人をピークに減少。2009年度は約46万人だった。約1億7千万円の単年度赤字を計上した。1日1キロ当たり(平均)の輸送人員を示す輸送密度は09年度、長野線の5922人に対し、屋代線は464人にとどまる。

同線で100円の収益を得るのにかかる経費は272円という。同社は、18年度までに綿内変電所をはじめ電気設備や線路、踏切など設備更新に31億円を見込んでもいる。

**長野電鉄屋代線をめぐる主な動き**

2009年
1月　長野電鉄が長野、須坂、千曲の沿線3市長らに屋代線の厳しい経営状況を説明。法定協議会設置も視野に協議を申し入れ
2月　長野市長が法定協議会設立を表明
5月　「長野電鉄活性化協議会」設立、初会合
10年
3月　活性化策を盛った3カ年の「長野電鉄屋代線総合連携計画」を策定
7月　増便やサイクルトレインなど主要な実証実験を開始
11月　活性化協事務局がバス代替運行など今後の方向性3案を提示
12月　3市の議員有志が「屋代線を考える議員連盟」を設立
11年
1月　長野市松代、若穂両地区の住民自治協議会が実証実験の継続を求める要望書を活性化協に提出。市議会公共交通対策特別委員会も同様の要望書を市長らに提出

屋代線の存廃問題が大詰めになった法定協議会。示された三つの方向性が選択肢となった=平成23年1月29日

## さよなら列車にぎわい

木島線も屋代線も、1年前に廃止が決まると〝乗り納め客〟が押し寄せ、それは廃止が近づくに連れて過

熱した。沿線住民等による清掃や寄せ書きなどの感謝企画のほか、長電も普段は両線に乗り入れない特急車両の運行など、記念行事を行った。共に最終運行となった3月31日には、各駅に住民やファンが殺到し、最終列車では乗務員に花束を渡す〝廃線時の定番風景〟が演出された。

木島線運行最終日の木島駅。「お別れセレモニー」では列車を見送る人たちであふれかえった＝平成14年３月31日

長電に限らず、鉄道の廃止方針が明らかになるときには膨大な累積赤字を計上し、おおよそ「手遅れ」のことが多い。もはや短期間の付け焼き刃で逆転する策はあり得ない。

木島線廃止決定時の記事（平成13年3月30日）に紹介された住民の声は重い。〈われわれ住民も木島線を利用しなかったし、回数券購入運動をしても買った人はほんのわずか。存続を望む声も「あるに越したことはない」という人がほとんどだと思う〉

この間には北陸新幹線や道路網も発達。屋代で接続して首都圏とつながっていた国鉄・JR在来線は途中で寸断された一方、木島駅のあった飯山市までは、長野から新幹線でわずか11分で着く。観光重視などの起死回生策が全く無効とは言いきれないが、地域が見離した鉄道を残すことは、極めて難しい。

屋代線廃止から１年。設備の取り壊しや撤去が進み、旧松代駅構内には切断されたレールが積まれた＝平成25年3月

column 7

# 志賀高原リゾート撤退

「初代社長・神津藤平」で触れた通り、志賀高原は藤平自身がその発展の可能性に目を付け、長野電鉄が観光開発の先鞭をつけて切り開いてきた歴史がある。冬季スポーツや自然を満喫できる場所として全国に名を馳せてきた。

昭和5年（1930）の丸池へのヒュッテ開設に端を発したスキー観光開発は高原全域に広がり、昭和10年には鉄道省「国際スキー場」指定を獲得。昭和30年代からは奥志賀エリアの開発にも着手し、昭和44年（1969）にはホテルやスキー場、翌年にはゴルフ場を開業させた。創立70周年の平成2年（1990）には「森の音楽堂」も完成させ、小澤征爾さん指揮の「第九」でこけら落とした。

そんな志賀高原開発の〝先駆者〟である長電が、エリアからリゾート分野で撤退するとの報道は衝撃的だった。平成17年（2005）には奥志賀高原に関わる減損30億円を計上。自己資本の増強を図っていたが、その後の19年5月12日に《奥志賀高原の全施設　長野電鉄が譲渡へ》の記事が出た。譲渡先は東京の外資系投資会社。既に同じ山ノ内町内の北志賀高原に進出していた。

〈長電によると、昨シーズンの同スキー場はリフト券の値上げもあって前季並みの売り上げを確保した。しかしスキーブームが下火になり、利用者の減少傾向が続いていることも、今回の判断の背景にあるとみられる〉〈笠原甲一社長は「グループの事業一つ一つについて今後の見通しを考える中で決断した。今後はより生活に密着した事業に経営資源を集中していく」としている〉

この時点では〈志賀高原丸池スキー場のリフトや丸池観光ホテルの運営は継続する〉方針だったが、ちょうど3年後、平成22年（2010）5月13日には《丸池観光ホテル閉館へ　経営見通し立たず》の報道。〈スキー観光の最盛期に約4億円あったホテルの売上高は、10年3月期は2億円を割り込む見通し。建物や設備の老朽化が進んでいたが、長年赤字が続いており、笠原社長は「次の投資に向かう態勢にならなかった」と説明〉。丸池閉館で、志賀高原エリアからの長電グループのリゾート施設は姿を消した。

80年代までは続いたスキーブーム、それが長野冬季五輪で広がるかと思いきや、むしろ下降線に。自ら育て、長年収益の柱としてきた志賀からの撤退は〈将来の見通しが立たず、断腸の思い（経営統括部）〉。ただ、以降もバス・タクシー輸送や麓の上林ホテル仙壽閣の経営は継続し、観光を支えている。一方、それらに先んじて平成16年からは介護事業にも進出し、高齢者用賃貸住宅の運営にも注力。創立90周年の決断は「生活密着型の企業」へ大きく舵を切る転機となった。

志賀高原 長電最後のリゾート施設

# 丸池観光ホテル閉館へ

## 経営見通し立たず

長野電鉄（長野市）は12日までに、子会社が下高井郡山ノ内町の志賀高原で経営する「丸池観光ホテル」を5月末限りで閉館する方針を決めた。長野電鉄グループは近年、業務効率化や組織のスリム化などを理由に志賀高原で宿泊施設やリフト事業を相次いで売却しており、丸池観光ホテルの閉館で、同グループが運営する志賀高原のリゾート施設は姿を消すことになる。

5月末で閉館する志賀高原の丸池観光ホテル

けいざい 構造線

長野電鉄は2007年、スキー観光の低迷を受け、奥志賀高原で経営していたスキー場やホテルなどの事業を、東京の投資会社に譲渡（投資会社はその後運営から撤退）。08年には、丸池スキー場のリフト事業を地元資本の「志賀高原リゾート開発」に譲渡している。長野電鉄の笠原甲一社長は「志賀高原からリゾート施設がなくなるのは寂しいが、ほかの事業で引き続きかかわっていく」としている。

今回閉鎖する丸池観光ホテルは、1952（昭和27）年に「丸池スキーハウス」として開業。67年に丸池観光ホテルに改称した。74の客室を備え、定員は約210人。丸池スキー場近くで国道292号に面しており、現在はホテルと同名の長野電鉄子会社が経営している。知名度も高いが、利用客が減少して設備投資も滞っており、今後の経営の見通しが立たないと判断した。

スキー観光の最盛期に約4億円あったホテルの売上高は、10年3月期は2億円を割り込む見通し。建物や設備の老朽化が進んでいたが、長年赤字が続いており、笠原社長は「次の投資に向かう態勢にならなかった」と説明。ホテルの従業員12人について、同社長は「責任を持ってグループ内も含めて再就職を支援する」としている。

丸池観光ホテルの敷地約1㌶は、財団法人和合会が所有。長野電鉄側は建物を解体し、更地にする方向で検討している。和合会は「閉館は大きな打撃。跡地には植樹するなど、人が集えるようなものを考えないといけない」としている。

奥志賀高原全譲渡の3年後、志賀高原開発では先駆け的存在でもあった丸池観光ホテルも閉館の報道＝平成22年5月13日

# 奥志賀高原の全施設 長野電鉄が譲渡へ

## 投資会社に

長野電鉄（長野市）は十一日、奥志賀高原スキー場（下高井郡山ノ内町）と、その周辺に展開しているホテル、ゴルフ場など全施設を、今夏をめどに野村ホールディングス系の投資会社ユニファイド・パートナーズ（東京）に譲渡すると明らかにした。長電はグループ内の事業を見直した結果としている。ユニファイドはホテルなどの全従業員三十人余を引き続き雇用し、各施設の経営に当たるとしている。

【関連記事10面に】

譲渡するのはスキー場のリフト、ゴンドラリフト、レストランのほか、奥志賀高原ホテル、奥志賀高原ゴルフ場（六ホール）、森の音楽堂、別荘地など。長電がこれらを保有する新会社を設立、その全株式をユニファイドに譲渡する。譲渡価格は明らかにしていない。

ユニファイドは野村ホールディングスが出資し、二〇〇五年に設立。同年、同町北志賀高原の竜王スキーパークの経営難に陥った竜王観光（山ノ内町）を買収、スキー場経営に乗り出している。

長野—湯田中間に鉄道路線を持つ長野電鉄は、一九六〇年代に奥志賀高原開発に着手。六九年にスキー場とホテル、七四年にゴルフ場を開業し、八六年にはゴンドラリフトを増設した。一帯約二百㌶は町有地で、長電はこのうちスキー場やゴルフ場の計百二十五㌶を賃借し、ホテルや別荘地などの計七十五㌶は地上権を保有していた。

長電によると、昨シーズンの同スキー場はリフト券の値上げもあって前季並みの売り上げを確保した。しかしスキーブームが下火になり、利用者の減少傾向が続いていることも、今回の判断の背景にあるとみられる。

長野電鉄の笠原甲一社長は「グループの事業一つ一つについて今後の見通しを考える中で決断した。今後はより生活に密着した事業に経営資源を集中していく」としている。同社は同町内の志賀高原丸池スキー場のリフトや丸池観光ホテルの運営は継続する。

ユニファイドは「奥志賀高原は今後も十分発展が見込めると判断した。活性化のための新たな投資も検討している」としている。

ホテルやスキー場、音楽堂など、奥志賀高原の全リゾート施設を手放すことが伝えられた＝平成19年5月12日

創立70周年を記念して建設した「森の音楽堂」。世界的指揮者・小澤征爾さんら有名アーチストも多数訪れた＝平成20年6月

# 魅力ある特急車両導入

## 小田急ロマンスカーと成田エクスプレス

小田急電鉄のロマンスカーは、私鉄特急車両の中では最も花形的な存在の一つであろう。新宿と箱根、江ノ島を結び、今も続々と開発される車両が、鉄道ファンや観光客の注目を集めている。

平成17年（2005）8月5日、そのロマンスカー車両2編成が、長野電鉄に譲渡され、長野―湯田中間を走ることが報じられた。「改修したのち（1年後の）平成18年秋から運行する」との内容だ。

譲渡される車両は昭和62年（1987）年デビューの10000形。もちろん中古車両であり、展望席以外の客席全体が高くなった、小田急初の「ハイデッカー車」でもあったことが、車内のバリアフリー対応上支障があるとの事情から、小田急では主力から離脱予定の車両だった。しかし、製造から20年以下の〝若い〟車両であり、小田急線内でも当時は現役。運転席が2階にあり、先頭車が前面展望という、ロマンスカーの代表的な仕様だ。

記事には小田急の〈10000形は歴代ロマンス

機関車の牽引でJR北長野駅に到着した小田急ロマンスカー車両。情報を聞きつけた鉄道ファンらがカメラを構えた。車高の都合で、愛知県の工場から東海道線や新潟県を迂回して輸送された＝平成18年4月17日

しなの鉄道屋代駅に到着したJR成田エクスプレス車両。こちらは車高の問題がなく、神奈川県の車両工場から中央東線、篠ノ井線経由で輸送された。ここでも聞きつけたファンらが押し寄せた＝平成22年12月24日

長電の新型特急 特別試乗会

ゆったり「スノーモンキー」

長野電鉄（長野市）は20日、長野―湯田中間で26日に運行を始める新型特急「スノーモンキー」の特別試乗会を開いた。長野―信州中野間を午前、午後に1往復ずつ運行。計200人の家族連れや鉄道ファンらが、ゆったりとした乗り心地を体験し、車両と一緒に記念撮影を楽しんだ。

この日限定の切符を握り締めた参加者は、待ちわびたように長野駅の改札を抜けてホームへ。行き先を示す車両側面の方向幕が切り替わる様子など、JR東日本の「成田エクスプレス」だった車両を熱心にカメラで撮影した。車内では窓越しに運転席を見たり、車窓の景色を楽しんだりした。

長野市鶴賀の会社員町田裕史さん(37)は「乗り心地が良い」。景色を眺めていた長男の智君(5)も「楽しい」と笑顔だった。

ゆったりとくつろげる4人用の個室指定席（対角魚眼レンズ使用）

特別試乗会で車窓からの景色を楽しむ親子連れ

「スノーモンキー」の前で記念撮影する親子＝須坂駅

特急「スノーモンキー」試乗会の様子。長野―信州中野間を往復し、乗客はワイドな車窓に歓声＝平成23年2月22日（試乗会は20日）

カーの顔的存在。長野で使ってもらえてうれしい〉とのコメント。「ロマンスカーの輸送」というイベントに反応した鉄道ファンも多く、愛知県豊川市の工場から、東海道線や上越線、信越線を大回りして機関車が牽引してくる姿を狙う〝追っかけ〟も登場した。平成18年（２００６）年4月18日記事は、北長野駅に到着した様子を紹介している。

他社の中古特急車両を導入するのは、半世紀にわたって走り続けたオリジナル車両２０００系（２編成分）の置き換えが狙い。名車両２０００系の後継に長電が何を持ってくるのか——には注目が集まっていたが、性能や装備はもちろん、話題性でも申し分ない車両がやって来た。

長電での改修は、急勾配対応のブレーキ装備や寒冷地仕様への改造など。初めて扱う連接台車（車両の連結部分に台車がある）の扱いは難しく、負担は少なくなかったが、この譲渡は鉄道ファンだけでなく、各地方の中小私鉄も注目した。長電では「１０００系」となり、一般公募を経て決まった「ゆけむり」の愛称で、平成18年（２００６）年12月９日から走り始めた。平成20年（２００８）３月期決算は「ゆけむり」効果もあり、鉄道部門は10年ぶりに前年実績を上回った。

２０００系の残り2編成分の置き換えには、約20年「成田エクスプレス」として、首都圏の成田空港輸送に活躍したJR東日本２５３系を充てることが、平成22年（２０１０）６月４日に報じられた。平成2年（１９９０）製造という、これもまだ若い車両。〈昨年10月に成田エクスプレスで新型車両が導入され、運行から外れる２５３系の多くが廃車になるとの情報を受け、長電側が引き受けを申し入れた〉。公募を経て試乗会を行い、２１００系「スノーモンキー」として、翌23年春から走り始めた。

地方私鉄が、他社の中古車両を導入する事情は、平成22年9月3日連載記事《私鉄再生　各地の挑戦》で詳しく解説している【P135紙面参照】。

## 通勤列車の更新も話題に

「ゆけむり」の導入に先立ち、平成17年（２００５）9月には東京急行電鉄（現・東急電鉄）から譲り受けた８５００系車両を通勤列車に投入。田園都市線などの現役車両であり、旧営団日比谷線３０００系以来11年ぶりの更新だった。さらに令和2年（２０２０）1月には、東京メトロから03系の譲渡が報じられた。「日比谷線車両から日比谷線車両へ」の世代交代も話題になっている。

昭和55年（1980）年のOSカー10系を最後に、長電独自の車両新造はなくなり、平成24年（2012）の2000系の全編成引退によって、オリジナル車両は全て姿を消した。一方で、首都圏で活躍したバラエティー豊かな車両が、長野市街地の地下区間や北信濃の田園を走る抜ける姿は、長電の電車旅に新たな魅力をプラスしている。

私鉄再生へ　各地の挑戦　3

「ずっと乗りたかったんだ」。8月21日、長野電鉄（長野市）の長野駅。長野線特急「ゆけむり」（4両編成）の先頭車両で、神奈川県横須賀市の小学5年生浜悠太君(10)は一番前の座席に陣取り、笑顔を浮かべた。180度の眺めを楽しめる展望席だ。電車が大好きな悠太君。長野発午後1時41分のゆけむりに乗車しようと、約30分前から並んだ。上高井郡小布施町出身の祖母ますいさん(80)、母久美子さん(52)と3人で同町に向かう。

待ちに待った出発。長野市東部の住宅街を抜け、千曲川を渡る。リンゴ畑が広がってきた。「すごい」と悠太君。前方に見える線路や周囲の山々を写真に撮ったり、眺めたりして大喜びだ。

夏休みの土曜日とあって、この日、1両目はほぼ満席。親せき9人で渋温泉（下高井郡山ノ内町）に行くという大阪市の男性(36)は「ゆけむりという名前は、どことなく情緒があり、旅の気分を盛り上げてくれる」。終点の湯田中駅（同町）で降りると、車両をバックに、9人全員で記念撮影した。

**長野電鉄長野線**　長野（長野市）―湯田中（下高井郡山ノ内町）間の33.2㌔。24の駅があり、長野―善光寺下間は地下区間となっている。1927（昭和2）年に信州中野―湯田中間が平穏線（その後、山ノ内線に改称）として開業し、翌年、全線開業した。かつては山ノ内線のほか、長野―須坂間が長野線、現在の屋代線を含む屋代―信州中野間は河東線と区間ごとに名が付いていたが、2002年9月に全体で長野線と名称変更した。

**長野電鉄長野線**　旧車両 新たな魅力に

湯田中駅に到着後、ゆけむりの先頭車両をバックに記念撮影する乗客

## 観光との連携 これから

ゆけむりは、「ロマンスカー」の愛称で親しまれた小田急電鉄（東京）の車両を活用、2006年12月に長野―湯田中間で運行が始まった。長電によると、導入して1年ほどは増収につながったという。「沿線住民を含め多くの人に浸透した」（運輸課）とする。

「ゆけむり効果」を誘客につなげようと、長電はこれまでにTシャツ、のれんなどの関連グッズを車内や駅で販売。線路沿いでは、山ノ内町と中野市境で夜間瀬川を渡る鉄橋付近に鉄道ファンがカメラを構え、待ち受けるようになった。「高井富士」とも呼ばれる高社山（標高1351㍍）をバックに、ゆけむりが鉄橋を渡る姿が狙いだ。

地方の私鉄の多くは自社で車両製造を発注する体力がなく、大手私鉄などの車両を再利用しているケースが目立つ。長電は「2000系」車両の老朽化に伴い、ゆけむりを導入。ほかにも、通勤用として、東京急行電鉄（東京）の「8500系」中古車両を、長野―信州中野間で2005年から順次導入している。

来春には、成田エクスプレスの車両をJR東日本から購入、長野線で走らせる。山ノ内町は、車両に搭載されているブレーキに必要な電力吸収装置の設置費用の3分の1、2500万円を長電に補助する方針。町総務課は「湯田中駅は鉄路の玄関。支援することで住民の足を確保し観光振興にもつなげたい」とする。

旧車両の活用は鉄道ファンの注目を集めるが、観光と結び付けようとする動きは、沿線ではまだ具体化していない。「ほかの事業者と連携強化を図り、魅力アップにつなげていきたい」と長電運輸課。

山ノ内町の湯田中温泉観光協会の山本勝会長(65)は「成田エクスプレスの車両導入を機に、地元の観光業者として誘客に向けて力を入れていきたい」と話している。

連載記事「私鉄再生へ　各地の挑戦」。他社からの特急車両導入の背景や効果を解説＝平成22年9月3日

長野電鉄（長野市）は車両の老朽化に伴い、東京急行電鉄（東京）から「8500系」の中古車両＝**写真**＝を購入した。三両連結の二編成分で、九月二日から長野―信州中野間で運行を始める。車両の更新は十一年ぶり。小田急電鉄（同）から譲り受けることが決まっている特急「ロマンスカー」も含め、二〇一一年度までに計九編成を導入する。

車両は田園都市線を走っていた8500系。一編成暖房機能を高めるなど寒冷地向けに改造、出入り口ドア上部に行き先などを知らせる電光表示器も設置した。改造費用は一編成につき約五千万円。

## 東急「8500系」車両も導入

### 長野電鉄、来月2日から運行

ロマンスカーの導入に伴い、長野―湯田中間を結ぶ特急「2000系」B編成は廃車となる。二十八日にお別れイベントを開催。同日中は何度でも乗降できる上、十月末まで特急券として使える記念特急乗車券を販売するほか、2000系オリジナル玩具を須坂市の須坂駅などで取り扱う。

通勤車両として東京急行電鉄（現・東急電鉄）からの8500系導入を伝える。小田急ロマンスカー譲受からわずか2週間後の記事＝平成17年8月18日

# 外国人観光客とスノーモンキー特需

## 猿との遭遇目的に目指して特急へ続々

冬の長野電鉄長野駅。外国人観光客が出札口に列を作る。大きなスーツケース、スノーボードを持った人も目立つが、荷物はホテルに置いてきたのか、軽装の人も。大部分の人のお目当てが「スノーモンキー」。駅に備え付けられた英語パンフレットや企画乗車券スノーモンキーパスを手に、特急に続々乗り込む。

スノーモンキーは、下高井郡山ノ内町「地獄谷野猿公苑」で見られる野生の猿。猿は年中見られるが、冬季は〝世界で唯一〟雪景色の中で温泉につかる猿を間近に見られるため、格別の人気がある。

とりわけ、外国人観光客の注目度は高く、志賀高原などの北信濃エリアに滞在していなくてもスノーモンキー訪問は外せない要素となり、白馬方面などからバスで訪れる人も多い。冬は、公苑入り口の上林温泉から20分ほど歩く必要があるが、公苑が近くなると、あちこちに猿が警戒もなく現れるので、誰もが歓声を上げる。

野猿公苑は昭和37年（1962）に開業。長電社員だった原荘悟さん＝初代苑長、平成28年6月死去＝が、観光活用や農作物の食害予防を図ろうと猿の餌付けに成功したのが始まりで、長電と地元団体、個人が出資して昭和39年に株式会社となった。現在も長電グループの一会社である。

入苑者数は平成2～3年（1990

有名なスノーモンキーを見ようと、絶えることなく外国人客が訪れる地獄谷野猿公苑。温泉につかる様子に喜び、カメラに収める＝平成22年1月

話題を追って ⑦

野ザルのえづけに成功した長野電鉄湯田中駅勤務
原荘悟さん（30）
須坂市塩川

# まだまだ定着が心配
## いまはしつけに情熱

○…志賀高原の入り口、上林温泉（下高井山ノ内町）から横湯川にそって北へ約二キロ、熱湯を吹きあげている地獄谷温泉に二十数頭の野ザルが遊んでいる。ナワのブランコをふりまわしている子ザル、その子ザルを心配そうに見守っている愛情にみちた顔の母親ザル。一方では岩ブロにひたりながらごきげんになっているサルもいる。幸福な人間社会と変わらない。観光客がおとずれると"早くごちそうをくれ"といった表情で手をさしだす。つやつやした毛並み、客からリンゴをもらうと横湯川で洗ってパクつく。それも親分ザルから。ここには二十五頭（うち子ザル六頭）の野ザルが群生しているが、人間のように争って食べ物に手をださない。ちょうど夕めしどき、野ザルの主人、原さんがリンゴをかかえていくと親ザル、子ザルがいっせいに集まってきた。まず親分の愛称竜王（人間齢で二十五、六歳ぐらい）から、ついでクロ、ボン、モンクの順に原さんはリンゴをくばる。「竜王はなれた私からでも直接手からは食べ物をとらない。いったん地上におかないと横を向いている。誇りがあるのでしょう。各地のサルをみたがここのサルは貫禄、行儀がよく日本一」と原さんはちょっぴり自慢する。

○…三十三年春から地獄谷のサルに打ちこんできた原さんは「ことし一月、サルがはじめて自分の手からエサをとったときの感激は忘れられない。ヘッピリ腰で手だけのばして受けとった姿、いま思いだすと吹きだしたくなるが涙がでるほどうれしかった」という。慕ってくるサルたちをみながら原さんは五年間の労苦をかみしめているようだった。「先の見えることならだれでもやる。いつえづくかわからないこの仕事を原さんだからこそできた。一日山を歩き、ピッコをひきながら帰ってくる原さんに頭がさがった」と原さんとともにえづけに苦労した後楽館の竹節春枝さん（[illegible]）はいう。

その原さんがことし四月ようやく結婚した。それまで周囲の人が候補者をあげて心配したがふり向きもしなかった。「えづけに成功したときはホッとした。とたんに人間生活、結婚を思いだした」という原さんだが、結婚式前夜まで実家に帰らず両親をやきもきさせた。新婚旅行もそこそこに切りあげ再びサルが待つ地獄谷へ。さる十四日原さんは結婚後はじめて新妻尚久さん（[illegible]）を地獄谷に案内した。「私が大事か、サルの方が大切かと責められましてネ。いわれるまでもなく人間の方が大事ですよ……」と苦笑する。

○…原さんがいちばん心配していた野ザルの野荒らし問題も地獄谷野ザル愛護会（西山平四郎会長）が地元農家に被害を金額補償することでさいきん解決した。被害問題でもめていた昨年十一月親ザルがうち殺されたこともあったが、その心配がなくなった。えづけに成功してから自然のサルをみようという観光客もふえている。

さらに地獄谷を野ザル公園にする計画が具体化、来年には野ザルの楽園が実現できる見通しになった。この公園は愛護会が事業費六百万円で野ザルがいる横湯川西斜面約二キロ、周囲一キロに電気サクをつくり、この中でサルをいまのまま放し飼いにするもの。公園にはサルについての資料室、研究室、展示室もつくる計画。

しかし、えづけに成功したといっても安心していられない。サルには集団移住性があるからだ。「ここのサルたちにも遊動コースがある。人間が危害を加えるとすぐ山にもどる。一年くらいで長い習性が変わるものではない。冬の間はよいが、山に食べ物があるようになる来年春が問題。完全に定着するにはあと三、四年はかかる」と原さんは心配そう。「それまでは会社がゆるせばいまの仕事を続けたい。そして高崎山のサルのような人になれすぎ、あつかましくない品のよいサルにしたい」――。日本一のサルを育てることに情熱をもやしている。

【地獄谷温泉の野ザル】志賀高原、地獄谷には昔からニホンザルが群生、現在百五十頭ぐらいいる。そのうちの地獄谷グループについて原氏が三十三年春から生態調査、えづけをおこない、昨年九月サルがはじめてまいておいたピーナツ、リンゴをたべた。ことし一月人の手から直接食べ物をとるようになりエづけ、定着にはほぼ成功した。日本で高崎山、京都嵐山などにも野生ザルを定着させたところもあるが、積雪地帯での定着ははじめて。定着の北限（日本モンキーセンター古屋研究員の話）といわれ、寒い地帯にすむサルの生態研究に貴重な存在になっている。地元山ノ内町でも保護に力を入れ、昨年九月地獄谷野ザル愛護会が結成された。

原さんの手からりんごをもらうサルたち

野猿公苑開設のきっかけをつくった原荘悟さん（当時湯田中駅に勤務）を紹介する記事。餌付け成功までの苦労、猿への思いなどを伝える＝昭和38年12月17日

〜91）の20万人がピーク。90年代は増えすぎや食害も一時課題となったが、長野冬季五輪（平成10年）で押し寄せた各国メディアが「温泉に入る雪猿」を伝えたのを機に、海外人気に火が付いた。平成17年（2005）には入場者8万人で底を打ったが、行政との海外誘客、いわゆる「インバウンド」事業が成果を上げた。東日本大震災で一時急減もしたが、2年後には震災前の水準に戻している。

公共交通を利用する外国人観光客の足となるのが、長電グループの鉄道やバスだ。鉄道以外にも、長電バスが長野駅東口から野猿公苑入り口まで直行する急行バスを走らせ

ており、こちらも冬は行列ができて案内の係員が対応に当たる。ちなみにスノーモンキーパスは、同バスでも利用可能で2日間有効だ。

好調な利用状況は「スノーモンキー特需」と呼ばれ、一般の旅客輸送、定期利用が伸び悩む一方で、近年の輸送事業の大きな柱となった。平成29年（2017）12月26日記事に詳しい【左の紙面参照】。

# 長電 スノーモンキー特需

## 外国人客急増で鉄道・バス好調

温泉に入る猿「スノーモンキー」で知られる地獄谷野猿公苑（下高井郡山ノ内町）を訪れる訪日外国人旅行者の急増で、長野市の長野駅と公苑を結ぶ長野電鉄（長野市）グループの鉄道・バスの利用が好調だ。乗車券と入苑料をセットにした「スノーモンキーパス」の販売は右肩上がり。公苑を運営するグループ会社の2016年度売上高は過去最高を更新した。海外の「スノーモンキー人気」が特需をもたらしている。

外国人観光客向けの「スノーモンキーパス」（左）と英語の観光情報誌

## 地獄谷野猿公苑 16年度売上高 最高

野猿公苑を訪れる外国人客の多くは、北陸新幹線（長野経由）で長野駅に到着後の2次交通として長電グループの鉄道・バスを利用。鉄道（長野―湯田中間）と路線バスを乗り継ぐか、長野駅前からの直通バスで公苑最寄りのバス停へ向かう。スノーモンキーパスは14年12月、急増していた外国人客の利便性を高めるため、1日限定の周遊きっぷとして発売した。

パスは長野電鉄の駅窓口で大人3200円（子ども1600円）で販売。鉄道とバスの乗車券を個別に購入するより割安になる。15年度は冬場を中心に1万2770枚、16年度は前年度に比べ32・5％増の1万6925枚を売り上げた。本年度について、同社は「2万枚を超える」と見込んでいる。

野猿公苑は1964（昭和39）年に開業し、90年前後の入苑者数は年間20万人前後で推移。2000年代半ばに10万人を割り込んだが、訪日客の増加に伴い5年ほど前から入苑者が急増した。15年度は過去最高の約24万5千人を記録し、うち約8万2千人が外国人観光客。16年度は約23万5千人に減ったが、外国人客は約9万6千人に増えた。

運営会社は老朽化していた管理事務所を改修した昨年12月、入苑料を19年ぶりに改定し、大人は500円（中学生以上）から800円（18歳以上）、子どもは250円（5歳～中学生未満）から400円（小学生～高校生）に引き上げた。この効果もあり、公苑の16年度売上高は過去最高の約1億4千万円を計上した。

17年度の外国人入苑者はさらに増え、10万人を超えると予測。長野電鉄は、沿線人口が減少する中で「インバウンド需要（訪日客による消費）がグループ収入を下支えしている」と説明する。このため一時的な「特需」で終わらずに誘客を強化しようと、さらなる利便性向上に向けた取り組みも進めている。

15年以降、現地へのアクセス方法や沿線の見どころを英語で紹介する外国人向け観光情報誌を作成。時刻表も載せて2次交通の利用を促している。来年1月にはスノーリゾートで人気の北安曇郡白馬村と山ノ内町を結ぶ直行バスの共同運行をアルピコ交通（松本市）と開始。スノーモンキーパスについては利用期間を2日間に延ばすなど、企画商品の種類を増やす方針だ。

スノーモンキー人気で外国人客が急増、輸送が好調になっている実情を伝える＝平成29年12月26日

## 野猿公苑半世紀——外国人が逆転

野猿公苑を訪れる観光客は、平成30年度（2018）には、外国人客が初めて日本人客を〝逆転〞した。

令和元年（2019）5月31日記事には〈野猿公苑の入場者数は前年度比1・9％増の24万600人。うち外国人は10・5％増の12万1651人で、過去最高となった〉。一方で〈18年度の日本人の入場者数は前年度比5・7％減の11万8949人。3年連続の減少〉。笠原甲一社長の〈訪日客の利便性を高めるサービスが奏功していることに加え「新幹線の延伸も近年のインバウンド（訪日客）の伸びにつながっている」〉との分析も載せている。

「訪日客の利便性

を高めるサービス」は、企画乗車券の内容充実のほか、駅や改札での英語表示や駅員対応、特急車内での英語アナウンスなど随所に見られる。半世紀以上前に設立したグループ会社の一つが近年、長電の根幹である輸送事業を支えるようになった。

令和2年（2020）初頭には新型コロナウイルスが、全世界に感染拡大した。輸送・観光に大きな打撃を与え、長電でも特急の昼間運休など、前代未聞の対応を余儀なくされた。このダメージは計り知れないが、地獄谷の猿たちは、末永く長電の観光輸送を支えていく大きな柱になるだろう。

外国人向けに情報誌
沿線観光地アピール
長電 初の外国語版発行

善光寺御開帳 2015

長野電鉄（長野市）は、善光寺（同）や地獄谷野猿公苑（下高井郡山ノ内町）といった沿線観光地の見どころやアクセス方法を英語で紹介する外国人向けの観光情報誌を作った。外国語の情報誌発行は初めてで、善光寺御開帳（4月5日～5月31日）を機に増加が見込まれる外国人観光客に北信地方の周遊観光をアピールする。

長野電鉄の長野、須坂、小布施、信州中野、湯田中各駅周辺の観光スポットやレストランなどを地図で紹介。グループ会社の長電バス（長野市）が各駅で運行する路線バスの時刻表や停留所の場所も掲載し、2次交通利用を促す。

長電バスが北陸新幹線（長野経由）金沢延伸に合わせて新駅の飯山駅（飯山市）から志賀高原や赤倉温泉（新潟県）に向かう急行バスの新路線を開設したことを受け、両エリアを紹介するページも設けた。

長野電鉄が外国人観光客向けに作った情報誌

B5判、24㌻のオールカラーで、タイトルは「SNOW MONKEY RESORTS（スノーモンキーリゾート）」。グループ会社が運営・管理する地獄谷野猿公苑では、温泉に入る猿が外国人観光客の間で人気が高いため名付けた。

3万部刷り、今月下旬から沿線自治体の観光案内所などに置く。現地の業者と提携し、シンガポールで27日から開かれる旅行見本市でも配布するという。

駅の案内や情報誌も英語版を用意。外国人向けの割安パスなど、インバウンド対応を充実させた＝平成27年3月20日

野猿公苑の人気で、最寄りバス停も「上林温泉口」から「スノーモンキーパーク」に改称＝平成28年1月

# スペイン風邪と新型コロナ

令和2年（2020）は初頭から「新型コロナウイルス」が暮らしや仕事、社会経済活動を一変させた。世界保健機関（WHO）は3月にパンデミック（世界的大流行）と認定。国内では政府が、4月7日に東京など7都府県に宣言した緊急事態を、16日には全国に拡大した。

5月の大型連休を含め、人々に県境を跨ぐ移動の自粛などが強く要請されたこの事態は、観光輸送を担う長野電鉄も直撃した。1〜3月に目立った地獄谷野猿公苑の外国人観光客の姿も、春には消滅。4月24日からは観光利用が多いA特急計14本の運休に踏み切ったほか、接触感染リスクがある有人全12駅の営業時間も短縮した。3月期決算の純利益は前年比50％減の4億900万円。イトーヨーカドー退店の減損、台風19号に加え、新型コロナも大きく響いた。

試練の年となった創業100周年。ただ、その100年前にも、実は同じようなことが起きていた。全世界で5億人が感染したといわれる「スペイン風邪」である。感染が拡大した大正7〜9年（1918〜20）は、河東地域への鉄道建設機運が高まり、河東鉄道設立が決まって路線免許取得が進められた時期と重なる。大正7年12月10日記事は《240戸全滅　死者61名で人心恟々（きょうきょう）》の見出しで、のちに沿線となる当時の夜間瀬村（現山ノ内町）の集落の悲しい様子を伝えている。感染状況は逐次報じられ、同9年3月2日紙面には長野、松本、上田、郡部の患者、死者数がまとめられている。

「100年前にも同じような出来事があったことに、不思議なものを感じる」と笠原甲一社長。「過酷な状況の中で、先人が創業に向けて道を切り開いた。今も大変な試練だが、我々も乗り越えていきたい」と話した。

## 長野電鉄 特急14本を運休

長野電鉄（長野市）は22日、長野—湯田中間のA特急列車上下全14本を24日から当面の間、運休すると発表した。同列車は昼間の観光利用が多く、新型コロナウイルス感染拡大に伴う緊急事態宣言の全国拡大を踏まえた。

運休するのは長野—湯田中間の上り6本と下り7本、長野—須坂間の上り1本。長野—湯田中間の各駅に止まる普通列車と、通勤通学時間帯のB特急列車は、ともに通常通り運行する。

A特急の全便運休を伝える＝令和2年4月23日

●二百四十戸全滅
▽死者六十一名で人心恟々
◇交通不便で醫師の手が廻らぬ
◇看護する者もない程の慘状

下高井郡夜間瀬村字須賀川部落に於ける悪性感冒は日増しに猖獗なる勢を以て蔓延し總戸數二百四…村本郷部落の中島醫師の來診を乞ひ同氏は難路衆行にて往診するも到底全部の診察不能なるより本郡…

旧夜間瀬村を襲ったスペイン風邪の深刻さを詳細に報じる＝大正7年12月10日（部分）

本縣の流行感冒（廿九日現在）

| | 新患者 | 現在患者 | 患者累計 | 新死亡 | 死亡累計 |
|---|---|---|---|---|---|
| 長野 | 一 | 二〇 | 一一八 | 一 | 一三 |
| 松本 | ー | 一〇一 | 二三九 | 一 | 四一 |
| 上田 | ー | 四四 | 九九 | 一 | 一八 |
| 郡部 | 一二五 | 二、四七五 | 七、八〇九 | 二一 | 一、四七五 |

スペイン風邪の長野県内の感染状況＝大正9年3月2日（数字は2月29日現在）

# 資料編

- 全駅探訪（長野線・屋代線・木島線）
- 長野電鉄配線概略図
- 100年を支えた構造物・設備
- 長野電鉄を描いた鳥瞰絵図
- 長野電鉄のあゆみ略年表

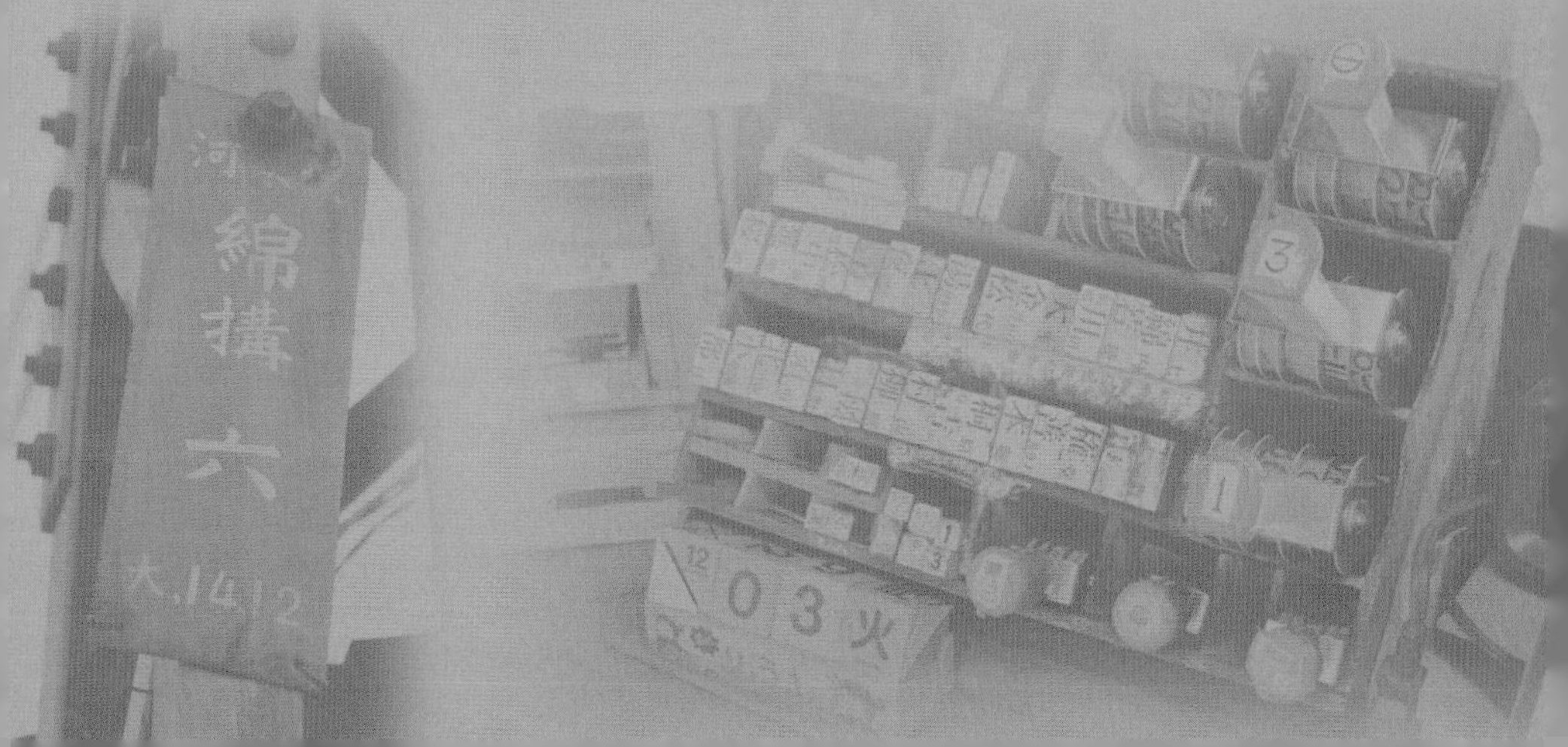

# 全駅探訪

所 所在地　員 駅員有無　開 開業日
変 改称、移設、休止・廃止等
距 起点からの距離　高 標高
人 乗降人員（1日平均）

N1 駅番号
ナノ 電略

（注）廃止日は最終運行日の翌日。標高は、長野線は今尾恵介氏調べ、屋代線・木島線は小学館刊『中央・上信越590駅』（宮脇俊三・原田勝正編、1993）より。乗降人員は長野線は2018年度、廃止線は最終運行年の前年（長野電鉄調べ）。

## 長野
ながの

所 長野市南千歳1　員 有
開 1928（昭3）.6.24
変 1981（昭56）.3.1［地下化］
距 0.0km　高 349.8m
人 10,752人

N1
ナノ

**●ターミナル駅は都会の様相**

2面3線の小規模ながら長野県では唯一の「くし形」ホームは終端駅らしい雰囲気を醸しだす。小田急生まれの「ゆけむり」やJRから移籍した「スノーモンキー」、さらに東京メトロや東急出身の通勤車両が並ぶ光景は、首都圏地下駅のようだ。

以前はJR長野駅とは入り口が離れていたが、北陸新幹線金沢延伸に合わせて設置されたエスカレーターで便利に結ばれた。改札口前に展開される「駅なか商店」の品数も豊富だ。

## 緊急時に備える長野駅の地下設備

長野線の地下区間は2.3キロと短いが、4駅があるため、緊急時の対策が必要となる。各駅には換気用の送風機や消火設備などが備えられているが、要となるのが電気だ。万が一の停電時にも常時電力を確保するため、長野駅の地下2層（ホームのある階層、出札口・コンコースの下）には、発電機などが備えられている。

ディーゼル式の自家発電機。通常、長野線は吉田変電所から送電されるが、停電時にはこの発電機で地下各駅の照明、防災設備の電力を確保し、乗客らの地上避難を進める。停電即時に作動し、約12時間連続稼働できるが、使われたことはない

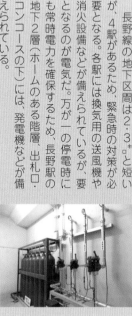

発電室に設置された炭酸ガス消火装置

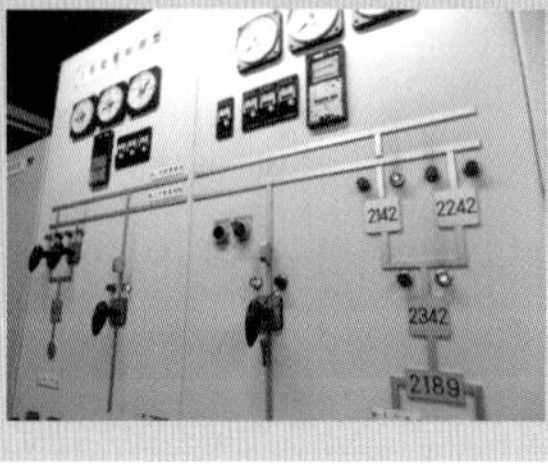


受電制御装置。吉田変電所からの送電を監視する。銀色の線が配電線を示している

# 市役所前

しやくしょまえ

所 長野市鶴賀上千歳町 員 有
開 1928（昭3）.6.24［錦町］
変 1981（昭56）.3.1［地下化・改称］
距 0.4km 高 350.7m
人 1,361 人

N2 シマ

**●地下化の際に2駅を統合**

全国数多ある「市役所前」を名乗る駅の一つ。文字通り長野市役所の最寄り駅だが、もっぱら須坂方面からの通勤客の乗降駅で、両隣の駅と300〜400メートルしか離れていないが、朝夕運行するB特急停車駅になっている。

地上駅時代の錦町駅を昭和通り方向（北）に移動し、戦時休止していた緑町駅と統合するような形で誕生した。北口が緑町駅、南口が錦町駅の生まれ変わりとも言えたが、南口は2021年3月に閉鎖された。

# 権堂

ごんどう

所 長野市鶴賀権堂町 員 有
開 1926（大15）.6.28
変 1981（昭56）.3.1［地下化］
距 1.0km 高 353.6m
人 2,580 人

N3 コト

**●再開発が進む本社の所在地**

「権堂」は善光寺の仮のお堂があったことに由来する地名。商店街のアーケードが象徴的な長野市の古くからの繁華街で、長野電鉄が前身時代から本社を置く地でもあり、特急を含む全列車が停車する拠点駅の一つ。路線計画当初の駅名は「善光寺」だった。

近年は周辺に分譲マンションが増えて新住民が増加。旧長電本社ビル跡地一帯では市の再開発事業も進んだ。2020年には「善光寺門前」への改称も浮上した。

# 善光寺下

ぜんこうじした

所 長野市三輪7 員 有
開 1926（大15）.6.28
変 1981（昭56）.3.1［地下化］
距 1.6km 高 358.9m
人 1,295 人

N4 セコ

**●善光寺参拝は急坂上って…**

善光寺への最寄り駅だが、国宝の本堂へは東参道のきつい坂道を高低差30メートルの道のり。長野駅からはバスの方が便利だが、善光寺御開帳の期間などには特急が臨時停車する。

計画時の駅名は「城山下」で、西側に城山の丘が迫る。地上時代の手小荷物取り扱い当時は、リンゴ発送の取り扱いも多かった。この先は北国街道に沿って走るため、北東にカーブする位置に存在。地下区間はここまでで、250メートル先で地上に出てくる。

# 長野―善光寺下の地上駅時代

1981年の長野市街地区間2.3㎞の連続立体交差化では、長野、市役所前（旧錦町）、権堂、善光寺下の４駅が、防火や排煙、停電時対応も備えた地下駅となった。一方、地上駅時代は、町の一角に個性的な駅舎が立ち、買い物客や通勤通学客を迎えていた。

●錦町駅［ニチ］
現役の桐原駅と同様、旧長野電気鉄道時代の西洋風の三角屋根が特徴的な駅舎だった。現在の南千歳町交差点付近にあり、須坂方面からの降車客が多かった。

●長野駅
仏閣型の国鉄長野駅を出ると、右側に見える大きな「のりば」看板と観光案内図が目印だった。当初は島式1面2線だったが、地下工事の仮駅舎では相対ホームになった。

●緑町駅［ミチ］
錦町駅からわずか300m、現在の市役所前駅交差点北側。終戦直前の休止後もホームは地下化工事で取り壊されるまで残り、昭和通りの踏切は警手が遮断機を操作した。

●権堂駅
駅舎のマンサード屋根と、上下線をすっぽり覆うホームの屋根に風格があった。側線も多く、駅前にはバスも乗り入れた。跡地は長電権堂ビルなどに変わった。

●善光寺下駅
北国街道に沿って北東にカーブする位置のため、ホームも緩い曲線。貨物側線もあった（写真は1965年の私鉄スト時、線路を歩いて学校に向かう高校生）

（善光寺下駅以外は長野電鉄提供）

## 本郷
ほんごう

N5
ホコ

所 長野市三輪3
員 無
開 1926(大15).6.28
距 2.7km 高 377.1m
人 2,525人

●"デパート駅舎"役割終えて

複線の線路をすっぽり覆う「ステーションデパート」の橋上駅舎が40年来のシンボルだったが、2019年秋から行われたバリアフリー化工事により、20年3月から、それぞれのホームへスロープで入れるように改良された。ただ、線路反対側の乗り場へは踏切を渡る必要がある。21年7月、無人化された。

徒歩圏内に長野県立大学や長野女子短大・女子高校、また少し離れるが長野高校もあり、通学生の利用が多い。

## 桐原
きりはら

N6
キハ

所 長野市桐原1
員 無
開 1926(大15).6.28
距 3.6km 高 378.4m
人 2,041人

●駒の里 三角屋根は"遺産"

旧長野電気鉄道開通当時のまま、西洋風三角屋根の木造駅舎を有人駅として使い続ける長電の遺産的存在。

桐原はもともとは明治初期までの村名。大正以来「古野」という大字名が使われてきたが1998年の住居表示で「桐原」地名が復活した。駅の南東にある桐原牧神社は「わら馬作り」が有名で、縁起物「わら駒」が当たるくじ引きには毎年行列ができる。駅東側では南北に貫く都市計画道路が、線路をくぐる。21年7月無人化。

## 信濃吉田
しなのよしだ

N7
シヨ

所 長野市吉田3 員 有
開 1926(大15).6.28[吉田町]
変 1926(大15).10.5[改称]
距 4.3km 高 371.8m
人 2,930人

●再開発で周辺環境が変貌

郊外の住宅地の駅は、長野市による北長野駅前再開エリアに位置したことから、平成の30年余で周辺環境が激変した。1997年、駅南側に市役所支所やホールなどの公共施設と分譲マンションが入る「ノルテながの」が完成し、信濃吉田駅も橋上化されて歩行デッキでノルテとつながった。

以降も周辺には分譲マンションが立ち、副都心の様相を見せているが、水鳥が飛来する憩いの場「辰巳公園」も。北しなの線北長野駅は徒歩3分。

# 朝陽

あさひ

N8
アヒ

所 長野市南堀
員 無
開 1926（大15）.6.28
距 6.3km 高 344.5m
人 2,168人

## ●複線の終端 創業からの駅舎

「朝陽」は開業当時の旧村名だが、駅は村域の北端に設けられた。木造の駅舎も開業当初からの建物。以前は駅前に2階建ての駐輪場があったが、2019年に撤去され、駅前の視界が開けた。市北部「古里地区」入り口にも当たり、11年2月のダイヤ改正から朝夕運行のB特急停車駅となった。

長野から続く市街地複線区間の終端。以前は渡り配線によって当駅発着も可能だったが、18年に撤去され、折り返し列車は設定されなくなった。

## 大正時代からの現役朝陽駅舎

朝陽駅は大正15年（1926）年6月28日、旧長野電気鉄道・須坂―権堂間開通の際に開業した。木造の駅舎は開通当時の建物で、築94年以上の歴史を刻む。各駅舎の建て替えが進み、屋代線が廃止された今、開業当時からの現役駅舎は5駅（桐原、朝陽、村山、中野松川、信濃竹原）で、有人駅は桐原、朝陽のみ。大正―昭和の懐かしい駅の風景の中には少しだけ新しさも混じる。

（2019年12月取材。21年7月無人化）

出札口を内部から。自動券売機はあるが、硬券や収納ケース、日付印字機、釣り銭機、定期券用の駅名スタンプなどが現役で活躍中

券売機の小銭50枚を一度に数えられるトレーも現役

駅員は嘱託含め3人の交代制で24時間勤務もある。宿直用の部屋も

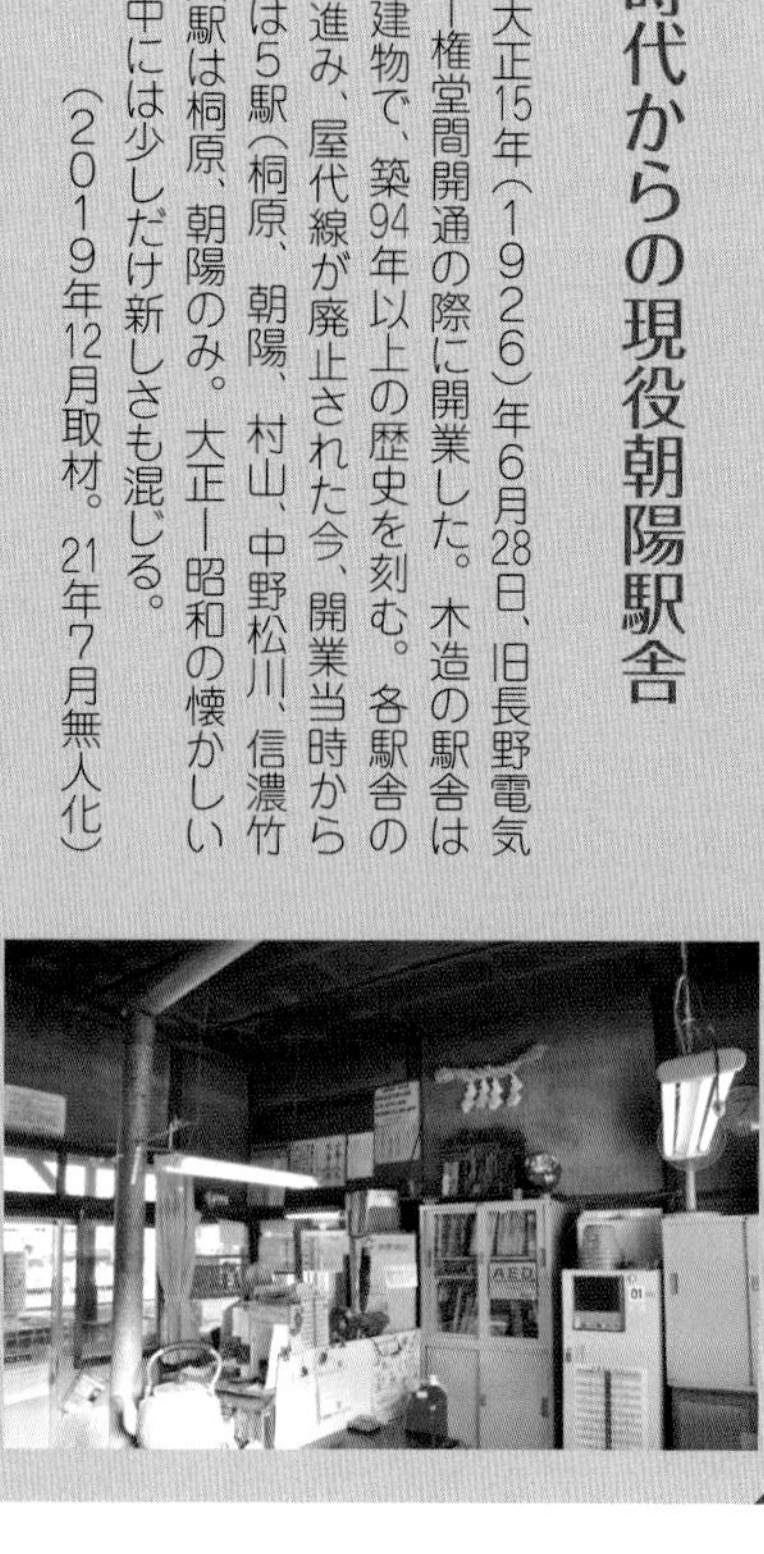


神棚や石油ストーブ、蛍光灯などレトロな雰囲気の中に、券売機裏側のモニターも

## 附属中学前
ふぞくちゅうがくまえ

所 長野市南堀
員 無
開 1985（昭和60）.3.14
距 7.0km 高 338.4m
人 2,263人

N9
フマ

**●信州大附属学校の生徒らが利用**

信州大学附属長野中学校、同養護学校（現特別支援学校）の市街地からの移転（１９８０年）を機に、ＰＴＡなどから通学時の安全確保のための駅設置を求める声が高まり、５年後に開業した。97年には線路反対側に附属小学校も移転しており、駅は小中両校の敷地に挟まれる形である。

三角屋根の駅舎は、桐原駅に見られる旧長野電気鉄道時代の西洋風を模した形。児童生徒の通学で利用が比較的多いが、２０１９年10月に無人化。

## 柳原
やなぎはら

所 長野市柳原
員 無
開 1926（大15）.6.28
距 8.0km 高 335.4m
人 1,286人

N10
ヤハ

**●「アヤメの駅」徐々に復活**

柳原駅といえば、かつては線路脇に咲き誇る約千株のアヤメが初夏の風物詩だった。60年以上前から代々駅員が受け継いできたが、駅や隣接施設の整備で２０１１年までに一度消滅した。その後、住民らが「アヤメの里」復活を目指して活動。駅にも花壇を作り、青紫色の花が線路脇を彩っている。

古くは千曲川の砂利運搬拠点。創業以来の民家風の駅舎だったが12年、現駅舎が新築。２０１９年10月、附属中学前と同時に無人化された。

## 村山
むらやま

所 須坂市高梨
員 無
開 1926（大15）.6.28
距 10.0km 高 337.6m
人 749人

N11
ムヤ

**●新旧村山橋の存在感を味わう**

千曲川に架かる壮大な村山橋を渡り終えて、すぐに滑り込む駅。通常、列車は左側通行だが、村山駅では駅舎からホームに渡る構内踏切が長野寄りにある構造上、右側のホームに入る。駅舎は開業以来の木造。２００９年10月の新橋開通に1ヵ月先立って無人化。駅貨物ホーム跡も近年撤去された。

駅から近い橋のたもとには「村山橋メモリアルパーク」があり、糸車を模した親柱、トラス部材など、80余年にわたる旧橋の歴史を伝えている。

# 日野

ひの

所 須坂市小山 員 無
開 1926（大15）.6.28
変 1944（昭19）.1.11［休止］▶ 1987（昭62）.10.8［移設・再開］
距 11.0km 高 337.5m 人 407人

N12 ヒノ

●渋滞解消狙い43年ぶり復活

「日野」は須坂市合併前の旧村名。太平洋戦争下の電力統制では、長野電鉄も列車の減便や暖房休止などを余儀なくされたが、節電対策として3駅の営業も休止され、その一つが日野駅だった。果樹園だった一帯の市街化による住民増と、慢性的な国道406号村山橋の渋滞解消を狙い、43年ぶりの駅復活となった。

開業当時は現在の300メートル西にあり、痕跡が残る。復活当初は長電初の乗車証明書発行機が設置された。

# 須坂

すざか

所 須坂市須坂
員 有
開 1922（大11）.6.10
距 12.5km（屋代から24.4km）
高 359.3m 人 6,136人

N13 （NY13） スサ

●車庫や指令 鉄道輸送の中枢

乗務員の詰所、運転指令室、車両基地が集まる長野電鉄の鉄道輸送の中枢駅。古くは生糸や硫黄、果物などの貨物輸送の拠点駅としても栄えた。屋代線が廃止された今、長電内では最も歴史のある駅となった。

現在の2階建て駅舎は1975年12月完成。テナントやバス営業所が入る駅舎は当時の地方私鉄では画期的だった。2010年にはホームへのエレベーターも完備。コンコースに広がる「駅なか商店」も楽しい。

## 須坂駅の横断地下道

1975年に2階建ての近代的駅舎となった須坂駅。それ以前、開業当初からの木造駅舎時代は、駅舎とホームは、当時の地方駅では珍しい地下道で結ばれていた。完成当時の信濃毎日新聞は〝コンクリート製の地下道が夏涼しい〟（1926年5月16日）と笑い話で紹介している。後年は利用客が激増、同駅を紹介する56年5月6日記事で当時の駅長は〈朝の混雑のおりなど幅2メートルしかない地下道のため外に出るにも10分はかかる……〉とコメント。町の顔として改築を求める声も急激に高まり、新駅には跨線橋が設けられた。

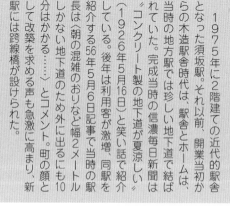

大正15年5月の紙面に載る須坂駅の地下道の写真

## 須坂車両基地

長野電鉄の鉄道運行の中枢で、車両基地も併設される須坂駅は、貨物輸送全盛時代の名残もあって構内は広く、配線も複雑。ごく一部を除き、1日の鉄道輸送は車両基地からの出発に始まり、走り続けた車両は車両基地に戻って終わる。

車両基地は旅客駅西側に広がり、廃車となる車両も留置されている。年季の入った屋根付き車庫は北と南にあるが、検査や修理は北側で行われる。特急車両「ゆけむり」「スノーモンキー」や、20年から運行が始まった3000系（元東京メトロ03系）など、新規車両を導入する際は、短編成化など大きな改造が県外工場で行われるが、急勾配対応のブレーキ改造やドアレールの凍結防止など、地元仕様の細かな対応は、この基地に運ばれた後、長電技術者の手によって行われている。

車両の下部に歩いて入り込み、台車の検査などが行えるピット

車体を持ち上げ、台車と分離するジャッキ

外した台車を載せて、別の番線に横移動させるトラバーサー

## 北須坂

きたすざか

所 須坂市小河原 員 無
開 1923（大12）.3.26［豊洲］
変 1944（昭19）.1.11［休止］▶1960（昭35）.4.11［再開］▶1994（H6）.6.24［移設］
距 15.0km 高 364.9m 人 887人 キス
N14

●休止に再開、無人化に特急通過…

北須坂駅は、最も曲折を経た駅である。豊洲駅で開業するも戦時の節電で休止。須坂市となって周辺に工業団地と住宅団地が造成されると「北須坂」となって無人駅として復活、のちに有人駅となって一部特急の停車駅に。

平成に入ると増発のために、須坂寄りに移設して交換駅に。が、その後は無人化、特急も通過。ついに待避線は撤去され、棒線駅に逆戻り…。下り客は早めにホームに入らないと構内踏切を渡れないので要注意だ。

## 小布施
おぶせ

N15 オフ

所 上高井郡小布施町小布施
員 有
開 1923(大12).3.26
距 17.5km 高 349.8m
人 1,744人

### ●栗と北斎の町の玄関口

北信濃の代表的な観光地となった「栗と北斎の町」の玄関口。1985年に改築された駅舎は、気抜きをあしらった瓦葺き屋根の民芸調で、古い町並みにマッチする。

一方、構内踏切でつながる島式ホームの屋根は、開業当時からの木造で、近代的な特急車両とのミスマッチが楽しい。利用客を和ませる松の木や一茶の句を刻んだ碑のほか、長電が創業当初に建設した発電所の水車なども。ホームからは北信五岳を一望する。

### ながでん電車の広場

創立70周年記念事業として1990年、小布施駅に開設。側線を活用した歴史的車両の保存スペースで、屋根と架設ホームを備え、一部車内には入れるようにした。

当初の展示車両は電気機関車ED502(1927年製)、電車デハニ201(13年製)、同モハ604(27年製)同モハ1003(49年製)の4両。2012年7月、引退した特急車両2000系D編成に入れ替えられた。最初の4車両は安曇野ちひろ博物館(北安曇郡松川村)や直富商事(長野市)に譲渡された。「広場」は電車利用者は無料、それ以外は駅入場券が必要。

電気機関車ED502の脇を、特急スノーモンキーが入線(2012年2月)

現在の保存車両、長電オリジナルの特急2000系D編成

## 都住
つすみ

N16 ツス

所 上高井郡小布施町都住
員 無
開 1928(昭3).10.11
距 18.6km 高 345.0m
人 208人

### ●北斎「大鳳凰図」へは徒歩で

小布施の市街地外れ、景色がちょうど住宅地から果樹園、水田の広がりに切り替わる辺りに位置する小さな棒線の無人駅。東側の駅入り口からは、いったん待合室を抜けるように鉄柵があるのがユニーク。木製ホームで有効長を伸ばしているのは、廃止された屋代線ではよく見られた構造だ。

町内観光はもっぱら小布施駅からが便利だが、葛飾北斎の豪快な天井絵「大鳳凰図」がある岩松院へは、都住駅からリンゴ畑の中を歩くのもいい。

# 桜沢

さくらさわ

N17 ササ

所 中野市三ツ和
員 無
開 1949(昭24).3.28
距 21.3km 高 330.9m
人 120人

**●広がる美田と北信五岳が絶景**

善光寺御開帳と長野平和博覧会が開かれた1949年春、地元の要望と、列車増発のための交換駅の必要性から設けられた駅。中部電力の特別高圧送電線の直下になることから86年4月、旧駅舎南側に新築された現在の駅舎に移転した。この時にホームも北側を一部カットし、南側に継ぎ足した。

ホームに立つと、かつて湖だった地を開墾した美しい「延徳田んぼ」が眼前に広がる。北信五岳や高社山を遮るものなく望む絶景の駅でもある。

# 延徳

えんとく

N18 エト

所 中野市篠井 員 無
開 1923(大12).3.26
変 1994(H6).10.13[移設]
距 23.3km 高 335.5m
人 284人

**●中山晋平記念館の最寄り駅**

「延徳」は中野市合併前の旧村名で、かつて広がっていた湖を延徳年間(15世紀末)に整備したことが由来とされる。大正―昭和初期に歌謡曲、童謡などを多数生み出した作曲家・中山晋平の生家にも近く、記念館ものどかな道を歩いて20分で行ける。

須坂以北の増発のため、北須坂駅とともに1994年に島式の交換駅となり、信州中野寄りに300メートル移設されたが、2020年秋には待避線が撤去され、棒線駅に戻る。

## 駅なか商店

長野駅や須坂駅のコンコースには、陳列棚やテーブルの上に、地元産野菜やリンゴ、キノコ加工食品などが並ぶ。「駅なか商店」として通勤客や観光客に人気の物販コーナーだ。巨大エリンギ2本で「90円」などの値段に、思わず財布のひもが緩む。代金は改札口で払う。

駅での物販は1998年頃の鉄道事業部の謝恩旅行で取引を始めた三陸産ワカメが始まりらしい。規模が大きいのは両駅だが、その他の有人駅でも小規模ながらある。2007年度から地元農産物の販売を本格的に開始。同年度の鉄道事業部の売上は10年ぶりに前年度を上回った。

須坂駅の「駅なか商店」

# 信州中野 しんしゅうなかの

所 中野市西1
員 有
開 1923(大12).3.26
距 25.6km 高 365.8m
人 3,118人

N19
シナ

## ●「信州」冠する県内唯一の駅

通常、旧国名を冠するのは、ほかの地にある同じ駅名と区別するのが主な理由だが、県内の駅では唯一「信濃」でなく「信州」を冠する。単に語呂の良さ、響きの柔らかさかは定かでないが、上信越道インター名も、郵便局も信州中野を採用するなど、外向けの地域名としても広く定着している。

長電最大規模のテナント入居型2階建て駅舎は1989年完成。駅舎から最も離れた1番線に木島線が発着していたが、今は閉鎖されている。

## 駅構内のお稲荷さん

信州中野駅構内、旧木島線1番線ホーム北側に立つ赤い鳥居と祠(ほこら)が目を引く。

弥栄稲荷(やさかいなり)神社。鉄道が通るまでは地域に愛され、灯明が絶えない神社だった。駅建設に伴って忘れ去られていたが1953年、当時の駅長が雑草の中に寂しそうに祠があるのを見つけ、無事故を祈願して職員と共に再建、駅の守り神とした。以降、参道の手入れは駅員の仕事となり、鳥居も手作りした。狐の石像1対も2004年に社員らの寄付で新調。1番線は通常閉鎖され、一般客は入れないが、今でも駅による例大祭を毎年春に行っている。

# 中野松川 なかのまつかわ

所 中野市中野
員 無
開 1927(昭2).4.28
距 27.0km 高 397.8m
人 176人

N20
ナマ

## ●バラまつりには特急臨時停車

信州中野－中野松川間は市街地を包むような弧を描く。33.3‰(パーミル)の急勾配が初登場、湯田中への急坂上りが市街地から始まる。かつては委託駅員の住み込み駅で、駅舎も住宅風のたたずまいだ。

バラ公園として有名な一本木公園は徒歩5分。約850種、3千株が鮮やかに咲き誇る「バラまつり」期間中の週末は中野松川駅に特急を臨時停車させ、特急料金・入園料込みの割安往復きっぷも販売される。

## 信濃竹原

しなのたけはら

N21 シタ

所 中野市竹原 員 無
開 1927（昭2）.4.28［竹原］
変 1932（昭7）.6.16［改称］
距 29.3km 高 471.2m
人 57人

### ●急勾配の途中 残る安全側線

湯田中駅の単線改修により旧山ノ内線区間では唯一の交換駅となり、列車によっては数分の停車も。駅の前後にはいよいよ40‰の最大勾配が登場し、上り線側の中野松川寄りには安全側線（制動不能時に誘導して列車を止める線路）もある。須坂、信州中野と共に貨物営業が最後まで残った駅で、側線やホーム跡、上屋も残る。

長野冬季五輪の期間中は、近くの夜間瀬川河川敷が志賀高原会場へのシャトルバス乗り場となり、大混雑した。

## 夜間瀬

よませ

N22 ヨマ

所 下高井郡山ノ内町夜間瀬
員 無
開 1927（昭2）.4.28
距 30.4km 高 496.5m
人 149人

### ●不思議な響きと漢字の地名

志賀高原からのいくつもの川を1本に集めた夜間瀬川を渡り、カーブを終えると夜間瀬駅。この地名には「馬背」から来る牧場説や川の〝湯交じり〟説、高社山から吹き下ろすヤマセ説など、諸説あるが定説はないらしい。山ノ内町の北西、高社山山麓、北志賀高原一帯も含む広い範囲を差す地名で、駅はその入り口に位置する。

信州中野から既に130メートル上り、ホームから北側に臨む高社山麓の果樹園地帯も目の高さになっている。

## 上条

かみじょう

N23 カシ

所 下高井郡山ノ内町平穏
員 無
開 1927（昭2）.4.28
距 31.8km 高 549.2m
人 49人

### ●急勾配の途中 一面のリンゴ畑

夜間瀬―湯田中間は路線の85％が40‰の急勾配で、2.7キロの距離でさらに100メートル上る。上条駅はその中間のわずかな平坦地（それでも5‰の坂）にあり、湯田中寄り踏切から夜間瀬方向を見ると、線路が下に消えていく。夜間瀬―上条間は両側一面のリンゴ畑の中をカーブを描きながら上り、上条からは、湯田中駅の中心部に続く集落に入っていく。

湯田中駅の単線改修時には約1ヵ月間終点となり、代行バスが発着した。

# 湯田中

ゆだなか

N24
ユタ

所 下高井郡山ノ内町平穏
員 有
開 1927（昭2）.4.28
距 33.2km 高 599.8m
人 1,225 人

## ●温泉施設併設 カフェも登場

湯田中駅には二つの駅舎がある。北側に残る山小屋風の旧駅舎は開業以来約30年間使われた。現在は有形登録文化財となり、休憩所やギャラリーになっている。旧駅舎側には日帰り温泉「楓の湯」や足湯もある。

２階建て現駅舎は、押し寄せる行楽客に対応するため１９５５年完成。入り口の逆三角形のモダンな柱は、往時の国鉄駅並みの風格だ。タクシーやバスも頻繁に発着、外国人客増加に伴って駅前や構内にはカフェも登場した。

## 名物ミニスイッチバック

現在の湯田中駅は1面1線の行き止まりホーム。2006年の特急「ゆけむり」導入に合わせた大改修までは2面2線で、3両編成の列車の発着時には、独特の光景が見られた。

列車は駅に着くと約1両分、東側に隣接する踏切まで行き過ぎ、少し停まった後バックしてホームに横付けされる。出発の時は、長野方面（西側）へ向かうはずなのに、なぜか東側の踏切が鳴り始める……。

これは、駅構造に理由があった。同駅は直前まで40‰の急勾配で、上り切った場所がホームの途中だった。このまま3両編成をホームに横付けすると、踏切に1両分が飛び出してしまうので、いったん行き過ぎた後、ホーム中間の分岐を切り替え、バックさせた。出発はその逆。2両編成では行われない。

「湯田中のミニスイッチバック」と呼ばれ、鉄道ファンには垂涎の光景だった。改修により、踏切やポイント、側線、渋安代方面へ伸びていた線路もなくなった。

かつての湯田中駅の配線（～2006.8）

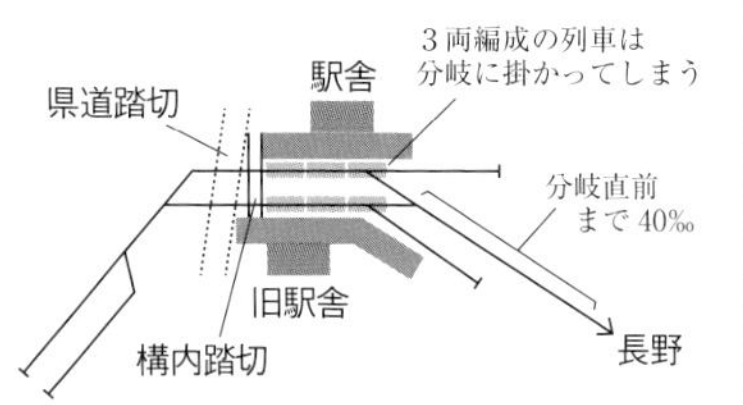

改修前の湯田中駅ホームに停まる3両編成の2000系。3両目（奥）の下に本線への分岐がある

渋安代方面へ延びていた線路。3両編成は、この踏切まで必ず一度出ていた

## 屋代

やしろ

所 千曲市小島
員 有（しなの鉄道）
開 1922（大11）.6.10
変 2012（平24）.4.1［廃止］
距 0.0km 高 360.8m 人 363人

Y1 ヤシ

●国鉄急行が分割併合した駅

河東鉄道最初の工事は1921年6月、屋代駅構内で起工しており、まさに長野電鉄の歴史が動き出した駅。途中から板張りになる貴重な構造の跨線橋、木造の柱や上屋などは開業当時のまま廃線を迎えた（既に撤去）。

かつての上野―湯田中間直通急行は、屋代駅の国鉄ホームで分割され、篠ノ井寄りの渡り線から長電に進入した。渡り線は早々に撤去されたが、グループの整備会社は構内にあり、しなの鉄道の車両を整備している。

## 東屋代

ひがしやしろ

所 千曲市屋代 員 無
開 1922（大11）.6.10
変 2012（平24）.4.1［廃止］
距 1.3km 高 357.8m
人 99人

Y2 ヒヤ

●民家駅は〝元祖・屋代高校前〟

しなの鉄道と約1キロ並行、右へカーブして離れ北陸新幹線の高架をくぐると到着する駅。ホームは眼前の屋代中学校校庭に向き合っていた。徒歩10分のところにしなの鉄道の屋代高校前駅があるが、同校正面の正門には東屋代駅の方が近く、松代方面からの通学利用が中心だった。

民家風の駅舎は、長野電鉄内にいくつかあった「住み込み駅」の一つ。長年社員が家族で住み、定期券発行などの出札業務や清掃を行っていた。

## 雨宮

あめのみや

所 千曲市雨宮 員 無
開 1922（大11）.6.10
変 2012（平24）.4.1［廃止］
距 2.9km 高 354.2m
人 60人

Y3 アミ

●合戦ゆかりの「渡し」最寄り駅

当初は停留場として開業し、4年後の1926年には停車場（交換駅）となったが、1983年の屋代線CTC化で再び棒線の簡素な駅になった。現役当時は東屋代寄りに廃ホームが埋もれて残り、駅名標も残っていた。岩野寄りは災害時の冠水を避けるため1・1キロが新ルートとなった。

屋代線は「川中島の戦い」ゆかりの地が多く、ここは上杉軍が夜に千曲川を渡った「雨宮の渡し」が有名。石碑が立つ渡し跡へは徒歩5分。

# 岩野

いわの

Y4 イノ

所 長野市松代町岩野 員 無
開 1922（大11）.6.10
変 2012（平24）.4.1［廃止］
距 5.0km 高 352.3m
人 53人

●謙信の拠点「妻女山」最寄り

千曲川にせり出す薬師山を北山トンネル（１４４メートル）で抜けると長野市に入り、松代町へ。岩野地区は国道４０６号と千曲川堤防の間に集落が広がっている。

駅跡の東方にある妻女山は「川中島の戦い」で越後から軍を率いてきた上杉謙信が陣営を構えた小高い山。展望台からは手前に千曲川河川敷の長芋畑や古戦場「八幡原」、松代の町、北アルプスまでを一望。ここに陣を構えたのが納得できる景色が広がる。

# 象山口

ぞうさんぐち

Y5 ソサ

所 長野市松代町清野 員 無
開 1934（昭9）.5.24
変 2012（平24）.4.1［廃止］
距 7.5km 高 350.3m
人 10人

●象山神社の創建前に開設

松代町市街地の西の入り口に、創業から12年遅れで設けられた駅。駅跡の東には象山（４７６メートル）があるが、麓にある幕末の松代藩士・佐久間象山の生家の隣に１９３１年「象山神社」創建が許可されていることから、神社の創建に合わせるように駅が開設された（神社は１９３８年創建）。

市街地近くながら、廃止時には長野電鉄で乗降客数が最少だった。象山地下壕や林正寺など、松代の奥深さを知る史跡に近い駅でもあった。

# 松代

まつしろ

Y6 マシ

所 長野市松代町松代 員 有
開 1922（大11）.6.10
変 2012（平24）.4.1［廃止］
距 8.6km 高 349.9m
人 665人

●時代を見つめた城下町の駅

六文銭で知られる真田家十万石の城下町の玄関口。築90年に及ぶ創業以来の駅舎は、廃止当時は有人駅で長野電鉄最古。松代城跡が近く、長野市街地を結ぶバスも停まることから、廃線後も駅舎とホームが残り、観光客が立ち寄る〝拠点〟的存在になっている。

戦時中の１９４４年8月からは大本営建設の物資輸送のために貨物線が増設され、翌年には操車係も置かれた。国鉄直通急行乗り入れ時代は、屋代線区間唯一の停車駅だった。

## 金井山
かないやま

Y7 カイ

所 長野市松代町柴 員 無
開 1922(大11).6.10
変 2012(平24).4.1[廃止]
距 11.7km 高 347.0m
人 78人

### ●銘石「柴石」が産出する山

計画当初の駅名は地名の「柴」だったが、開業前に変更された。金井山は駅南にある、半島のように突き出た山の名前で「川中島の戦い」の史跡・金井山城跡もある。麓の金井池は、かつての千曲川流路の名残。同山からは石垣などに使われる銘石「柴石」が産出し、駅から貨物輸送された時代も。周辺に石材店が多いのも特徴だ。

戦国武将で武田信玄の軍師・山本勘助の墓も近かった。駅は千曲川対岸・小島田村の住民にも利用された。

## 大室
おおむろ

Y8 オム

所 長野市松代町大室 員 無
開 1951(昭26).11.13
変 2012(平24).4.1[廃止]
距 14.1km 高 345.6m
人 146人

### ●30年来の地域の要望で開業

独立した「離山」と、かつて千曲川の渡しがあった「関崎」の両トンネルに挟まれた駅。地元の大室や隣の川田村西部、また対岸・真島村の住民らが約30年来が要望し、大室集落の北端に無人駅として開業した。

駅跡南東の大室谷には、国史跡「大室古墳群」がある。古墳時代5~7世紀代に築造された総数約500基があり、古墳館も併設。駅北側の高台にある「まきばの湯」までは駅から徒歩数分の便利な距離だった。

## 信濃川田
しなのかわだ

Y9 シカ

所 長野市若穂川田 員 無
開 1922(大11).6.10[町川田]
変 1923(大12).3.25[改称]
変 2012(平24).4.1[廃止]
距 15.7km 高 343.6m 人 135人

### ●長野空襲で被弾した歴史も

関崎トンネルを抜けて若穂地区に入ると東西1・5キロの直線区間。右手にある谷街道の宿場・川田宿には、古い街並みが残る。信濃川田駅舎も開業当時の駅舎が残り、一部レールや風格のある駅前ロータリーはそのまま。待合室には、終戦直前の長野空襲で米軍艦載機から受けた掃射の跡が残る。

駅舎を中心に旧車両保存を中心とした河東線の記念公園構想があったが、維持管理の問題で白紙となった。さらなる活用法が模索されている。

## 若穂
わかほ

Y10 ワホ

所 長野市若穂綿内 員 無
開 1966（昭41）.7.1
変 2012（平24）.4.1［廃止］
距 17.2km 高 342.1m
人 104人

### ●新しい町の期待背負って

若穂は合併した旧村名（綿内、川田、保科）の頭文字を取って1959年に誕生した町名。そのため河東鉄道開通時には存在しなかった。3地区の中心地に役場を設けたが、信濃川田、綿内両駅から遠かったため、最寄りの中間地点に新駅開設が要望され実現。もっとも、同町は駅開設の3ヵ月後には長野市に吸収合併された。

駅周辺には支所や中学校、消防分署などがあり、駅前には長野松代総合病院附属病院も開業した。

## 綿内
わたうち

Y11 ワウ

所 長野市若穂綿内 員 無
開 1922（大11）.6.10
変 2012（平24）.4.1［廃止］
距 18.9km 高 339.1m
人 264人

### ●時を刻み続けるユニーク時計

国道406号沿いに焦点や住宅が密集する若穂綿内地区。廃止後も木造駅舎とホームは残るが、駅舎北側に隣接して開業から約90年間電気を送り続けた綿内変電所は既に取り壊され、「綿内まちづくり広場」になっている。

駅舎は現役時代から学習塾に賃貸され、廃止後もしばらくは使われていた。現在は長野駅―綿内駅を結ぶ代替バスの待合室となっており「ここはわたうちのえきです」を文字盤にした掛け時計だけは、時を刻み続けている。

## 井上
いのうえ

Y12 イウ

所 須坂市井上 員 無
開 1922（大11）.6.10
変 2012（平24）.4.1［廃止］
距 21.4km 高 341.3m
人 63人

### ●インター開通で周辺環境激変

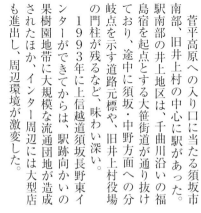

菅平高原への入り口に当たる須坂市南部、旧井上村の中心に駅があった。駅南部の井上地区は、千曲川沿いの福島宿を起点とする大笹街道が通り抜けており、途中に須坂・中野方面への分岐点を示す道路元標や、旧井上村役場の門柱が残るなど、味わい深い。

1993年に上信越道須坂長野東インターができてからは、駅跡向かいの果樹園地帯に大規模な流通団地が造成されたほか、インター周辺には大型店も進出し、周辺環境が激変した。

# 中野北

なかのきた

所 中野市新井 員 無
開 1961（昭36）.1.11
変 2002（平14）.4.1［廃止］
距 1.6km 高 376.9m
人 96人

ナキ

●工業団地計画を受けて新設

信州中野駅を出て、勾配を上り始める山ノ内線と別れて北へ直進、国道292号を跨いで集落と果樹園、工場が混在する一角に入ると中野北駅はあった。市による新井地区の工業団地造成計画を受け、開業から約40年を経て新設。棒線のシンプルな駅だが、駅前には小さなロータリーもあった。

駅跡の横には「社員食堂」というユニークな店名の食堂が営業を続けている。団地内の会社が社員向けの食堂という形で始めたのが由来らしい。

# 四ヶ郷

しかごう

所 中野市間長瀬 員 無
開 1925（大14）.7.12
変 2002（平14）.4.1［廃止］
距 3.6km 高 361.8m
人 343人

シコ

●高社中学の生徒が通学利用

中野北駅から2キロは果樹園の中を直進。四ヶ郷駅は夜間瀬川を渡る手前にあった。「四ヶ郷」は特定の地名ではなく、一帯の4地区名（北間長瀬、南間長瀬、東笠原、西笠原）の総称で、計画時の駅名は「笠原」。開業時の木造駅舎が廃止まで使われていた。

駅の利用者の中心は、近くの中野市立高社中学校の生徒。市北部の4中学校が統合された1962年から40年間、通学利用してきた。廃止時には同校生徒が駅の清掃などを行った。

## ホーローの駅名標

古き良き長野電鉄の風景——というと、木造駅舎とこのホーロー製の駅名標を思い浮かべる人もいるだろう。駅舎の柱に取り付ける細長い形状。昭和30〜40年代に盛んに作られた。下部の左右に両隣の駅名が入るのが長電仕様。手描き風の字体も親しみやすい。

現在は駅番号が入ったアクリル製に変わったが、両隣の駅を入れるスタイルは健在。古いホーロー製が残る駅もある。

屋代線・信濃川田駅。若穂駅の開業前に作られたため東隣が「わたうち」のまま

木島線・赤岩駅。南隣「しかごう」が「しかご」に

小布施駅ホームの乗り場案内。「州」の字が異体字「刕」の略字

（注）木島線の距離は信州中野起点。木島線に駅番号はない。

## 赤岩
あかいわ

所 中野市赤岩　員 無
開 1925(大14).7.12
変 2002(平14).4.1[廃止]
距 4.8km　高 354.6m
人 114人

アイ

**●満開の桜がホームを覆う**

四ヶ郷駅を出ると右にカーブして夜間瀬川橋梁を渡る。長さ145メートルで河東鉄道全通時には最長、架橋は大工事だった。橋を渡ると高社山西麓、赤岩集落の最下段にある赤岩駅へ。廃止時は簡素な待合室だけの棒線駅だったが、春にはホームを覆うほどの満開の桜が見事だった。

駅跡から集落を上ると名水「延命水」が有名な谷巌寺(こくごんじ)。線路の跡は県道バイパスに使われ、集落の北側では北陸新幹線が高社山に突っ込んでいく。

## 柳沢
やなぎさわ

所 中野市柳沢　員 無
開 1925(大14).7.12
変 2002(平14).4.1[廃止]
距 6.3km　高 332.2m
人 139人

ヤサ

**●島式ホームの上に出札窓口**

千曲川畔の果樹園・水田地帯を見下ろす場所にある、木島線の途中駅で唯一の交換駅だった。線路を渡った島式ホームの上に間口の狭い駅舎が立つ造り。往時はリンゴの出荷が多く、旅客ホーム以上に立派な貨物ホームと側線が、廃止時まで残っていた。路線計画時の駅名は「倭(やまと)」。

駅跡北西にある柳沢遺跡からは2007年、弥生時代の銅戈(どうか)と銅鐸(どうたく)が東日本では初めて一緒に出土して話題となり、のちに重文指定された。

## 田上
たがみ

所 中野市田上　員 無
開 1926(大15).3.1
変 2002(平14).4.1[廃止]
距 8.8km　高 320.2m
人 172人

タカ

**●中野市北部の住民のために**

柳沢駅を出ると、大きく蛇行してくる千曲川がすぐ左手に現れる。河東線全線で最も千曲川に接近して見下ろす段丘上を走り、対岸のJR飯山線を走る列車も見える位置関係になる。

田上駅は、木島線区間開通の約9カ月後に新設。柳沢—信濃安田間は約5キロ、旧倭(やまと)村の田上、岩井両集落は素通りしていたので、駅の要望が高まったのは想像できる。駅は田上、岩井両地区の中間、田上集落の最も北の外れに位置していた。

# 信濃安田

しなのやすだ

所 飯山市木島 員 無
開 1925(大14).7.12[安田]
変 1930(昭5).12.10[改称]▶
2002(平14).4.1[廃止]
距 11.4km 高 316.0m 人 144人 シヤ

## ●千曲川対岸は飯山市街地

千曲川に張り出す飯綱山が中野、飯山両市の境界で、80メートルのトンネルを抜けると、すぐに信濃安田駅があった。トンネルは、レールは撤去されたが今も残り、当初から電化を見越して天井を高く造ってあるのが分かる。

信濃安田駅は飯山市街地に最も接近する駅で、特急運行時代は停車駅。綱切橋を渡ればＪＲ飯山駅も1キロ程度の距離だった。駅跡近くの堤防道路からは眼前に北陸新幹線の橋梁、そして対岸には巨艦のような飯山駅を望む。

# 木島

きじま

所 飯山市木島 員 無
開 1925(大14).7.12
変 2002(平14).4.1[廃止]
距 12.9km 高 313.0m
人 338人 キシ

## ●豪雪地ならではの木造車庫

信濃安田駅からは北東に直進、1・5キロで終点・木島駅に着く。かつては野沢温泉へ向かうバス乗り換えでにぎわった。主ホームの1線分だけ、奥に雪よけの木造車庫があった。

長電バス飯山営業所が併設され、現役時代は駅業務も同社に委託していた。駅舎は、廃止後もバス待合室として使われていたが、事務所新設に伴って２０１８年解体。構内の敷地は、太陽光パネルが敷き詰められたソーラーステーションに生まれ変わった。

## 硬券入場券と特急券

長野―信州中野間の各駅には、無人駅にも自動券売機があるが、有人駅には今でも厚紙のきっぷ「硬券」が用意され、入場券や特急券が買える(一部除く)。

現在の硬券入場券は白地だが、かつては赤ライン入り。主要駅以外では、共通台紙に駅名スタンプを押していた。

硬券の特急券は、料金共通にもかかわらず「○○から乗車」とある。かつては斜め赤線が入っていた。ちなみに特急料金は20円→50円→80円と変わり、１９７８年以降は現在まで40年以上、１００円で据え置かれている。消費税の導入や税率改定を考えると、本体価格は値下げされていることになる。

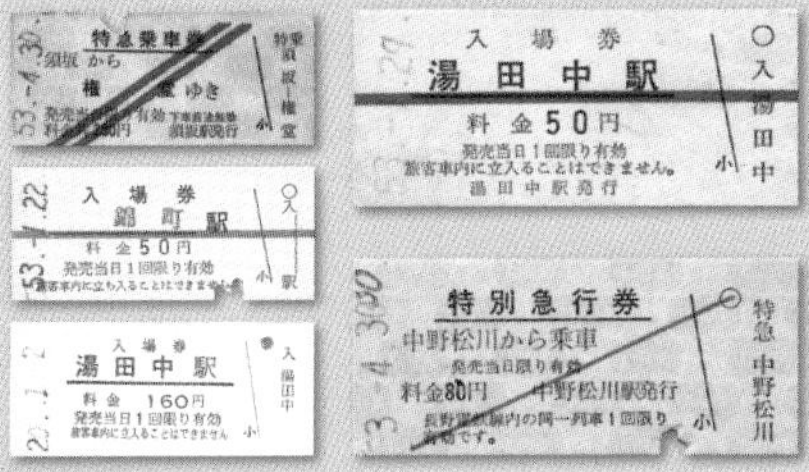

## 木島線、屋代線の廃線跡

木島線が2002年、屋代線が2012年、同じ日に廃止となった。時の経過とともに現役時代の記憶は薄れ〝鉄道がないのが普通〟の風景になりつつあるが、地形や軌道の形状、構造物といった鉄道特有の痕跡は、簡単に消えないものでもある。それぞれの廃線跡は今──。

### 木島線

赤岩駅付近や田上一信濃安田駅間は、県道バイパスの建設や拡幅、北陸新幹線関連に活用され、13ha余の敷地の約25%は有償譲渡された。20年近くを経た今でも、多くで軌道や踏切の跡を確認でき、一部架線柱も残る。駅舎は全てないが、国道292号を跨ぐ橋桁や夜間瀬川橋梁、飯綱山トンネルは残っている。

夜間瀬川橋梁(四ヶ郷一赤岩間)。橋桁は錆びが進むが残る(2009年9月)

田上一信濃安田間。北陸新幹線建設工事が進む中にかつての踏切が埋もれていた(2009年9月)

信濃川田駅。公園化構想があったためレールも残る。左側土盛り部分はホーム跡

### 屋代線

敷地約25haは全て沿線3市に無償譲渡。屋代駅は跨線橋とホーム(立ち入り禁止)、また松代、信濃川田、綿内各駅は木造駅舎が残る。三つのトンネル(北山、離山、関崎)も残り、橋梁の桁も多くが残る。長野市では象山口、金井山、若穂各駅付近で歩行者・自転車道が整備されつつある。須坂市では井上駅跡に記念看板が設置された。須坂駅南の側線跡地には2018年「河東線記念公園」が整備された。

屋代一東屋代間の倉科踏切。右が撤去された線路、左の複線はしなの鉄道

若穂駅跡。長野市の歩行者・自転車道が整備された

須坂駅構内跡。作業留置線を活用した河東線記念公園に

# 長野電鉄 配線概略図（廃止線含む）

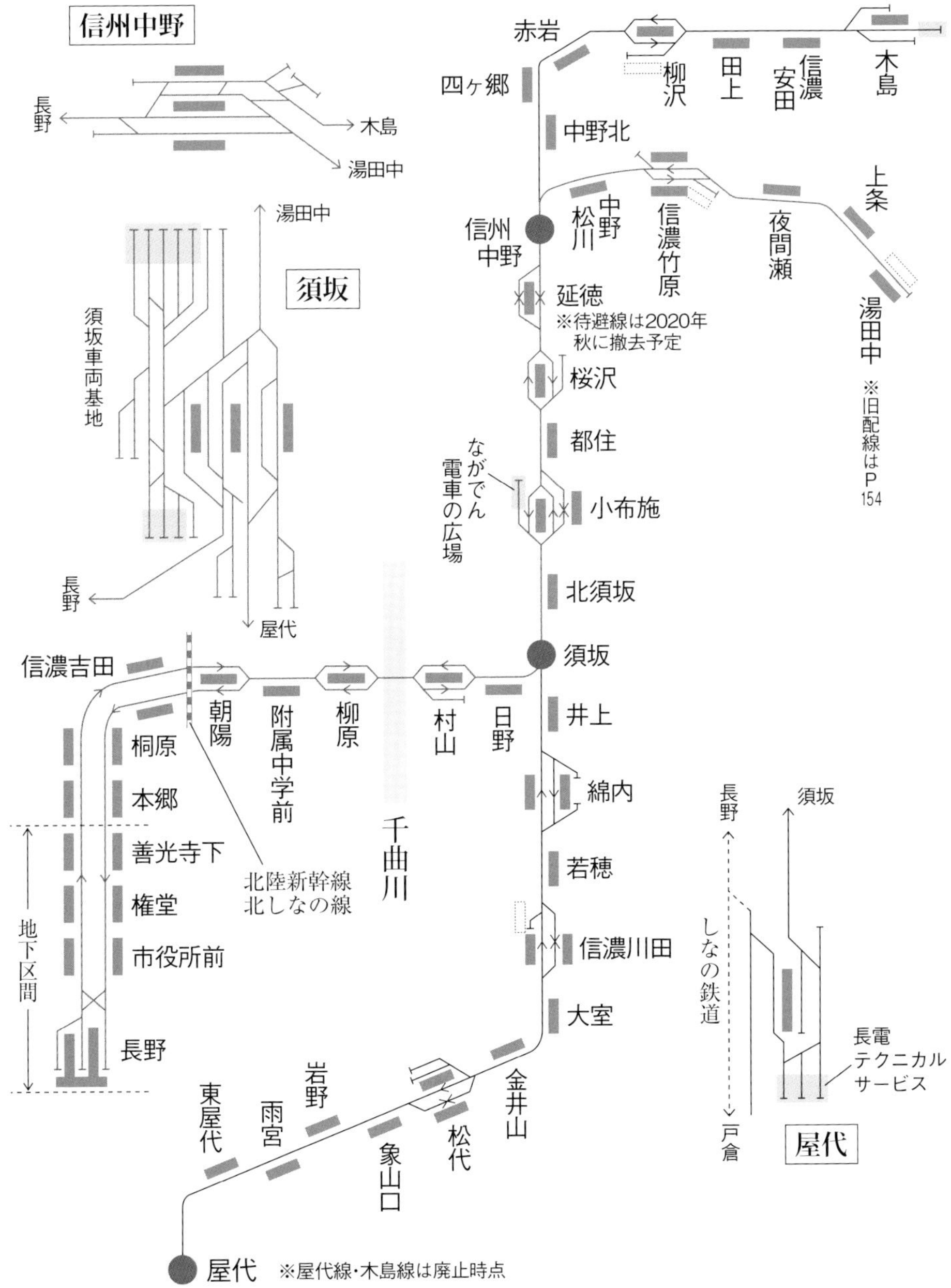

## ●旧松川橋梁トラス

豊洲（現北須坂）—小布施間の松川に架けられた橋の初代トラス桁。第1連トラスの取り換え時に撤去され、1990年から小布施駅構内「電車の広場」に展示された。鉄道省から払い下げられた錬鉄製ポニーワーレントラスで1885〜90年、英国製。等間隔に並ぶ魚腹形の横桁の上に細い縦桁を固定し、枕木を載せてレールを敷いた、希少価値の高い構造。2015年から長野市の直富商事敷地内で展示。

小布施駅構内に展示されていた頃（2011年2月撮影）

## ●樽川第1・第2発電所（木島平村）

創業当初から電化を計画していた河東鉄道が電力確保のために、千曲川支流・樽川上流に建設した発電所。最大出力は第1が650kW、第2が930kW。共にドイツ製の水車を使い1926年から発電開始、当時の国鉄の先を行く直流1500V運転を可能にした。ともに1992年中部電力に譲渡。「藤平発電所」と命名され、発電は続けられている。小布施駅ホームに水車と水圧鉄管が保存されている。

## ●架線柱

架線や高圧電線を支えるトラス状の四角鉄柱。耐久性に優れ、開業当時からの鉄柱の多くが今でも現役。

飯綱山トンネル

離山トンネル

## ●トンネル

木島線、屋代線区間に4ヵ所の小さな石積みトンネルがあった。廃線となったが、トンネル自体は形状をとどめている。屋代線は北山（144m、雨宮—岩野間）、離山（45m、金井山—大室間）、関崎（108m、大室—信濃川田間）、木島線は飯綱山（85m、田上—信濃安田間）で、いずれも千曲川に張り出す山の先端をくぐる。飯綱山は電化を想定し、天井が高く造られている。

●乗換跨線橋（屋代駅）

河東鉄道開業時からの遺構で、廃止後も立ち入り禁止となったまま残っていたが、2020年夏にとうとう解体・撤去された。橋桁部と階段部ともに木造なのが特徴。桁部は木と鉄の混合によるハウトラス構造で、トラスの斜材に木材の圧縮材を使用。引っ張り材となる垂直材に鋼の丸棒が組み合わせてある。階段部は長電ホーム側だけで、もう片方はしなの鉄道側の橋脚が支えていた。

（2020年3月撮影）

●旧鮎川橋梁（井上―須坂間）

須坂市の鮎川に廃線後も残る。長さ36m、上路プレートガーダー2連の小橋だが、2連目に鉄道省から払い下げられた明治時代の英国製の桁が使われており、銘板には1897年製とある。80ft桁の両端を少し短かくしてある。（2020年1月撮影）

●夜間瀬川橋梁（信濃竹原―夜間瀬間）

夜間瀬川に架かる157mの鉄橋で、高社山を背景にした人気撮影スポット。支間18.3mの上路プレートガーダーが8連。下部工はコンクリート製、桁は1926年製。夜間瀬川には廃止された木島線・四ヶ郷―赤岩間にも145mの橋梁が残る。

綿内変電所（2012年1月撮影）

●変電所（信州中野駅、旧綿内駅）

電化運転にあたり信州中野、綿内の両駅に変電所が併設された。中野はドイツ製の250kW回転変流器3台、綿内はスイス製500kW水銀整流器2台などを導入。特に水銀整流器は電力ロスが少なく瞬間的な過負荷にも耐える、当時国内では導入例がほとんどない最新鋭機だった。中野は現役だが、綿内は屋代線廃線後に解体され、変電所機能は須坂駅に移った。

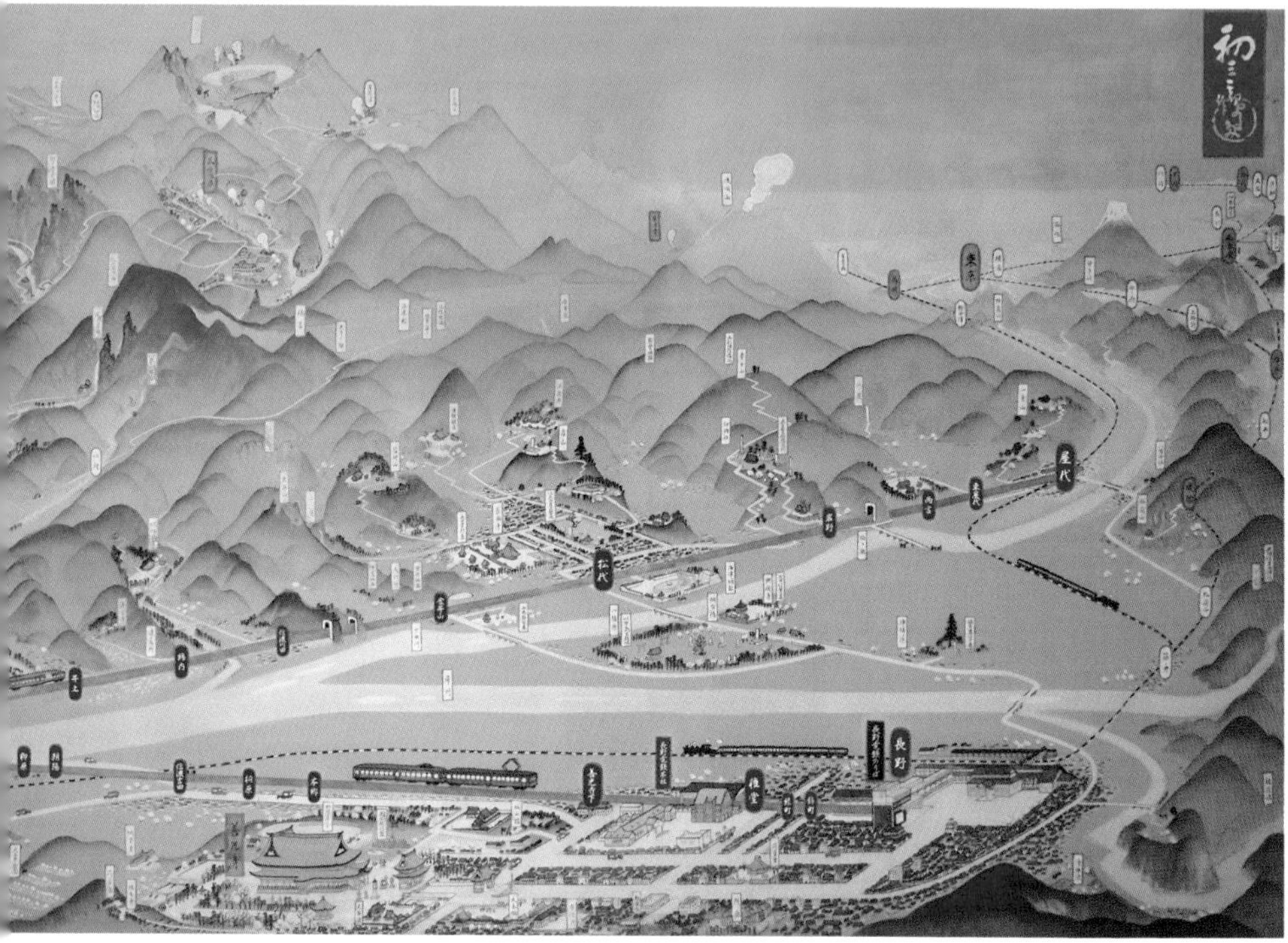

# 長野電鉄を描いた鳥瞰絵図

大正時代から昭和初期にかけては「鉄道建設」も一種のブームとなり、合わせて「観光の時代」があった。省線（のちの国鉄・JR）の路線網を補完するように中小私鉄が枝のように延び、遠出＝観光が可能になった。現在のようなガイドブックやインターネットの情報がない時代、人々を旅に誘ったのが「鳥瞰絵図」だった。

絵図は長野県内各地にくまなく存在するが、長野電鉄を題材にした絵図は、自社発行のものを含め、とりわけ豊富にある。代表的な絵師2人による3作品を紹介する。

## 長野電鉄沿線温泉名所交通鳥瞰図　吉田初三郎 作

作者の初三郎は明治17年（1884）京都生まれ。「大正の広重」と呼ばれて鳥瞰図ブームを牽引した第一人者。全国各地に絵図を残し、県内では「軽井沢町」「岡谷市」などがある。

本図は、昭和5年（1930）に量産発行された「沿線温泉名所案内」の原図とみられ、量産版よりも日本画的な仕上がり。省線に煙を上げる蒸気機関車が走る時代に、パンタグラフを掲げて走る電車が誇らしげで、ライバルの飯山鉄道は無視されている。デフォルメの中に村山橋の7連トラスなどが忠実に描かれるのも心憎い。

量産版の裏面には初三郎の言葉で「長野電鉄社長神津藤平氏の終始変わらざる御厚誼を拝借し」とあり、親交があったことがうかがえる。

（長野電鉄蔵）

## ▲山は招く 長野電鉄沿線　金子常光 作

長電全体を描いたもう一つの秀作。常光は明治27年（1894）生まれで、元々は初三郎の弟子だったが独立し、各地の鳥瞰図を手がけて初三郎のライバルになった。

本図は昭和12年（1937）発行。初三郎作品よりはコンパクトに収められ、緻密で郷土色豊かな画風が特徴だ。7年前発行の初三郎作品に比べると描かれるものも増えているが、顕著なのは観光開発が進む志賀高原の様子だろう。飯山鉄道はここでも描かれていない。

（藤本一美氏蔵）

## ▲善光寺から仙壽閣へ　吉田初三郎 作

前ページ「交通鳥瞰図」より1年早い昭和4年（1929）の発行。前年に開業した直営の上林ホテル「仙壽閣」と善光寺を結びつける宣伝目的で、両者を極端に大きくする一方で、周辺の距離感などは完全無視する潔さ。温泉プール（万人風呂）や子供遊園地など、自慢の施設は詳細に描写。ここを〝前線基地〟に、長電は志賀高原開発へ前進する。

（国際日本文化研究センター蔵）

山は招く
長野電鉄沿線
上林ホテル
平穏温泉

東京

# 長野電鉄のあゆみ略年表

長野電鉄の鉄道事業を中心に構成。赤文字は長野電鉄関連、黒字は県内・国内の鉄道関連の主な動き、太字は県内・国内外の大きな動き

| ●元号 | ●西暦 | ●月日 | ●できごと |
|---|---|---|---|
| 明治5 | (1872) | 10・14 | 新橋(現汐留)―横浜(現桜木町)間に鉄道開業**【日本初の鉄道】** |
| 明治19 | (1886) | 8・15 | 官営鉄道・直江津―関山間開業 |
| 明治21 | (1888) | 5・1 | 関山―長野間開業**【長野県内初の鉄道】** |
| | | 8・15 | 長野―上田間延伸開業 |
| | | 9・5 | 軽井沢―横川間に碓氷馬車鉄道開業 |
| | | 12・1 | 上田―軽井沢間延伸開業 |
| 明治22 | (1889) | 7・1 | 東海道線・新橋―神戸間全通 |
| 明治25 | (1892) | 6・21 | 鉄道敷設法公布 |
| 明治26 | (1893) | 4・1 | 横川―軽井沢間がアプト式で開業し、上野―直江津間全通 |
| 明治30 | (1897) | 4・1 | **長野市制施行** |
| 明治31 | (1898) | 9・1 | 吉田駅(現北長野)開業 |
| 明治35 | (1902) | 12・15 | 篠ノ井線・篠ノ井―塩尻間全通 |
| 明治39 | (1906) | 3・31 | 鉄道国有法公布 |
| | | 6・11 | 中央東線・八王子―塩尻間全通 |
| 明治42 | (1909) | 12・28 | 伊那電車軌道・西町―松島間開業 |
| 明治44 | (1911) | 5・1 | 中央本線・昌平橋―名古屋間全通 |
| 大正元 | (1912) | | 北信電気鉄道発起人会、県に長野―須坂―平穏の軽便鉄道計画など提出 |
| 大正3 | (1914) | 6・1 | 国有鉄道線路名称制定に基づき高崎―長野―新潟が信越本線となる |
| 大正4 | (1915) | 1・6 | 信濃鉄道・北松本―豊科間開業 |
| | | 7・22 | 草津軽便鉄道・新軽井沢―小瀬間開業 |
| | | 8・8 | 佐久鉄道・小諸―中込間開業 |
| 大正7 | (1918) | | **スペイン風邪世界的大流行**(~大9) |
| 大正8 | (1919) | 4・10 | 地方鉄道法公布 |
| | | 10・19 | 千曲川東地区の町村中心に信越河東鉄道期成同盟会発足 |
| | | 12・22 | 佐久鉄道、屋代―須坂間の地方鉄道敷設免許申請 |
| 大正9 | (1920) | 1・22 | 信越河東鉄道期成同盟会と佐久鉄道、河東鉄道設立方針決定 |
| | | 5・3 | 佐久鉄道、屋代―須坂間の免許取得 |
| | | 5・15 | 鉄道省設置 |
| | | 5・29 | 筑摩鉄道設立(アルピコ交通の前身) |
| | | 5・30 | **河東鉄道株式会社が設立総会。社長神津藤平、資本金500万円** |
| | | 7・10 | 河東鉄道、須坂―木島―七ヶ巻間、七ヶ巻―十日町間の敷設免許▼7・26同、中野―平穏間の敷設免許を追加申請 |
| 大正10 | (1921) | 5・26 | 河東鉄道、須坂―木島間、中野―平穏間の免許取得 |
| | | 10・2 | 筑摩鉄道・松本―新村間開業 |
| | | 10・20 | 飯山鉄道・豊野―飯山間開業 |
| 大正11 | (1922) | 4・10 | 河東鉄道、木島―関沢間の鉄道敷設免許申請▼12・2取り下げ |
| | | 6・10 | **河東鉄道・屋代―須坂間24・4㎞開業**(蒸気)【開業駅=東屋代、雨宮、岩野、松代、金井山、町川田、綿内、井上】 |
| | | 9・15 | 木島―七ヶ巻間、七ヶ巻―十日町間の敷設免許申請却下 |
| 大正12 | (1923) | 3・25 | 河東鉄道・町川田駅を信濃川田に改称 |

3・26 **河東鉄道・須坂―信州中野間13・1㎞延伸開業**（蒸気）【開業駅＝豊洲、小布施、延徳】
4・30 長野電気鉄道、長野―須坂間の地方鉄道敷設免許申請▼6・22取得
7・15 湯田中遊園地営業開始
9・1 **関東大震災**
11・25 **長野電気鉄道株式会社設立、神津藤平が社長兼務**

大正13（1924）
4・19 筑摩電気鉄道・松本駅前―浅間温泉間開業（併用軌道）
8・7 長野電気鉄道、権堂―上山田間の敷設免許申請
8・11 長野電気鉄道、長野駅前―善光寺下駅間など2路線の軌道敷設特許申請▼後日取り下げ

大正14（1925）
7・12 **河東鉄道・信州中野―木島間12・9㎞延伸開業し屋代―木島間全通**（蒸気）【開業駅＝四ヶ郷、赤岩、柳沢、安田】
8・1 丸子鉄道・上田東―丸子町間全通

大正15（1926）
1・29 樽川第1発電所の発電と中野・綿内両変電所の運転開始◆河東鉄道・屋代―木島間、直流1500Vで全線電化
3・1 河東鉄道・田上駅開業（柳沢―安田間）
4・21 長野電気鉄道、千曲川を渡る村山橋完成（柳原―村山間、814m）
6・28 **長野電気鉄道・権堂―須坂間11・5㎞新規開業**（電車）。権堂―吉田町間は複線【開業駅＝善光寺下、本郷、桐原、吉田町、朝陽、柳原、村山、日野】

8・12 上田温泉電軌・下之郷―西丸子間開業
9・19 草軽電気鉄道・新軽井沢―草津温泉間全通
9・21 池田鉄道・安曇追分―北池田間開通
9・30 **河東鉄道と長野電気鉄道が合併、長野電鉄に社名変更**。社長神津藤平。路線は河東線（屋代―木島）と長野線（須坂―権堂）
10・5 吉田町駅を信濃吉田に改称
11・6 樽川第2発電所の発電開始
12・1 布引電気鉄道・小諸―島川原間開業
12・21 屋代―八幡間の鉄道敷設免許申請▼昭和4・4・2取り下げ
12・25 **大正天皇没、「昭和」と改元**

昭和2（1927）
4・28 **平穏線・信州中野―湯田中間7・6㎞開業**【開業駅＝中野松川、竹原、夜間瀬、上条】
8・27 平穏線を山ノ内線に改称
9・21 本社を長野市権堂町に新築移転
12・26 伊那電気鉄道・辰野―天竜峡間全通
12・30 日本初の地下鉄・浅草―上野間開通

昭和3（1928）
5・1 上田温泉電軌・上田―真田・傍陽間開通
6・8 長野―八幡間の敷設免許取得
6・24 **長野線・長野―権堂間1・1㎞延伸開業**（複線）し須坂―長野間全通【開業駅＝緑町、錦町】
8・2 上林温泉に上林ホテル（仙壽閣）開業▼冬に上林スキー場開設
10・11 都住駅開業（小布施―延徳間）
10・24 木島―戸狩間の敷設免許申請▼昭和

6・7・21却下

昭和4（1929）2・5 ノルウェーのヘルゼット中尉一行ら志賀高原を「東洋のサンモリッツ」と賞賛

7・15 平穏村の財産所有者「和合会」と協約、志賀高原の観光開発に着手

9・1 豊野—越後川口間が鉄道で全通

10・24 **ニューヨーク株式大暴落【世界恐慌】**

昭和5（1930）9・10 **米価大暴落▼9・25生糸価大暴落で農業恐慌深刻化**

10・1 東京—神戸間に超特急「つばめ」運転開始

12・10 安田駅を信濃安田に改称

昭和6（1931）7・10 湯田中—渋安代間敷設免許失効

8・1 **八十二銀行発足**

9・18 **満州事変勃発**

昭和7（1932）6・16 竹原駅を信濃竹原に改称

12・2 筑摩電気鉄道、松本電気鉄道に改称

昭和8（1933）7・27 小海南線・小淵沢—清里間開業

昭和9（1934）5・24 象山口駅開業（岩野—松代間）

7・10 布引電気鉄道、送電停止で全線休業

昭和10（1935）9・19 長野—八幡間の起業廃止

11・29 小海線・小諸—小淵沢間全通

昭和11（1936）3・15 長野駅の仏閣型駅舎完成

昭和12（1937）1・2 長野—湯田中間に国鉄客車初乗り入れ（長野駅経由）

6・1 信濃鉄道・松本—信濃大町間を政府買収、大糸南線に

7・15 上野から屋代駅経由で国鉄直通旅客列車の運転開始（〜9・10）

8・20 辰野—豊橋間が鉄道で全通

昭和13（1938）6・6 池田鉄道廃止

昭和14（1939）7・25 上田温泉電軌青木線廃止

8・30 上田温泉電軌、上田電鉄に改称

昭和15（1940）9・27 **日伊独の三国同盟調印**

昭和16（1941）1・30 湯田中遊園地廃業

12・8 **太平洋戦争開戦、日本軍が真珠湾空襲**

昭和17（1942）9・11 新潟鉄道局長野管理部設置

12・17 善光寺白馬電鉄・南長野—裾花口間全通

昭和18（1943）8・1 伊那電気鉄道など4私鉄を政府買収、飯田線に

10・21 丸子鉄道と上田電鉄が強制合併、上田丸子電鉄発足

昭和19（1944）1・11 豊洲、日野両駅営業休止（戦時節電）

1・11 善光寺白馬電鉄が不要不急路線で営業停止▼昭和44・7廃止

6・ 戦時資材供出で建設中の大糸北線の敷設済みレール撤去

6・1 飯山鉄道、政府買収し飯山線に

11・11 **松代大本営地下壕の開削着工**

昭和20（1945）5・18 運輸通信省を運輸省に変更

8・10 緑町駅営業中止（戦時節電）

8・13 **米軍艦載機による長野空襲**、国鉄長野機関区で8人死亡。信濃川田駅や停車中の電車が掃射され死傷者

8・15 **太平洋戦争終結**

昭和21（1946）6・18 須坂駅前米子鉱山倉庫で火薬50箱爆発、8人死亡

昭和22（1947）5・3 **日本国憲法施行**

12・27 連合国軍、上林ホテル接収

昭和23（1948）7・20 国民の祝日制定

昭和24（1949）3・28 桜沢駅開業（都住—延徳間）

昭和25（1950）
4・1 **長野市で平和博覧会開幕**
5・10 湯田中―渋安代間の敷設免許再度取得
6・1 日本国有鉄道発足
9・7 志賀高原など上信越高原国立公園指定
4・15 **公職選挙法公布**
7・20 戦争中断の国鉄客車の上野―湯田中間直通再開（屋代経由・季節運転）
8・1 国鉄長野鉄道管理局設置
9・1 野沢温泉観光ホテル営業開始（現野沢グランドホテル）

昭和26（1951）
9・8 **日米安全保障条約調印**
10・15 上林ホテル接収解除▼11・17営業再開
11・13 大室駅開業（金井山―信濃川田間・無人）
12・18 国鉄客車の長野経由湯田中乗り入れ再開（季節運転）

昭和27（1952）
4・28 **日米安全保障条約発効、GHQ廃止**
11・25 木島―関沢間の敷設免許取得
12・23 志賀高原の丸池スキーハウス営業開始（のちの丸池観光ホテル）
12・30 **作曲家・中山晋平死去（中野市・64歳）**

昭和28（1953）
3・31 **善光寺本堂、国宝指定**
9・15 村山駅交換駅化

昭和29（1954）
2・1 **上高井郡小布施町制施行**
4・1 **須坂市制施行**
7・1 **中野市制施行**
8・1 **飯山市制施行**

昭和30（1955）
4・1 **下高井郡山ノ内町制施行**
4・15 飯田線の電圧1200→1500Vに
11・11 飯山線・長野―戸狩間に気動車運転開始
11・15 湯田中駅南駅舎営業開始

昭和31（1956）
5・15 信濃吉田―朝陽間複線化

昭和32（1957）
2・14 2000系特急車両2編成（A・B、各3両）新造
3・15 長野―湯田中間に特急運転開始
4・1 信越線・吉田駅を北長野に改称
8・15 大糸線、46年がかりで全通
11・ 松本電気鉄道、直流600→750Vに昇圧

昭和33（1958）
4・11 上林ホテル本館火災で焼失
5・13 湯田中―渋安代間の敷設免許再び失効
11・ 上田丸子電鉄、東京急行電鉄傘下に

昭和34（1959）
6・1 **更埴市制施行**
7・4 吉田変電所運転開始
11・19 特急車両2000系C編成新造
12・13 名古屋―長野間に気動車急行「しなの」運転開始

昭和35（1960）
4・11 戦時休止の豊洲駅を北須坂と改称し再開（無人のち有人化）
4・25 松本―新宿間に気動車急行「アルプス」運転開始
10・11 初代社長・神津藤平死去▼11・25田中勝経社長就任

昭和36（1961）
1・11 中野北駅開業（信州中野―四ヶ郷間・無人）
4・3 長野市権堂町のアーケード落成式
5・29 朝陽―須坂間の単線自動閉塞使用開始
6・2 長野駅構内で貨物車両と特急衝突、24人重軽傷
6・29 上田丸子電鉄西丸子線、豪雨災害で営業休止▼昭和38・11・1廃止

昭和37（1962）
10・1 上野─大阪間に信越・北陸線経由の気動車特急「白鳥」運転開始
2・1 草軽電気鉄道全廃
3・1 上野─湯田中間に気動車急行「志賀」「丸池」通年乗り入れ開始◆長野─木島間特急「のざわ」運転開始
9・15 信州中野から大阪方面行リンゴ出荷専用列車「やまさち号」運転開始

昭和38（1963）
3・25 長野─長岡間に飯山線経由の気動車準急「野沢」運転開始
7・12 木島─関沢間の敷設免許取り下げ
10・1 信越線・横川─軽井沢間アプト式廃止。軽井沢─長野間電化、上野─長野間に電車急行「信州」運転開始◆上野─湯田中間急行を電車化し1往復増発

昭和39（1964）
4・1 松本電気鉄道浅間線廃止
6・3 地獄谷野猿公苑営業開始
8・1 特急車両2000系D編成新造
10・1 東海道新幹線・東京─新大阪間開業
10・10 **東京五輪開幕**
10・21 信濃吉田駅貨物営業廃止
12・ 長野市長、市街地区間の高架化検討を申し入れ

昭和40（1965）
4・1 雨宮、金井山両駅貨物営業廃止
7・16 県営松本空港開港
8・3 **松代群発地震始まる**
8・17 志賀草津高原ルート開通
10・1 上野─金沢間に気動車特急「はくたか」運転開始◆長野、松本両駅に「みどりの窓口」開設

昭和41（1966）
2・1 小口扱貨物営業全面廃止
7・1 若穂駅開業（信濃川田─綿内間・無人）
7・2 信越線・横川─軽井沢間複線化完成
7・25 国鉄の長野車両基地完成
10・1 上野─長野間に電車特急「あさま」運転開始
10・16 **7市町村編入による長野市発足**
11・24 0系電車「OSカー」4両編成で運転開始
12・12 新宿─松本間に電車特急「あずさ」運転開始

昭和42（1967）
5・13 0系「OSカー」ローレル賞受賞
10・1 国鉄北長野コンテナ貨物基地営業開始
11・25 笠原忠夫社長就任

昭和43（1968）
4・1 桜沢、柳沢、柳原各駅貨物営業廃止◆信濃安田、信濃吉田両駅手小荷物営業廃止◆田上駅無人化
5・20 **「信濃の国」県歌制定**
10・1 国鉄急行「志賀」が「信州」に統合、169系に変更
10・1 名古屋─長野間に気動車特急「しなの」運転開始
12・10 長野駅に自動券売機設置

昭和44（1969）
3・29 本郷駅が橋上駅化、ステーションデパート営業開始
4・20 上田丸子電鉄丸子線廃止
5・26 東名高速道路全通
5・31 上田丸子電鉄、上田交通に改称
7・20 **米アポロ11号月面着陸**
10・1 急行「志賀」の愛称復活

12・21 奥志賀高原ホテル、レストラン、スキー場営業開始

昭和45（1970）
2・22 篠ノ井線無煙化
3・14 **大阪で万国博覧会開幕**
9・1 権堂、善光寺下、村山各駅貨物営業廃止【長野線貨物営業全廃】
12・30 延徳、上条両駅無人化

昭和46（1971）
1・1 朝陽駅手小荷物営業廃止
3・1 象山口駅無人化
5・1 湯田中駅貨物営業廃止
8・7 **第1回長野びんずる祭り開催**
10・1 信濃川田駅貨物営業廃止

昭和47（1972）
1・1 長野駅のハガキ大「日本一大きいジャンボ入場券」発売開始
2・1 篠ノ井線全線ＣＴＣ化
2・3 **札幌冬季五輪開幕**
2・20 上田交通真田・傍陽線廃止
2・21 岩野駅無人化
3・1 小布施、木島両駅貨物営業廃止
3・15 山陽新幹線・新大阪―岡山間延伸開業◆上野―金沢間電車特急「白山」運転開始◆大糸線無煙化
5・15 夜間瀬駅無人化
6・29 北陸新幹線基本計画決定
10・2 飯山線無煙化
12・5 小海線無煙化
12・21 井上駅無人化

昭和48（1973）
2・1 綿内駅貨物営業廃止
4・1 松代駅貨物営業廃止
4・1 篠ノ井線全線電化
7・6 都住駅無人化
7・10 名古屋―長野間に振り子式381系電車特急「しなの」運転開始
10・1 赤岩駅無人化
10・15 長野線連続立体交差事業（地下化）で県、市、長電が大筋合意
12・25 信濃吉田駅跨線橋新設

昭和49（1974）
1・19 **長野市人口30万人突破**
2・7 連続立体交差計画（地下化）を県都市計画審議会承認▼2・23国認可
4・1 権堂、善光寺下両駅の手小荷物営業廃止
11・15 宮澤増三郎社長就任

昭和50（1975）
3・10 山陽新幹線・岡山―博多間延伸開業
3・17 長野線連続立体交差事業起工式
4・5 桐原駅跨線橋新設
12・17 須坂新駅舎使用開始

昭和51（1976）
5・25 新幹線乗客10億人突破

昭和52（1977）
2・9 東京急行電鉄5000系譲受開始（長電2500系）。地下区間の不燃化対策
2・28 旧権堂駅構内の新本社ビル業務開始
3・15 田上―信濃安田間が落石で不通（～9・15）◆信濃竹原駅で脱線
7・26 世界初のリニア走行テスト成功

昭和53（1978）
6・20 長電権堂ビル、核テナント「イトーヨーカドー」で営業開始
7・22 篠ノ井線・松本駅ビル開業
9・10 **やまびこ国体夏季大会開幕**
10・2 急行「志賀」1往復不定期化

昭和54（1979）
4・1 須坂、信州中野、信濃竹原各駅貨物営業廃止【貨物営業全面廃止】

6・2 篠ノ井駅で修学旅行列車と貨車が衝突し脱線
10・28 **御嶽山が有史以来初の噴火**
昭和55（1980）3・1 朝陽―湯田中間、信州中野―木島間が列車集中制御（CTC）化◆須坂運転指令所業務開始
11・1 地下区間の試運転開始
12・7 10系「新OSカー」新造
昭和56（1981）3・1 長野―善光寺下間2・3㎞の地下区間営業開始◆錦町駅を市役所前に改称、緑町駅（戦時休止）廃止
5・11 金井山駅無人化
6・25 神津昭平社長就任
昭和57（1982）5・17 塩尻新駅が移転開業、名古屋方面へのスイッチバック解消
6・23 東北新幹線・大宮―盛岡間暫定開業
6・29 上野―長野間全線複線化完了
9・13 台風18号、河川決壊で木島駅水没被害
11・15 国鉄直通急行「志賀」廃止◆上越新幹線・大宮―新潟間暫定開業
昭和58（1983）8・14 須坂、松代など10駅の手小荷物営業廃止【手小荷物営業全廃】
7・5 中央東線「塩嶺ルート」開業
11・20 長野大通り全面使用開始◆長野駅東西連絡地下道開通
昭和59（1984）2・1 屋代―須坂間CTC化
9・14 **木曽震源の長野県西部地震**
12・15 長野―朝陽間CTC化【全線完了】
昭和60（1985）1・28 **長野市・犀川ダム湖にスキーバス転落**
3・14 附属中学前駅開業（朝陽―柳原間）◆東北・上越新幹線の上野―大宮間延伸開業◆信越線・安茂里駅開業
4・6 長野駅ビルMIDORI開業
7・26 **長野市地附山で大規模地滑り**
8・12 **日航ジャンボ機が御巣鷹山に墜落**
10・16 小布施新駅舎完成
昭和61（1986）1・9 国鉄スキー専用列車「シュプール号」運転開始
2・14 篠ノ井駅で団体列車と機関車が衝突
3・26 信越線・屋代新駅舎完成
4・25 桜沢新駅舎完成（移転新築）
9・1 須坂、信州中野両駅に列車運行管理（PTC）装置導入
9・3 台風15号で夜間瀬川橋梁（四ヶ郷―赤岩間）被害
11・1 飯山線・急行「野沢」廃止
11・28 国鉄分割民営化関連8法成立
昭和62（1987）3・1 飯山線・戸狩駅が戸狩野沢温泉に改称
4・1 **国鉄分割民営化。**県内はJR東日本、東海、西日本3社に分割
6・26 本社屋上「ながでんビアガーデン」営業開始
10・8 戦時休止の日野駅移設再開（無人）
昭和63（1988）3・13 青函トンネル開業、青函連絡船廃止
4・10 道路鉄道併用の瀬戸大橋開通
8・11 整備新幹線の暫定計画案公表。軽井沢―長野間は「ミニ」
11・1 河川改修に伴う雨宮―岩野間線路付け替え完成
昭和64（1989）1・7 **昭和天皇崩御「昭和」終了**

平成元

1・8 **新元号「平成」始まる**

4・1 **消費税（3％）導入**

5・20 特急車両2000系D編成冷房化▼7・15B編成も

7・8 信州中野新駅舎完成

8・2 軽井沢駅構内で北陸新幹線起工

平成2（1990）

5・30 小布施駅構内に「電車の広場」開設

10・3 **東西ドイツ統一**

12・20 奥志賀高原に「森の音楽堂」完成

平成3（1991）

1・26 雨宮駅無人化

1・17 **湾岸戦争開戦**

3・16 須坂駅構内の合同事務所業務開始

5・20 湯田中駅の志賀高原改称を申し入れ▼延期経て実現せず

6・3 **雲仙普賢岳で大火砕流**

6・15 **1998年冬季五輪の長野開催決定**

6・20 東北・上越新幹線の東京駅開業

9・17 北陸新幹線・軽井沢―長野間フル規格着工

12・30 **ソビエト連邦消滅**

平成4（1992）

3・17 樽川発電所施設を中部電力へ譲渡

7・1 山形新幹線・福島―山形間ミニで開業

平成5（1993）

3・25 長野道・豊科―更埴間、上信越道・更埴―須坂長野東間開通

4・6 元営団日比谷線3000系投入（長電3500系）

7・12 **北海道南西沖地震**

10・20 樽川の「藤平発電所」記念碑除幕式

11・1 屋代―須坂間、信州中野―木島間ワンマン運転開始（東屋代、信濃川田、綿内、柳沢、信濃安田各駅無人化）◆長野―木島間特急廃止

12・23 特急「スーパーあずさ」振り子式新型E351系投入

平成6（1994）

4・26 **名古屋空港で中華航空機着陸失敗炎上**

6・24 北須坂駅交換駅化

6・27 **松本サリン事件**

7・8 イベント列車「ビアトレイン」運転開始（長野―信州中野間）

7・26 県営松本空港ジェット化開港

10・13 延徳駅交換駅化▼10・15須坂―信州中野間15分間隔運転開始

平成7（1995）

1・17 **兵庫県南部地震（阪神大震災）**

3・20 **地下鉄サリン事件**▼5・16**オウム真理教教祖・幹部ら逮捕**

5・29 長電バス設立、バス事業を分離

11・30 上信越道・須坂長野東―信州中野間開通

12・20 桜沢、信濃竹原両駅無人化

平成8（1996）

1・11 信越線・横川―軽井沢間廃止決定

2・1 全駅ホームを全面禁煙化

3・16 飯田線・豊橋―飯田間に特急「伊那路」新設

5・1 第3セクター「しなの鉄道」設立

6・22 JR長野駅の橋上新駅舎完成、仏閣型駅舎取り壊し開始

7・1 四ヶ郷駅無人化

10・31 長野県人口220万人突破

11・14 上信越道・小諸―更埴JCT間開通

11・18 特急「しなの」新型383系投入開始

12・22 0系「OSカー」電車全廃

平成9（1997） 3・22 秋田新幹線・盛岡―秋田間ミニで開業
4・1 **消費税5％に引き上げ**◆信濃吉田橋上新駅舎営業開始
4・3 山梨リニア実験線で走行試験開始
6・25 笠原甲一社長就任
10・1 **北陸（長野）新幹線・高崎―長野間、しなの鉄道・軽井沢―篠ノ井間開業**
10・16 上信越道・信州中野―中郷間開通
11・20 年3回脱線で運輸省が警告書（3月屋代、9月信州中野、11月綿内）

平成10（1998） 2・7 **長野冬季五輪**（〜2・22）
2・8 五輪輸送で長野―信濃竹原間早朝・深夜臨時運転開始（〜2・22）。志賀高原会場へシャトルバス運行
3・5 長野冬季パラリンピック（〜3・14）

平成11（1999） 1・1 **欧州統合通貨「ユーロ」開始**
3・10 JR長野駅に県内初自動改札機
8・1 木島駅無人化（委託化）
11・18 新村山橋起工式
12・4 山形新幹線・山形―新庄間延伸開業

平成12（2000） 6・25 イベント列車「クワガタ号」須坂―松代間運行
7・13 **百貨店「長野そごう」破産**
8・22 信州中野―木島間（木島線）廃止を正式表明
10・1 中野松川駅無人化
10・15 **県知事選、作家・田中康夫氏初当選**
12・14 田中知事、木島線支援しない方針表明

平成13（2001） 1・19 中野市長ら木島線廃止受け入れ
3・29 木島線廃止を国交相受理
9・11 **米同時多発テロ**
12・1 特急「あずさ」に新型E257系投入

平成14（2002） 4・1 **木島線・信州中野―木島間（12・9㎞）廃止**
9・1 **出直し県知事選、田中康夫氏再選**
9・18 路線名称を長野線（長野―湯田中）、屋代線（屋代―須坂）に変更
12・1 東北新幹線・盛岡―八戸間延伸開業

平成15（2003） 3・3 新「OSカー」10系廃車
6・3 上田市、別所線存続緊急対策本部設置
9・1 **千曲市発足**

平成16（2004） 3・13 九州新幹線・新八代―鹿児島中央間フル規格部分開業
10・23 **新潟県中越地震。上越新幹線で初の新幹線営業列車脱線**

平成17（2005） 2・9 湯田中駅旧駅舎が登録有形文化財指定
9・2 元東急8500系電車投入
10・1 上田交通、分社化し上田電鉄設立

平成18（2006） 8・6 **県知事選、前衆院議員・村井仁氏が現職田中康夫氏破り初当選**
9・1 湯田中駅スイッチバック解消着工、上条―湯田中間代行バス輸送（〜9・30）
12・9 元小田急ロマンスカー車両を特急「ゆけむり」に投入

平成19（2007） 3・1 北須坂駅無人化
4・11 イベント列車「日本酒トレイン」長野―松代間で運転開始
7・2 奥志賀高原エリアのリゾート施設を外資系企業子会社へ譲渡
7・16 **新潟県中越沖地震。中野市で震度5強**
7・31 小海線ハイブリッド気動車運転開始

平成20（2008）10・1 **日本郵政グループ発足**
12・25 アルピコグループ、巨額債務超過判明
9・15 **米証券リーマン・ブラザーズ経営破綻【リーマン・ショック】**

平成21（2009）10・1 村山駅無人化
11・9 村山橋（８３７・８ｍ、道路鉄道併用）使用開始

平成22（2010）5・ 丸池観光ホテル閉館【志賀高原エリアのリゾート事業完全撤退】
10・1 信州デスティネーションキャンペーン開始（年内）
12・4 東北新幹線・八戸─新青森延伸開業

平成23（2011）2・2 活性化協議会、屋代線廃止決議
2・13 土・休日ダイヤ廃止。Ｂ特急停車駅を北須坂駅から朝陽駅に変更◆駅ナンバリング開始
2・26 元ＪＲ東日本成田エクスプレス車両を特急「スノーモンキー」に投入◆２０００系定期運用終了
3・11 **東日本大震災**▼３・12**東電福島第１原発で爆発**
3・12 **県北部地震、栄村で震度６強**◆九州新幹線・博多─新八代間開業し全通
3・25 屋代線廃止を国交相受理
4・1 松本電気鉄道、アルピコ交通に改称
5・26 リニア中央新幹線、南ア貫通ルート決定
6・30 **松本市で震度５強**

平成24（2012）4・1 **屋代線・屋代─須坂間（24・4㎞）廃止**
3・19 柳原駅新駅舎完成
5・22 **東京スカイツリー開業**

平成25（2013）9・18 ＪＲ東海、リニアのアセス準備書公表。飯田市に長野県駅設置
10・10 北陸新幹線愛称「かがやき」など決定

平成26（2014）2・14 **記録的豪雪**（〜2・15）。長野新幹線初の終日運休
2・24 長野市権堂地区再開発施設「権堂イーストプラザ」北棟に本社移転
12・6 「スノーモンキーパス」発売開始。乗車券と地獄谷野猿公苑入苑料をセット
3・15 長野新幹線に新型車両Ｅ７系先行投入
4・1 **消費税８％へ引き上げ**
7・11 しなの鉄道、観光列車「ろくもん」運転開始
9・27 **御嶽山噴火、戦後最悪火山災害**
11・22 **県北部で震度６弱、白馬など家屋倒壊**

平成27（2015）3・2 **県内広域で過去最大規模停電。**北陸新幹線、長野電鉄など一時運休
3・7 長野新駅舎・駅ビルＭＩＤＯＲＩ、改築全面開業
3・14 **北陸新幹線・長野─金沢間延伸開業、飯山駅新設**◆しなの鉄道北しなの線（長野─妙高高原間）開業
4・1 駅係員・乗務員の制服36年ぶり一新
4・4 飯山線観光列車「おいこっと」運転開始
4・18 観光案内特急「ゆけむりのんびり号」長野─湯田中間で運転開始
11・20 イベント列車「ワイントレイン」長野─小布施間で運転開始

平成28（2016）1・15 **軽井沢町でスキーバス転落**
3・26 北海道新幹線・新青森─新函館北斗間

開業
4・14　**熊本地震**
6・25　長野線開業90周年、村山駅で行事（～26日）
8・8　**天皇陛下、退位へのお気持ちにじませた「お気持ち」表明**

平成29（2017）
7・1　信州デスティネーションキャンペーン開始（～9月末）
7・3　グループ組織再編、ホテル事業は「長電ホテルズ」移管
12・23　中央東線特急「スーパーあずさ」新型E353系投入

平成30（2018）
1・22　長電バスとアルピコ交通、志賀高原―白馬間の直行バス共同運行開始
4・3　北須坂駅の待避線撤去
4・22　草津白根山噴火警戒で志賀草津高原ルート通行止め
7・7　**西日本豪雨**（～8日）
9・6　**北海道東部地震**
9・23　須坂で第1回ながでん沿線観光フェスタ

平成31（2019）
1・　旧屋代線・信濃川田駅の保存車両4両の解体決定（公園化白紙）
3・3　須坂駅構内で旧営団「06編成」お別れイベント

令和元
5・1　**新元号「令和」スタート**
5・9　オリジナルキャラクター鉄道むすめ「朝陽さくら」デビュー
5・30　地獄谷野猿公苑、前年度の外国人観光客が過去最高記録
6・2　須坂駅構内で初の「ながでん感謝祭」、車両展示やグッズ販売
10・1　**消費税10%に引き上げ**
10・1　附属中学前、柳原両駅無人化
10・12　**台風19号**（～10・13）で計画運休。長野市など千曲川流域に甚大被害（北陸新幹線車両浸水、上田電鉄橋梁落下）

令和2（2020）
1・　権堂駅の「善光寺門前」改称を権堂町区へ打診▼区は反対の意向
3・1　本郷駅バリアフリー化完了、使用開始（橋上駅舎廃止）
3～　**新型コロナウイルス感染拡大への対応迫られる。**4・14新型3000系投入延期。4・16緊急事態宣言全国に拡大、4・24A特急全便運休決定、4・25有人駅窓口営業時間短縮。その他イベント列車運休、定期券払い戻し対応、長電バス減便など▼7・18全列車運行正常化
5・30　**創立100周年**
6・7　長電権堂ビルのイトーヨーカドー長野店閉店
6・22　元東京メトロ03系本格投入（長電3000系）
12・12　延徳駅の列車交換設備改修（棒線化）

令和3（2021）
3・12　市役所前駅南口閉鎖
6・1　スマホ定期券導入
7・1　ネット利用の特急の座席予約サービス開始◆本郷、桐原、朝陽各駅無人化。小布施、湯田中両駅は夜間無人化。お客様サポートセンター開設（遠隔対応）
7・　鉄道むすめ総選挙「朝陽さくら」1位

第3章

# 私と長野電鉄
## 〜思い出エッセイ・作文コンテスト秀作選〜

長野電鉄創立100周年記念企画

電車の走る姿、通勤通学の電車や駅での出来事、にぎわいや混雑の様子、変わりゆく街や郊外の風景、役割を終えた駅や車両たち……。長野電鉄の電車を利用し、また、沿線で暮らしてきた人々の思い出は尽きないだろう。今回、長野電鉄の鉄道に関わる思い出やエピソードを募集したところ、県内外から５００件を超える作品が寄せられた。入賞作をはじめとする秀作１０４点を紹介し、「ながでん」を愛する人々の記憶を通じて、地域の暮らしに息づいてきた歩みにふれていきたい。

屋代線唯一の駅員配置駅だった松代駅の待合室。クリスマスツリーも飾られ、温かみがあった＝平成19年12月

# 五〇七の人生

審査員
堀井 正子

長野電鉄が創立100周年を迎えた。電鉄の思い出を書いていただく企画に、375名もの方の、507作品の応募をいただいた。一つの作品には一つの人生があり、507の作品には507の人生がある。それぞれにかけがえのない人生の傑作であり、電鉄との縁の深さに打たれるものばかりでした。

本来、人生から生まれた作品は、甲乙付けがたいものですが、最優秀賞1人、優秀賞2人、入選5人を含め、100余編の作品を選ばせていただきました。それぞれの方の人生がどう長野電鉄とからみあう物語であったか、それは、本に収録された作品から、読みとっていただければ、ありがたいと思っています。

本に掲載できなかった作品を含めての、みなさまの人生の物語、最高齢はじつに98歳。最年少は6歳。92年もの年齢差のあるお2人に、それぞれの長野電鉄物語がある。98歳の方の心には、80年以上も前の、親友との電車通学の思い出がある。親友は10年前に亡くなったが、思い出は電鉄とともに走り続けている。小学校に入ったばかりの6歳の彼は電鉄の車体にくわしい。さらにもっと長電のことを知りたいという彼の、将来の夢は、長野電鉄の運転士。

100年という長い歴史には、過酷な戦争の時代もあった。長野が空襲され、電車が動かないから歩いて帰れと言われた日もある。走っても乗り遅れた電車が、機銃掃射を受け犠牲者が出たと知り、なんとも複雑な思いを抱いた日もある。

戦争から復員できたものの、兄は結核に冒され、弟2人で毎日氷を買いに電鉄で通った。そして無念な知らせを駅で聞かされたとき、氷の塊を駅の広場に投げつけた悲しい日もあった。

空襲をのがれ、食糧不足の苦しい疎開暮らしの中、河東線のどこにも咲いていた青い美しい矢車草。生涯忘れられないと語る方もあれば、柳原駅に咲く美しいあやめを分けてもらった思い出もある。根ごと掘ってくれた駅長さんの親切そのままに、毎年あやめは増え、今も美しい花を咲かせている。

一つの作品には、一人の方の忘れがたい人生がある。そんな、かけがえのない人生の一コマに、権堂駅での初々しいお見合いのお話もあれば、電鉄が地下化する前の踏切やレトロな駅舎の様子もある。今も残るレトロな駅舎めぐりを楽しむ方もいる。踏切を守る律儀な父の仕事と機材を入れた銀色の箱。育児に心が折れそうになった時、電車を見に出かけ、親も子もハッピーに変われた物語もある。

昔は、客車だけでなく、荷物車も付いていて、通学生にとっては秘密の小部屋のような楽しさがあった。初恋も電鉄で生まれ、恋に破れた人もいる。そして、終生の伴侶を得た者もいる。みんな長野電鉄のご縁だった。

駅が遊び場だったという子どもたちの時代もあれば、家族ぐるみ駅に住み、家族ぐるみ駅を守る、そんな時代もあった。畑仕事の時計代わりにもなった電鉄。志賀高原のスキー場へ、仲間を募り、遠く県外から電鉄に乗って来た方もいる。夜間瀬鉄橋を走る電鉄に、宮沢賢治の銀河鉄道をふと思った作品もある。黙々と駅までの遠い道を歩いて電鉄で職場に通い、家では黙々と農業をこなし大家族を支えた忘れがたい父の姿に、実直に動き続ける電鉄の姿が重なる。

昭和20年秋の修学旅行は各自、米持参。前準備の路線図作りも楽しく、車窓の雄大な山や川、黄金の田んぼ。２００名の男女が蜂の巣をつついたような騒ぎの中、「湯田中、湯田中」と告げる駅員さんの声が不思議に響き渡る。

木島線、屋代線の思い出も数々あり、いずれも忘れがたいものばかり。かなうなら、５０７編すべてを本にしたかったが、紙数の都合もあり、本には１００余編を。かけがえのない人生が、それぞれの作品からあふれてきます。どうぞお読みください。

【ほりい・まさこ】

文学研究家。千葉県生まれ。東京教育大学文学部卒業。東京、沖縄、中国を経て長野市在住。長野県カルチャーセンター、八十二文化財団教養講座等の講師の傍ら執筆活動を行う。レギュラーを務める信越放送ラジオ『武田徹のつれづれ散歩道』でのやわらかい語り口にはファンも多い。信濃毎日新聞広告企画「女性のための読書案内クレソン」で２００１年から、エッセイ『ことばのしおり』を連載中。主な著書に『ことばのしおり』『源氏物語　おんなたちの世界』『出会いの寺　善光寺』（以上信濃毎日新聞社）など。

# 長野電鉄思い出エッセイ・作文コンテスト

## 実施概要

### 開催趣旨

長野電鉄株式会社が令和2年（2020）5月30日に創立100周年を迎えるのを記念し、長野電鉄の「鉄道」にまつわるエッセイを、令和元年11月1日～2年2月29日、4ヵ月間にわたり一般から公募した。

1作品400字以内（指定応募用紙か電子文書で応募）。1人3点まで応募可。

### 表彰内容

**最優秀賞　1点（上林ホテル仙壽閣ペア宿泊券）**
**優秀賞　2点（野沢グランドホテルペア宿泊券）**
**入　選　5点（100周年記念限定グッズ2000円相当のセット）**

※上記作品を含む「心に残る作品」を100周年記念出版物（本書）に収録する。
応募者全員に100周年記念図書カードを贈呈。

### 応募状況

**応募総数　507作品（応募者数375人）**
（内訳）男性304人、女性203人
10代以下22人、20～30代41人、40～50代117人、
60～70代252人、80代～75人

### 審　査

審査員は笠原甲一・長野電鉄代表取締役社長、文学研究者・堀井正子さんを含む長野電鉄、信濃毎日新聞社の9人が「印象度」「テーマ性」「分かりやすさ」の3項目で採点し、合計得点で全作品をA・B・Cで評価。審査会（令和2年4月24日、長野電鉄本社）を行い、集計結果を基に表彰作品を選んだ。

## 収録作品 目次

▽各作品の著作権は長野電鉄株式会社に帰属しています▽掲載順は氏名の五十音順です。ただし、レイアウトの都合で一部変更した場合もあります▽作者の氏名表記、年齢は、応募時のものです▽紫色の文字の題は女性、緑色文字は男性の作品です▽本書への収録にあたり、作品の意図を損なわない範囲で、表記・表現等を修正した場合があります。数字は全て算用数字に統一しました▽作品の内容は作者の記憶によるものも多く、必ずしも事実とは限らない場合もあります▽作品の内容には、現在では不適切とされる行為等が登場する場合もありますが、そのまま掲載しています▽キャプション末尾に＊のある写真は信濃毎日新聞の保存写真です。

最優秀賞

# 心のふるさと・木島

堀内 利美（長野市・84歳）

乗り換えの信州中野駅、木島線のプラットホームの西側は、風雪除けの板壁で全面が覆ってあった。電車は高社山の裾野、果樹園の中を一路北へ進む。左車窓に千曲川や斑尾山など北信濃の美しい風景が次々と映し出され、安田のトンネルを抜けると、豊饒な田園が広がる木島に到着する。

三男を背負った母、動き回って目が離せない弟。私は小学5年生。やっと木島に着いたが、バスには乗らず歩いた。伯父伯母は「よく来らった」と温かく迎えてくれた。終戦後は食糧難で、みんな（！）買い出しをしていた。

その日、食料統制の検問が信州中野駅で行われていた。母が立ち止まる。私は古びたリュックを背負っていた。お巡りさんが近づいて来て、丸くなったリュックの底に手を添えて推し量る。咄嗟に「伯父からもらった米だ！」と言った（という）。

夕食は久々に真白な木島米と、野菜たっぷりの味噌汁。黙々と食べている弟。少年の日の思い出いっぱいの木島。木島線は私の「心の鉄路」である。

松代駅構内のスケッチ（堀内利美さん作）

優秀賞

# 忘れられない親切

越 保博（上高井郡・79歳）

60年前、ニューヨークに住むコンクル夫妻と私の文通が始まりました。夫妻の日本への関心は大きく、便りが頻繁に交わされました。

昭和39年、文通を始めて5年目のクリスマスに、夫妻は2週間の予定でわが家を訪ねてくれることになりました。当日私は、長野駅で出迎える約束をしていました。が、夫妻は約束時間より1時間半以上も早く国鉄長野駅（今はＪＲ長野駅）へ着いてしまったのです。

早朝の寒い中、長野電鉄の始発前のホームで不安な気持ちでいる夫妻に、駅員さんが優しく声を掛けられ、温かい駅舎へ案内、飲み物までも用意、さらに私への連絡もとってくださるなど、大変親切にしていただいたとの事。それは来日早々心細い思いにかられていた夫妻にとって、どれ程嬉しくありがたい事であったか。

今でも手紙で夫妻は言っています。「楽しかった日本での思い出と共に、優しかった駅員さんの事は決して忘れません。そしてあの時以来、さらにさらに日本が好きになりました……」と。

信州を訪れたコンクル夫妻（越保博さん提供）

## むらやまばしは長いはし

大久保 英幸（長野市・63歳）

小学校の国語の授業でカルタを作ったのは、昭和39年度、2年生の冬だった。「ジェットきが空に五りんのわをかいた」という札は、先生にずいぶん褒められた。しかし、私の渾身の傑作は「む」の札。「むらやまばしは長いはし」。取り札には、村山橋の赤茶色の武骨な鉄骨を、クレヨンでぐいぐいと描いた。しかし、カルタの取り札の画面は小さく、しかも縦長で、大好きな長い長い村山橋は、その狭い画面に収まろうはずはなかった。

長野電鉄の特急に乗っての楽しみは、何と言っても、大好きな長い長い村山橋の通過であった。快走する特急が、並走する自動車たちを次々に抜き去って行く。爽快感。

運転免許を取ったばかりの頃、自分の車を運転していて村山橋を渡った時に、普通電車と並走した。「遂に自分も思い出の舞台に立った！」。そんな感慨に震える私を、普通電車はゆっくりと抜き去って行った。電車が遠く遠くなっていく。やはり村山橋は長い橋であった。



## 駅までの5分

金子 由佳（長野市・36歳）

高校時代、私は河東線にお世話になっていた。毎朝1時間に1本しかない電車に乗り遅れぬように大急ぎで準備する。電車通勤の父もまた、同じ線を利用する仲間だった。

私たちは同じ時間に家を出る。高校生の娘と父。普段会話することはあまりなかったが、駅までの徒歩5分の道のりは自然と話すことが日課となっていた。話すといっても本当にちょっとしたこと。今となってはその内容すら覚えていない。思い出として語るには取るに足りないエピソードだ。

だが、河東線が廃止になった際、父が地元の有線放送に河東線への思いを語っていたことがあり、私はたまたまその放送を聞いた。すると父は娘の高校時代に一緒に歩いた駅までの道のりが、年頃の娘とコミュニケーションを取れる唯一の場であり、とても貴重な時間だったと話していたのだ。そんな父の思いを知り、胸が熱くなった。今ではもう、跡形もない駅を見ては、あの日々のことを懐かしく思い出す。

入選

## 亡き母と電車の思い出

執印（しゅういん） 綾子（長野市・61歳）

88歳で一昨年急逝した母を思う時、電車の思い出があります。3年前に私が病気で体調を崩した折、北信の山あいの村に住む母が、バスを乗り換え、長野駅から電車に乗って、我が家まで来てくれました。

20年程前に父が亡くなり一人暮らしになってからも、お米と野菜を作り続けていました。白内障と耳の病気があり、一人で遠くまで来るのは危なかったと思います。隣に座った方に、柳原駅で降りるので教えてほしいと頼んだそうです。帽子をかぶり、リュックをしょって、手さげを持って電車に乗っている姿を想像すると、胸にこみ上げてくるものがあります。

母に「大変だったね」と声をかけると、「電車に乗って楽しかった」と言うのです。日頃農作業で忙しくしていた母は出掛ける事が殆（ほとん）どなかったので、長野まで出て来て、電車に乗って映り行く景色を見るのは新鮮なものだったんだろうと思います。苦労が絶えなかった母に、見はらしの良い赤い「ゆけむり号」に乗せてあげる事が出来なかったのが心残りです。

---

入選

## 銀色の箱が教えてくれたこと

関口 理和（長野市・40歳）

「あの銀色の箱を開けて、踏切の点検をするのがお父さんの仕事だよ」。それは小学生だった私が初めて父から聞いた〝自分の仕事について〟でした。運転手さんじゃないんだ……と思いながらも、普段長野電鉄を使わない生活をしていた私は、遠足などで電車に乗ると無意識に銀色の箱を見つけどこか誇らしい気持ちになったことを覚えています。

そんな私も今では母に。子供は長野電鉄にお世話になり、学校に通っています。私も学校行事で電車に乗る機会が増え、再び無意識に銀色の箱を探してしまう自分に出会いました。

危険に過敏な父、口うるさかった父。親になった今、初めて気持ちがわかり、ありがたさと共に父の仕事への情熱にも気がつきました。銀色の箱が思い出させてくれたこと、気づかせてくれたこと、言葉にならないものですが、私も情熱を持って子供にリレーしたいです。いつか子供達がどこかでふと気づいてくれますように。言葉に出さないけれど、お父さんありがとう。

# 出発進行！若穂中学校郷土部号

手塚 正雄（佐久市・57歳）

須坂駅2番線ホーム。プワーン！ 警笛一声、1501号電車がモーターの唸り声をあげて松代に向けて動き出した。車両の前後には「若穂中学校郷土部号」の文字が。須坂駅を後にする。ホームには出発式を終えて、見送る人たちが手を振っている。

この電車は河東線若穂駅近く、若穂中学校郷土部の生徒たちが企画した貸し切りの臨時電車である。公立中学校の生徒たちが電車を借り切って運行するのは、全国的にも珍しい。この企画を理解してくれたのが長野電鉄であった。動態保存していた1501号車を使った貸し切り電車の運行が実現したのだった。

車内では、河東線活性化のための校内での全校アンケート結果集計発表、松代では歴史的遺産の見学と散策。中学生としては質の高い研究発表であった。当時、顧問教諭の私も感激した。

あれから20余年が過ぎた。河東線は廃線となったが、成人している当時の生徒たちの心の中で、郷土部号が走り続けているだろう。

信濃川田駅に停車中の若穂中郷土部号モハ1501＝平成８年１月（手塚正雄さん提供）

入選

## はじまりは湯田中駅の駅員さん

武川 みゆき（諏訪市・57歳）

30年ほど前のことになる。週末、友人たちと車で志賀高原にスキーに出かけたが、急な仕事があり、先に電車で帰ることになった。荷物は友人に預け、湯田中駅まで送ってもらい、切符を買おうとしたときに財布のないことに気付いた。

携帯電話のない時代、途方に暮れつつ駅員さんに事情を伝えると「では降りる駅にどなたかに来ていただき、お支払いいただければ乗っていただけるようにしましょう」と、下車する長野駅に連絡してくれた。その時ふと、兄のように慕っている同僚の顔が浮かび、電話したところ駅に迎えに来てくれるという話になった。湯田中駅から長野駅までの間、冬の寒い景色と重なり、ひどく長い時間に思えた。

改札にいた彼は「大変だったね」と言うと支払いを済ませてくれた。このことがきっかけで彼を意識するようになり、その後結婚した。今では駅員さんの顔は思い出せないが、私の人生の中で、結婚へのレールへと導いてくれたことにとても感謝している。

## 揺れる電車

青木 卓也（長野市・23歳）

長野電鉄屋代線は、小学生の時の自分にとってアトラクションだった。夏は車内の窓が全開で、踏切の音も線路を刻む音も蝉（せみ）の声も、全てが車内に響き渡った。窓が全開のため、夜の車内は虫が入り込んで、とても座席に座れたもんじゃなかった。車両は古く、扉が開く瞬間は大きな音がして驚くし、走行中の揺れは激しく、立っている際にはつり革は必須だった。

そんな屋代線が大好きだった。母親がペーパードライバーだったので、どこかに出かけるときは決まって屋代線を利用した。旅行好きになって、少し遠出をするようになってからも、始まりと終わりは必ず屋代線を利用した。ロングシートの席に、靴を脱いで、膝立ちで窓を向き、大画面のスクリーンに流れる景色を食い入るように見ていたという。

今、東京に住んでいる。快適に走る山手線の車内ではいつもスマホを眺めている。あの頃の、電車に乗る時のワクワク感が、恋しい。

## ここにはね、電車が走っていたんだよ

青木　洋子（長野市・59歳）

屋代線と言って、須坂から屋代まで線路でつながっていたの。河東線とも呼ばれていたんだよ。私が小さい頃、おじいちゃんが近くの金井山駅長さんをしていて、駅長室で近所の人と楽しそうだったな。

中学の電車通学は、朝はぎゅうぎゅうだった。線路が複線で電車交換もできたの。特急も貨物も走っていて、貨物は必ず数えたなあ。高校も短大も電車通学。無人駅になってしまった時は寂しかったな。松代にお嫁さんに行ってからも、子どもをよく電車に乗せたっけ。その後も、家族みんな電車にはずっとお世話になってきたんだよ。

でも、そんな屋代線もとうとう廃線に。まさかの廃線決定に耳を疑いしばらく放心状態になってしまったあの日、それでも何とか存続をと、中学の息子と本気で願った。そして迎えた別れの日は雨だった。「ありがとう、ごめんね」。あれから8年、ここにはね、電車が走っていたんだよ。今ではね、みんなの心の中で走っているよ、大切な人達を乗せて。

## 真冬のイナズマの思い出

赤塩　茂（長野市・79歳）

バチバチ、バチバチ、バチ――。遠くから眠気をさます音が近づき、家族が寝起きする8帖（じょう）間の障子を、ゆるがして、部屋一面を100ワットの照明のように明るくして、下りの一番電気機関車が通り過ぎ行く。

私の家は線路より15メートル位の所にあり、しかも部屋から5メートル位の高さに線路があり、冬の朝、零下10度以下になれば、木花（樹氷）が架線に付き、パンタグラフがスライドすると火花がスパーク、その音は朝のため3キロ四方まで、聞こえたそうです。

その一番列車が通過すると、母親がカマドに火を入れ、暖かみのある煙が部屋に充満する。雨戸もサッシも無い時代、家族全員でヤグラコタツに入って30分位すると、今度は上り屋代行普通列車がバチバチ、バチバチと、部屋を明るくして通過。それを合図に姉弟は起き、各々仕度したものです。

廃線から8年にならんとする現在。60年も前の楽しい思い出、線路沿いに住む私達姉弟の、もう二度とは出来ない体験でした。

## 線路の家

赤塩 富夫（長野市・77歳）

私の家は、河東線と山に挟まれていたため『線路の家』と呼ばれていた。昭和24年頃、家には水道も井戸もなかった。近所のお宅へ水を貰いに行くのは、2歳上の姉と小学生の私の仕事であった。バケツを下げて踏切のない線路を横断するのは、子供にとっては重労働でかつ危険なことから、私にとって線路は「邪魔者」以外の何物でもなかった。

しかし数年後、自宅のすぐ近くに「大室駅」が出来ることになり、そのプラットホームには、私の裏山の土石を充てることとなった。それを運ぶ父のリヤカーを押して手伝った記憶がある。結果、我が家の敷地は広くなり、前より大きな家を建てることが出来たのである。

大室駅が出来たお陰で、私はそれから中学・高校への通学、そして長野市への通勤にと、長年、長野電鉄のお世話になることになったのである。屋代線が廃線となった今、あのプラットホームも取り壊され跡形もないが、傍を通る度に当時のことを思い出している。

## 母の生きる希望となった「桐原駅」

荒井 照子（長野市・78歳）

昭和20年7月。疎開先の甲府市も大きな空襲となり、私の一家は激しい焼夷弾の降り注ぐ火の中を、九死に一生を得て着のみ着のまま悲惨な姿で、南信の母の郷里に辛うじて着いた。しかし食糧難の時代に長くは居られず、やむなく父の郷里の東福寺村（現長野市篠ノ井）に移った。

毎日食べる物もない、知人もいない小さな村で母は心細かったのだろうか、時折、幼い私の手を引いて逃げるように赤坂橋を渡った。畑中の細道を1時間程歩いて、河東線の象山口駅から電車に乗り、桐原駅で下車し吉田の伯父の家に辿り着くのだった。疎開の伯父夫婦、従兄の武ちゃんは、その都度温かく迎えてくれた。母は幸せそうだった。夏になると、河東線のどこにも青く美しい矢車草の花が咲き、車窓からの清清しい風景は一番の楽しみであった。

極貧だった終戦直後を回顧する時、河東線と、あのやさしく強い矢車草の花が明るく心に浮かぶ。そして桐原駅に着いた時の母の笑顔を生涯忘れることはない。

壁のケースに飾られた自作鉄道模型。長電の往年の車両が並ぶ（甘利善一さん提供）

## 長電車両と自身の成長

甘利 善一（千曲市・54歳）

私と長野電鉄の関わりは、附属長野中学校が西長野から南堀に移転した昭和55年12月からである。卒業までの4ヵ月間の電車通学は、鉄道好きの私にとって楽しい時間であった。

30代に東京勤務の機会をいただいた。宿舎近くに鉄道模型店の存在を知り、いつかはと思いつつ実現できなかった長電車両の模型制作を始めた。今では数多の車両模型が販売されているが、地方鉄道は自作するしかなかった。1年間で約30両を作り上げ、専門誌に掲載された。作る楽しさを知り、鉄道情景を中心に数多くの模型を制作した。出版社主催のコンテストにも応募し表紙を5回飾った。自信と共に集中力や段取り力等も身に付き、仕事や生活にも活かされている。

自室の壁には2000系やOSカーなどの車両模型が飾られている。これらの車両を眺めていると、吹きさらしの中、校舎から駅まで歩いた当時の情景が、そして靴の溝についた雪が解け、黒く変色した木造の床が今でも目に浮かぶ。

# 踏切のおじさん

新井 洋一（長野市・63歳）

市役所前駅の階段を上り切ると、交差点の雑踏が開ける。新入社員の頃、この交差点はなく「長野大通り」は長野市内を南北に走る複線の線路だった。「昭和通り」はすでに中心部を東西に貫いていたので、市街地の行き来には、長い踏切を渡らねばならなかった。

踏切は手動踏切だった。「カンカンカン」。電車の通行を知らせる警報機が騒ぎ出すと、丸椅子に座っていた、おじさんがすっと立ち上がる。通行人や自動車を静止させると、円形ハンドルを白手袋で横向きにクルクル回す。「とまれ」と書かれた黄色いペナントを下げたワイヤが降りて来る。目の前をゴトンゴトンと、武骨な車輪が通り過ぎて行く。当時、私はおじさんの仕事は楽で良いなと思っていた。

踏切があったことを知らない人たちが通勤路を急ぐ。踏切保安は油断すると大惨事に繋(つな)がる。単調だけれど、ミスなく継続するのは大変である。誰にでもできそうなことを、誰よりも上手にこなしていた難しさが今は見える。

2000系を見送る踏切警守＝社内誌「しんわ」昭和47年3月刊より

## 湯田中まで、おとな一枚、こども一枚

荒木 みのり（長野市・60歳）

「かあさんを迎えに行くぞ」

父が炬燵（こたつ）の炭を消している。母と弟が家を空けて数日。雪の舞い始めた夕暮れ、父に手をひかれて長野駅へ向かう。

母は小布施で生まれ、その姉妹は電鉄沿いに住んでいる。私たち姉弟はしばしば、母に連れられて電鉄に乗った。権堂へ買い物に、実家へ遊びに、時には渋のお湯へ。童話の挿絵のような緑町の駅舎。本郷駅の雷鳥がスキーをしている立て看板はいつ見ても面白い。柳原駅からヒヨコのケージが乗り、ぴよぴよと声が響くのもとても楽しかった。

夫婦げんかのあと、母は弟を連れて渋の妹のところへ行ったらしい。むすっと煙草（たばこ）をふかす父の顔を横目で伺う。志賀からの風が冷たい乗換駅。湯田中が近づき、車窓から見える家をゆびさして、父が「かあさんがいるぞ」と言った。えっ、どこに？

家並みが小さくなる。電灯の中に柔らかな母の影が見えた気がした。

## 40年前の記憶

市川 厚（千曲市・47歳）

小さい頃、毎週土曜日になると、一人で長野駅方面に向かうバスに乗っていた。昭和通りの交差点を曲がったところに遮断機があり、電車の往来があるとバスは停まる。車内から目の前を通る電車を眺めるのが好きだった。駅員さんが遮断機を下げ、周りの歩行者や車が停まり、花道を千両役者が通るがごとく進む電車。時に特急を見られた日には、それだけでよい日と思った。

ある年の2月、地下鉄が通る、という話を聞いた。最後の1日、いても立ってもいられなくなり、親のカメラを片手に家のそばを通る線路に向かい、地上を走る車両を撮影しようとした。そのときのピンボケで満足に写っていない写真は、つい最近まで手元にあった。近代的な地下鉄の開通に胸が躍りつつも、昭和通りの遮断機の上げ下げが見られなくなることは、子ども心に残念だったことを覚えている。

あれから約40年。小さい頃の記憶には、優雅に走っている長野電鉄の電車がいくつも登場する。

赤岩駅に入る電車と、高社山麓の赤岩集落＝昭和46年4月（小西純一さん提供）

# 憧れの電車通学

上野　見（中野市・62歳）

そういえばよく走っていた。柱時計で3分遅れると小走り、5分すぎると見通しの良い畑の脇の草道を選び、近づく電車を見ながら全速力で駆け下りた。紺の手提げ鞄で電車通学する中学生は憧れだった。「小さいのに大人の切符だな」と父は笑ったが、セーラー服の胸ポケットに入れた定期券は誇らしかった。

乗車駅はホーム中央に駅舎があり、両側を上り、下り電車が交換。駅員さんは2、3人いて、子供たちの顔をすぐに覚えてくれた。「駆け込み乗車禁止」。大声が飛ぶこともあったけれど、走って来る子供を見つけると発車の合図を待ってくれた。親に送ってもらうことなど無かった50年前。本当にありがたかった。

駅は廃線で姿を消したが、気さくに話しかけてくれた駅員さん、息を切らせて乗った先頭車両は忘れられない。当時の校舎、初めての英語授業、体育のトレパン、給食のコッペパン、石炭ストーブ。そういえば理科室で月面着陸のテレビ放送を見たっけ。懐かしい。

# 幼き日の思い出

上野 和江（下高井郡・70歳）

私は小学生の頃、木島平村に住んでいました。父は私が1歳の時に心臓の発作で亡くなり、母の実家近くで母子4人での生活でした。

母の姉が田上に住んでおり、そこには年の近い従弟(いとこ)が沢山いて、時折遊びに行きました。木島駅から2駅です。当然電車で……と思うでしょうが、お金のない私達は歩いて行くしか方法がありませんでした。

道もよく分からず、電車の線を見ながら遠回りし、時には電車の枕木を踏みながら近道もしました。今思えば線路内を歩くなど危険な行為ですが、その頃の私達は、春の花を楽しんだり、夏の虫を追いかけたりと全てが遊びの中でした。

帰りはおばさんから電車賃をいただくこともあり、この時の嬉しかった事。たった2駅だけでしたが、もうワクワクしながら電車に乗りました。今は廃線になり、踏切はありませんが、その道を通る度、どうしても一時停止してしまいます。今でも心の隅に残る、懐かしくも切ない線路の思い出です。

# 傘がある

内山 敏光（長野市・61歳）

少年時代だった。宿題が出た。「明日からローマ字の勉強をするから、皆の周りにあるローマ字で書かれているものを探してこよう」。下校して家中を見渡してもなかなか見あたらない。ふと頭に浮かんだ景色は、通学路脇の本郷駅のホーム上にある駅名看板だ。「ほんごう」の上にあるローマ字だが「ごう」が。ＧＯかＧＯＵかＧＯーだったか思い出せない。

見に行かなくちゃ。駅の外からホームの看板を覗(のぞ)いて観る。「あ！　傘がある、そうかＧôだったんだ」。雨の降りしきる帰り道、僕の気持ちはすっきり晴れていた。遠い昔の懐かしい思い出だ。

時は流れ、小さな木造駅舎は「本郷ステーションデパート」という13もの店がある夢のような空間になり、さらに令和となって愛(いと)しい本郷駅は、利用者のためにバリアフリー化され再度生まれ変わった。本郷駅はこれからも地域に住む自分たちとともに、歴史を刻んでいくだろう。

因(ちな)みに今のホームの駅名看板には傘が無い。

## 青春時代は電車通い

大川 貞子（千曲市・75歳）

私は中学校、高校、勤務先へ電車で通いました。当時朝のラッシュ時は押せ押せの満員電車で、駅員が一生懸命背中を押す姿がわすれられません。いつも乗る同じ車両、場所も決まっていて、乗客も顔なじみになり、自然と言葉を交わすようになる。相手のおじさんは明るくて社交的な人柄で「テストかい？　がんばって」「クラブ活動遅くまで大変だな」と声をかけてくれましたが、その時は年頃で恥ずかしく、時には乗る車両を変えました。

女子校だったので、同じ電車に乗る男子校も話題にもふれました。時々貨物と連結している時間帯に合うと、客車も空いているのに、友達同士で秘密部屋の雰囲気を味わいたくて乗りました。自転車や、小動物がかごに入っていて、鉄格子の窓の中で「囚人みたい」「風が入ってきて寒いね」「臭いね」と言いながらも楽しかったです。車掌さんが見ても何も言わず、今思うと乗客は乗ってはいけなかったのか、寛大だったのか……。青春時代の淡い懐かしい記憶がよみがえります。

## じいじ、ばあば、僕。地下鉄のホームで緊張が走る？

大塚 拓人（長野市・27歳）

私がまだ小学校に上がる前、平日は桐原駅が最寄りの祖父母の家に預けられていた。よく祖父母と私で権堂のショッピングセンターまでお出かけに行くことがあった。

最上階でランチをし、買い物をして権堂駅から桐原駅に帰ろうとする時、いつも3人に緊張感が走る。権堂駅で電車を待つ際、電車が近づくと右手からゴォーという音がしてきて徐々に音が大きくなってくる。私はいつも怖くて両手で祖父母の腕を強く掴んでいたのを今でも覚えている。後で聞くと、祖父母も孫が強く腕を掴むから同時に怖くなってしまったとか。客観的に見ると、電車の接近をハラハラしながら待つ3人の姿は滑稽だったと思う。

そんな私も今年で28歳。祖父は15年ほど前に他界したが、祖母は90歳近くでまだまだ元気。杖を突いて歩く祖母だが、まだ歩けるうちに権堂まで再びショッピングに行けたらと思う。今度は私が祖母に腕を掴んでもらい、安心させながらお出かけができればいいな。

## 息子の旅とお饅頭(まんじゅう)屋のおばさん

大塚 晴美（長野市・47歳）

長男が小学3年生の頃、突然長電に乗りたいと言い出した。当初、夫や私が同乗していたが、いつしか一人で始点から終点まで1、2往復するようになっていた。何が楽しいのか尋ねると「全部。車両の形や匂いとか。林檎(りんご)畑も街の風景も、両方楽しめる」と言う。そして決まって湯田中の店で温泉饅頭を一箱買ってきた。高学年になると、友達とも同様に乗るようになった。ある時は湯田中で、足湯ではなく「楓(かえで)の湯」に入ってきた、と言って私達を驚かせた。

中学に入り、仲間たちと例のお饅頭屋に行った事があった。これまで店のおばさんは、息子が訪ねる度に声を掛けてくれ、お茶とお饅頭を出してくれたそうだが、この日は3人居たのに出てきたのは1個だけだったと言って私達を笑わせた。

その息子も中学3年生。受験もあり長電は遠のいてしまったが「合格したらおばさんに報告したら」と祖母が言う。大きくなった息子を見て、おばさんはきっと驚くに違いない。春は、すぐそこまで来ている。

## 沿線子育て事情

大槻 拡子（上高井郡・39歳）

3年前、長電の線路沿いにアパートを借りた。青空の下、リンゴ畑を走り抜けるような線路の風景が爽やかだった。

翌年、長男が誕生した。特急電車の警笛に驚いたのかな。手足をもぞもぞさせていた。「カンカン来たね」と、ベランダで抱いていると「かんかん、かんかん」と遮断機を指さすようになった。通り過ぎる電車に小さい手をひらひらさせる様子がかわいかった。

「すのもんち（スノーモンキー）」と「ゆけむり」も覚えた。父と乗った「ゆけむり」の先頭車両で〝ゆけむりチョロＱ〟を握りしめたまま眠ってしまう。残された父は一人、スマホで車窓を動画に撮ったという笑い話。

部屋にいながら、電車が通る音を聞き分けられることが増えてきた。銀色の車両は「ふつうかんかん」と呼ぶことにしたらしい。大きくなっても、電車を見たら思い出すのかな。

なんて楽しい沿線子育て事情。

## 乗客電車に自転車をのせて

大峡（おおば） 要子（としこ）（須坂市・79歳）

私は高校生の時、保科から川田駅まで自転車で通い7時42分発須坂行きの電車に乗っていました。車中は会社員と学生で満員です。ある朝、大霜が降りて寒く指がカジカンだので止まって手を温めたのですが、その数分で電車に乗り遅れてしまいました。次の電車まで1時間もあり、仕方なし学校まで自転車を漕（こ）いで行きました。ジャリ道に登り坂で思うように進みません。遅刻しないよう必死に汗びっしょりで入室しました。その日の授業は空（うつ）ろだったと思います。

帰りは須坂発5時9分の屋代行きの電車に自転車と共に改札しようと思いました。自転車をのせてくれるか不安でした。改札口に行って、朝からの事情を駅員さんに話すと、私の定期券を見て手を横に流し、自転車を通してくれました。階段でも手伝ってくれました。恥ずかしかったけど嬉しかったです。ぎくしゃくしていてお礼の挨拶もはっきり言えませんでした。あの時の理解のあった優しかった駅員さんのことは忘れません。本当にありがとうございました。

---

## はじめての電車

岡澤 ひさ子（長野市・82歳）

5歳と3歳の子供を連れ、家族4人のはじめての温泉旅行に行きました。長野電鉄線の長野駅から湯田中まで、千曲川沿いの田園地帯を走り抜ける乗客となった2人の子らは、生き生きと活気に満ちていました。宿に着くなり何か命令し合っていた兄弟は、突然兄が「チンチンチン」とくり返すと、弟が部屋の電灯をつけたり消したりをくり返し続ける。電車が踏切を通過する時の様子を再現していたのです。びっくりした私は辺りを見回してしまいましたが、主人は視力、聴力、活力の成長だと言い、満足気な顔。「明日も電車に乗るのか」と兄が聞いて来ると、弟もまた同じ事を聞く。余程電車が珍しく、楽しかったのであろう。

その後、主人は教員の異動により須坂小学校勤務となり、河東線の金井山駅から須坂駅まで5年間お世話になる事となりました。

自家用車など持つ事ができなかった時代、6人家族のわが家の生活は河東線に支えられていたのです。ただ、感謝あるのみです。

長芋畑を見渡す岩野―象山口間を０系OSカーが行く。上信越道の工事が進む＝平成２年10月＊

# 母と赤い電車（河東線とともに！）

岡澤 和子（須坂市・69歳）

その日、私は千曲川の堤防を上ったり下ったりして弟と遊んでいた。母は堤防下の畑で農作業をしていた。山裾を1時間に1往復する赤い電車が通ると、手を振って大きな声で叫んでいた。「おばあちゃん家へ行く時、乗せて行って！」。赤い電車はガタゴトと通り過ぎて行った。

社会人になって、通勤にはもちろん電車を使った。駅員の人とも顔見知りになった。この頃になると自動ドアの車両が多くなり、時々古い手動のドアに戸惑う人もいた。

母も電車をよく利用していた。ある時、松代駅で電車待ちをしているところを、新聞にのったことがあり、とても自慢気に話してくれた。そんな母も晩年は、須坂の私の家で過ごし、河東線（屋代線）90周年での廃線を信じられない思いで最後の列車を見送り、2年後に94歳の生涯を閉じた。母は屋代で生まれ、松代に嫁ぎ、須坂で最期を迎え、河東線と共に生きた人生だった。

## 修学旅行

岡宮 喜三男（長野市・87歳）

昭和20年の秋。わが人生のなかで忘れえぬ時があります……。6年生の修学旅行です。戦後のわが国は食料に逼迫した日々でしたが、私たちは皆元気に学校へ通いました。このように非常の時でも、修学旅行が楽しく出来たことを嬉しく思い、また感謝しています。目的地は山ノ内温泉郷の安代温泉でした。

私は自分たちが作った路線地図を見ながら、錦町→権堂…信濃吉田…桜沢と、未だ見ぬ駅を辿りながら、夜遅くまで地図上で楽しい旅をしました……。男女約200名の大所帯で「米」持参の旅行です。車中静かだったのは先生のルール説明の時だけで、あとは蜂の巣を壊した様な賑やかさでした。

車窓から望む飯縄山が秋の陽に映えて美しく、また村山橋から見た千曲川の雄大な流れや、松川の白い石群、そして、どこまでも続く黄金の田園風景……。なぜか駅員の終着駅を告げる「湯田中、湯田中」の叫び声が、今でも印象に残っています。長電ならではの楽しい修学旅行でした……。

---

## 電車とりんご

生越 寛子（大阪府三島郡・40歳）

白血病で闘病していた母が、病室に行く度に呟いた。「旅行がしたいね」。奇跡が起き、母は退院。初めての家族旅行に出かけた。行き先は長野。雪が積もる前の長野だ。JR「しなの」に乗り、長野駅で長野電鉄に乗り換えた。駅を降りたら露店でりんごが売っている。母はじっくりとりんごを眺めたが、買わなかった。

この時期、長野電鉄には観光客は少なかった。ただただ、のんびりした風景を母は食い入るように見ていた。「りんご、食べなさる？ このりんご食べたら医者いらずだでー」。偶然に隣に居合わせたおばあさんがタッパーに入ったりんごを分けてくれた。一口食べたら甘味が広がり、しゃりっとした歯触りも良い。「おいしい」。家族みんなが同じことを言った。

母はりんごを食べながら車窓を見つめた。そして涙をこぼした。「元気になってよかった」。母の目には病室ではない幸せな風景が飛び込んでいる。そして口から元気をもらえるりんご。家族を見て私は呟いた。「幸せだね」

# 懐かしいな長野電鉄

片桐 一江（須坂市・60歳）

私は長野電鉄の電車に乗るのが好きです。それは、父が長野電鉄に勤めていたからかもしれません。

小学校の頃から、松代の親戚の家へ行く時はその当時走っていた上野―湯田中間を走る国鉄の急行電車に乗る事が多かったです。止まらない駅にはＹの字のような棒があり、車掌さんは大きな輪を、走っている電車から投げてかけていました。それを見て私はあこがれ、車掌になろうと思っていました。

電車はいつ乗っても人がいっぱいいて、座った記憶がありません。特に冬はスキー客でごった返していました。そんな様子を見ると、なぜか父が誇らしかった事を覚えています。

父は10年以上前に亡くなりましたが、今は孫が電車好きで、駅や村山橋へ電車を見に行ったり、出掛ける時は電車に乗る事が多いです。孫の将来の夢は「ゆけむり」の運転手とのこと。

また昔のように沢山の人が電車に乗り、活気のある長野電鉄になる事を願っています。

国鉄に直通する上野行き急行「志賀」が象山口駅を通過＝昭和50年頃

## 想い出の屋代線

勝山　明子（須坂市・79歳）

当時松代へ行くため、自販機（無人駅）で切符を買い求め手荷物を長椅子におき、その時ちょっと切符をも置いたのがいけなかった。

そのまま乗車、途中で気がつき、乗り継ぎの時間は6分程あり、すぐ改札口へ一応理由を説明しに。七佰六拾円あまり。無効にするのは忍びないと思いました。

気にしながら車中の人となり、目的地へ。こちらの手落ちなので、料金を支払うつもりでした。

改札口の方に「○○さんですネ」「切符がありましたのでどうぞ」と言われ、びっくり。きっとお忙しい中、あの駅までいって切符を持ちかえってくださったんだと思いました。ありがとうございました。

今は亡き姉と母のお墓にお参りの待ち合わせ日でした。いつも職員の方々はいろいろな方面で、とても親切に対応してくださってます。

## 長野電鉄と息子と私

菊川　球一（長野市・59歳）

長野電鉄の線路脇に住んでいたせいか、我が家の息子は大の電車好き。3歳になった頃、電車に乗ろうと家族で駅へ行ったところ、なかなか乗車せずに、やって来る電車の運転士さんに敬礼の連続でした。運転士さん達もそれに応えてくれたので、息子は大喜びでニッコニコ。

ですが、息子の本当の目的は、お気に入りの車両に乗る事だったようで「これも違う。あれも違う」と言い出して、約1時間半も駅で待ちぼうけとなってしまいました。これには私の方が疲れ果て、強引に次に来た電車に乗せてしまったので、息子は大泣き。「悪い事をしたな」と、30年以上たった今でも、悔やんでいる私です。まあ、当の本人は、とうの昔に忘れてしまっていると思いますが、私にとってはどうしても忘れる事の出来ない、「ながでん」さんとの苦い想い出となっています。早く笑い話に変わってくれればいいのですが。

そんな息子でしたが、今はその憧れの会社で、お世話になっています。

# 安田駅

川辺 達雄（中野市・69歳）

昭和42年の正月明けの事である。私は飯山北高の1年生であった。その年は豪雪であり、私の生家の穂波温泉もそれなりに積もった。

山ノ内から飯山北高へ通うには、信州中野で乗り換え、木島線を安田駅まで行く。

高社山の南山麓を走る冬の木島線は、雪の中である。電車は、雪煙を巻き上げて走った。しかし、車内は通学するニキビ面の高校生の熱気で車窓が曇り、外の様子は分からない。

正月明けの3学期の初日、安田駅に下車して、思わず反り返る程ぶっ魂消た(たまげ)。駅舎が雪に覆われ、出口がないのである。出口には、雪の白い壁。そんな馬鹿なと、白い雪の壁を登り外に出ると、千曲川の向こうに見える飯山の街は雪の下であった。高校へ向かう本町通りを歩くと、電線が膝下に張っていた。本当の豪雪を実感した。

それから半世紀。令和2年1月の飯山の積雪は零センチである。そんな馬鹿な！

雪の降る中を信濃安田駅ホームに入る3500系＝平成12年12月＊

# 落としものと須坂駅

北村 良一（千曲市・82歳）

「須坂駅だが、あなたの大切なものを預かっているのでとりにくるように」と電話のあったのは、今から50年ほど前のことだった。

仲間と忘年会で大いに飲んで、屋代駅から最終の電車で帰った。翌日、ズボンの後のポケットに入れたはずの給料袋が見あたらず、家にも、職場にも、昨晩の店にも無く、途方にくれていた時の電話だった。

駅長さんは、電車を掃除した職員が拾ったこと。お金の大切さやお金の保管のことを、若い私にやさしく諭された。また、お礼について相談すると、河東線は地域に喜ばれ地域のためになりたい。駅として当然のことをしたまでのことで礼は無用……と、こんな趣旨のことを言われたように記憶している。

河東線は平成24年3月31日をもって廃止された。3月28日、世話になった須坂駅に孫たちを連れて「さようなら屋代線」で訪ねた。私のお金に対する考え方は、あの時の駅長さんのお言葉を常に心がけてきた様な気がした。

須坂駅の旧駅舎＝昭和31年5月＊

# 連結器に立った人

倉石 芳雄（長野市・77歳）

私が小学生になった昭和24年頃の思い出です。母親の実家が須坂だった事もあり、電車には小さい頃から乗っていました。

ある時に錦町駅で見た忘れられない光景です。超満員の電車が停まっています、時に窓からの出入りはそれほど珍しくない事でしたが、ついに後部外の連結器の上に立つ人が現れました。大きなリュックサックを背負っています、荷物は入っていないようでしたが、立ったまましっかり掴（つか）まっています。「えっ」と私は小さく身震いして見たように思います。

また権堂駅辺りには電鉄の自動車庫があって、乗合バスやハイヤーが出入りしていましたが、乗り合いに見た一コマも重なります。乗降口からはみ出た人を女の車掌さんが、その外側から抱え込むようにして両手で掴（つか）まり、そのまま走りだすのです。当時は他社の路線でも見かけましたが、何と言っても、あの電車の連結器に立った人の光景だけは別格で、受けた迫力はいまだに鮮明に、私の目の中に生きております。

# 人生の通過点

栗田 基久子（長野市・78歳）

今もなお、時を背負ってたたずんで居（い）る木造駅舎を見ると、あの当時の事が切なく蘇（よみがえ）る。

昭和21年6月、私は5歳の時の出来事であった。

父は用事のため、松代駅からの河東線で、須坂駅へ行く予定だった。決まっていた予定の電車はむりだったので、次の電車で行くようにと言われたが、父はどうしても予定通りの電車に乗りたいと、駆けつけた。電車はすでに、動き出していた。駅員さんの制止を振り切って、父は飛び乗り間に合ったのだ。

須坂駅に予定通りについたのと同時に、駅近くの爆発事故に遭遇してしまい、父は帰らぬ人となった。なぜ次の電車にしなかったのかと……。はっきりとした記憶は無いが、母からよく聞かされていた。この時程、運命的な物を感じた事はなかった。

そんな駅舎も、時の流れにとり残されてしまっているかのように、今は何を思いたたずんで居るんだろうか。

## 父の通勤電車

黒岩　邦義（中野市・69歳）

私には、大正12年5月生まれ、94歳の父がいます。大正、昭和、平成、令和と生き抜いてきました。通勤で毎日駅まで歩いたことが元気の素かもしれない。祖父が41歳で逝ってしまい、父は妹3人を嫁がせ、私たち2男1女を、公務員と兼業農家で育ててくれた。

その父が長い間通勤でお世話になったのが「電鉄の電車」。勤務地が須坂、長野と変わっても、始発駅は信濃竹原。駅まで朝4キロ歩いて乗車、仕事の後、再度4キロ歩いて帰宅。さらに夏は、暗くなるまで農作業をする元気な働き者でした。昭和30年から50年代の早朝、積雪は多く、幹線でも除雪はなされていなかった。ゴム長靴でラッセルしながら毎日通った苦労話や、ボヤキを聞いたことはなかった。

40年後、私も会議の時電車通勤する。そんな時、彼が何を思い車中の人となっていたのだろうか……と、思いを巡らせている。

## 駅員さん、ありがとう

小林　順子（長野市・55歳）

「定期券を持って高校に通うのが夢」と話していた娘。念願が叶（かな）い、長野電鉄の定期券を持って高校に通い出しました。

無事1学期が終わり、夏休みになると学校へ行く機会が減り、定期券の期限が切れていました。明日から2学期が始まるという夏休みの最終日、娘はその日まで部活動の合宿で不在でした。定期券をまだ買っていない。私は朝陽駅へ定期券を購入しに行きました。申請書を出すと窓口の駅員さんは「お母さん、高校生の定期券は自分で買わせなきゃダメだよ」と言って申請書を返してきました。一瞬、えっと思いましたが、はっと気が付きました。なんて親バカな事をしているんだろう。「自立できるようにならなきゃね」と普段から言っているのに、妨げているのが私だなんて。

翌日、いつもより早く家を出た娘は自分で定期券を買いました。あれから10年、今では社会人として働いている娘です。あの時の駅員さん、気がつかせてくれてありがとうございました。

柳原駅ホームから眺めた夕陽（小林健人さん提供）

# 私と長野電鉄

小林 健人（長野市・35歳）

令和元年東日本台風により、大きな被害を受けた長野市長沼地区。被災地の復旧を手伝うボランティアを派遣するため、長野市柳原に北部ボランティアセンターが設置された。災害ボランティア参加者は、長野駅から柳原駅までの区間の運賃が無料になったので、私はたびたび利用した。

毎回、帰るのは夕方になった。午後4時くらいの柳原駅は、夕焼けの時間帯。とても綺麗（きれい）なのだけれど、もの悲しくもある緋（ひ）色を、電車が来るまで見つめた。ボランティア活動に通う際に、私の癒やしになるものが二つある。私は電車に乗ることが好きだ。心も体も、くたくたに疲れた時に、好きな電車で帰れたことは嬉しかった。また、長野電鉄長野駅は、私が好きなコーヒー屋さんに近い。作業に行く前や作業後にコーヒー屋さんで気持ちを整えることも大事なことだ。

運賃の無料化は終了し、今は車で通っているが、あの頃の私にとって、長野電鉄は無くてはならないものだった。

## まぼろしの山

小林 美枝子（長野市・59歳）

確かに私は見ていたのだと思う。屋根のない黒い貨車と駅前に有った黄色の石の山を。

菩提寺が須坂市にあるため、幼児の頃は信濃吉田駅から、引っ越してからは本郷駅から、電車での墓参りは、バス利用になる中学生の頃まで、2～3ヵ月に一度は続いていた。

図書館で見つけた資料によれば、須坂駅から米子鉱山の硫黄などを運んでいたそうだ。ただし、硫黄の採掘は私が生まれた年に終了し、鉱山そのものも、中学生の頃には閉山した。

私の記憶は何歳の頃のものなのだろうか。黄色の石の山はまぼろし？　黒い貨車は本物？　半世紀もの前の記憶は、たよりなくおぼろげ。

国鉄線につながって、貨物を運んでいた河東線もすでにない。墓参りに再び電車を利用するようになった今、須坂駅のホームで電車を待つ間、黒い貨車の停まっていた線路、その向こうに黄色の石の山が見えた駅前を、無意識のうちに見つめている時がある。

## ブワッと風が吹く

小林 美成子（上高井郡・66歳）

長野に行く時、長野電鉄に乗る。必ず、左側に座る。桐原駅を出ると左に眼を向ける。

本郷駅に近づくにつれて、何とも言えず郷愁感に胸がいっぱいになる。

そう――。子供の頃、住んでいた家が見えるのだ！幼い自分の姿を探してしまう私。

小学校2年まで、三輪小学校に通っていた私は、友だちと電鉄の線路沿いでよく遊んだ。走り回ったり、野の花を摘んだり……。一番おもしろかったのは、電車が近づくと、皆で「来た！」と言って、体を伏せ、通り過ぎると、ブワッと風が吹く、その強い風に身をまかせては、皆で「キャー、キャー！」と笑い転げたものだ。電車も一応「ブーッ」と警笛を鳴らすが、止まることもなく、そ知らぬ顔で、いつも通り過ぎて行った。線路の法面に体を伏せている子供など気にする風でもなかった。

のどかな、おおらかな時代だった。今では大目玉を食らってしまうだろう。

## 急行列車 志賀号

小林 八重子（須坂市・72歳）

東京の上野駅と長野電鉄の終点湯田中駅の間を、直通の急行列車が走っていた。

濃いグリーンとオレンジ色の車両を、須坂駅のホームで時々見かけた。都会の空気を運んで来たような、新鮮な憧れの思いで眺めていた。昭和48年1月末、当時東京で新聞配達のアルバイトをしながら大学進学を目指して予備校に通っていた弟から、電話で来てほしいと言われた。昼頃の特急あさまで東京へ。自信を失い項垂（うなだ）れる弟を連れて帰るかとも悩んだが、頑張るよう励まし、上野駅のホームに弟を残して乗車したのが急行列車志賀号であった。

偶然にたった一度乗った列車、上野駅発最終の夜行列車であった。都会のネオンが遠くなり、やがて雪景色の中を列車は走って、信越線から屋代線に入り、明け方4時すぎに須坂駅に着いた。身も心も疲れ果てた私を、昼間よりも明るい照明で出迎えてくれた故郷須坂駅の駅員さんに感謝を言いたい程、この時は有り難く、忘れられない想い出となった。

## 嫌いと、好きと、それから。

小山 未来（みく）（長野市・24歳）

長野電鉄が嫌いだった。高校時代、雨や雪の日に決まって乗っていた電車だから。雨も雪も嫌いだし、同じように悪天候のせいで、人がすし詰めになっている電車を好きになれるはずがなかった。もしかしたら、あの頃は自分のことも嫌いだったのかもしれない。

あれから7年経った。長野に戻ってきて、長野電鉄を通勤で使うようになった。晴れていようが雨だろうが、雪だろうが。私は少しだけ大人になったらしい。あの頃の私には見えていなかった景色が見えている。綺麗（きれい）とは言えないが、あたたかい匂いのする駅舎、いつも目を見て挨拶（あいさつ）をしてくれる最寄り駅の駅員さん、少しずつ変化する街並み。控えめに揺れる電車に運ばれながら、出勤する。帰宅する。私は、この時間が好きだ。

長野電鉄が好きだ。今は自分のことも、嫌いじゃないみたい。春には長野を離れるけれど、きっと。きっと、次に帰る頃には、もっと好きになっているはず。それまで、待っていてね。

夜間瀬川橋梁を渡る特急スノーモンキー＝令和2年1月

# 電車の公園

駒村 直子（長野市・40歳）

生まれてからずっと、息子の傍（そば）にあったもの――。それは「ながでんの電車」です。

家から少し歩くと線路があって、歩いたり、自転車に乗ったりしながら、いつもながでんを見に行く事がお散歩コースの定番でした。

ながでんが見える公園を見つけて、ジャングルジムから、またある時はブランコから、ながでんを、走るゆけむりやスノーモンキーを見ては歓声をあげる楽しいお散歩でした。

そんな息子ももう6年生。今では1人でながでんに乗ってどこへでも出かけ、大好きなながでんの車両を写真に収める楽しみを、見つけています。

スノーモンキーが初めて走った日、旧村山橋を最後に通過した日、河東線に乗った日……。たくさんの思い出と共に、息子の成長を見守ってきた楽しい日々。

これからもながでんと共に、電車を愛する日々は続きます。

## 帰りの電車は貨物室

酒井 由紀（長野市・59歳）

昭和51年4月、私は須坂高校吹奏楽部に入部した。信州中野から須坂まで電車通学し、部活動に青春をかけた3年間。りんどう祭の前は練習が終わった夜8時頃、須坂発の電車で帰った。

その電車は客車の一部に貨物室が付いていて、ドアは手動。座席の無いその貨物室に、私たち部活動帰りの高校生がぎゅうぎゅうに乗っていた。開けた窓から入る風が気持ちよかった。吹奏楽部の仲間と歌を歌った。いろいろな話をした。ちょっと怖かった先輩の演説を聴いた。

そして2年生になった。2・3年生は1年生に「吹奏楽部に入ったからには、この貨物室のドアを開けて客車に入り、傘をさして客車の先まで行って帰って来い。それが伝統」と無茶振り。とても真面目な1年生が顔を真赤にして、傘をさして客車の中を走り抜けていった光景が今でも目に浮かぶ。吹奏楽部の練習と共に蘇る貨物室の帰りの電車。あの時の風も、仲間もちょっと無茶苦茶な言動も、すべて甘酸っぱい思い出だ。

## ある雪の日に

坂詰 史博（須坂市・42歳）

ある大雪の日。仕事で須坂駅近くの雪かきをしていると長電バスの運転手さんと出会い、あいさつをかわした。大雪で交通は乱れ、さすがの長野電鉄も朝から運転を見合わせていた。

運転手さんに鉄道の除雪はどうされているのですかとお聞きすると「除雪車はあるけど、主に信州中野から湯田中の間を担当しています。それ以外は通常の車両で雪を押しのけるんだけれど、ここまで大雪だと車両に保線作業員がついていて、歩いて除雪するしかないね」との返事。大変ですねと言いあって、除雪の作業へと戻った。

しばらくの雪かきでようやく通路が除雪できた頃、須坂駅ホームに多くの乗客の姿が。まずは須坂―長野間の運行が再開されたのだ。運行のため、早朝から必死で除雪作業をされた大勢の方の姿が思い浮かぶ。列車は、今日も多くの人の努力で走っている。

## 長野電鉄の思い出

佐藤 仁子（須坂市・69歳）

今から60年程前、家に赤茶色の子供用自転車があった。当時小学生だった私は、時々母に頼まれて、それに乗って父に弁当を届けに朝、須坂駅に行った。

駅西側の畑の中の細い道を行くと、正面に駅の構内が見えてくる。今の須坂駅のように改札口が2階ではなく、ホームの端の階段を下り、地下道を通って改札口に出る造りだったので、何も遮る物もなく線路とホームがずっと向こうまで見通せた。左に曲がり、線路伝いの道を少し行くと左側に木造の建物があった。建物の中央にある通路を入って、すぐ左側が父の居る乗務員区だ。

ドキドキしながら入り口の戸を開け「おはようございます」と精いっぱいの声を出して言う。「おはよう」とおじさん達が振り向いた。「父ちゃんの弁当を持って来ました」と恥ずかしそうに言うと「御苦労さん」と言うおじさん達の間から、制服を着た父がにこにこしながらこっちを見ている。弁当を渡すと慌てて外に出て、私はまた線路伝いの道を家に向かった。

---

## 河東線の思い出

清水 弘（長野市・79歳）

あれは小学校5年の夏休みだった。

思えば60年も前のことである。当時の学級担任の先生が河東線の東屋代駅の近くに住んでいた。

僕たち3人は、篠ノ井から先生の家に遊びに出掛けた。先生の家の直（す）ぐ近くには踏切小屋があった。踏切番が遮断機を操作していた。その動作が実に不思議で楽しく、長い間踏切小屋で遊んでいた。

今調べてみると、当時河東線で走っていた電車は「モハ１０００形」と呼ばれる赤茶色の車両かと思われる。電車が通る度に僕らは歓声を上げ、手を振り続けた。

先生が「オーイお昼だぞ」と呼んでいる。

机にはカレーライスが並んでいる。当時の僕らにとっては大変なご馳走（ちそう）である。実に美味（おい）しかった。昼食後も休むことなく踏切小屋に出掛け、通過電車と踏切操作を飽きることなく見つづけていた、忘れられぬ一日であった。

# 故郷の景色と電車と家族

塩野　八恵子（長野市・62歳）

「ねえ！　どこから見た高社山が一番好き？」。私は故郷の家の庭、飯山市蓮から見る高社山が好き、と答えます。

今は廃線になってしまった木島線、利用駅は柳沢駅。この駅は上下の電車がすれ違える駅でした。我が家は柳沢駅から畑の中を下り、夜間瀬川がすぐ河口で千曲川にそそぐ橋を渡り、北風が吹きつける柳沢の田んぼ道、そして大瀞（おおとろ）と呼ばれるS字に曲がった千曲川にかかる赤い腰巻橋を渡った所にあります。高社山の麓を走る電車、千曲川、堤防をはさんで蓮の田んぼ、国道117号、少々高台に走る飯山線。こんな地形に、電車の音がこだまして、ガタンゴトンと聞こえてきます。

家族で出掛けた湯田中温泉、通勤で利用した母や私、帰りが遅い時、軽トラで柳沢駅まで迎えに来てくれた父、木島線は廃線になってしまいましたが、我が家から見える高社山の風景、風のにおい、父ちゃんとの会話……。今も心に残っています。そんな父との別れは木島線が廃線となった年の春のことでした。

木島線最終日、柳沢駅の交換風景を撮ろうと大勢が集まった＝平成14年3月31日＊

## 塀の向こうの地下鉄工事

柴田 崇（長野市・50歳）

鍋屋田小学校の校庭の東側、フェンスの向こうに走る電車を毎日見られると楽しみに入学したら、ブロック塀が立っていて、電車はパンタグラフが見えるだけ。がっかりしたのも束の間、塀の間から工事の様子を覗き見るのが楽しみの一つになった。

　そのうち現場に資材が積み上げられ、塀に沿って僕の背丈程のヒマラヤ杉が植えられた。高学年になる頃、地面に杭を打ち込む音が毎日響き、掘り出された土の山が出来て、大きな岩も見えた。昔、裾花川がここを流れていたのだと、先生から教わった。そして、児童には前触れ無しの現場の見学があった。横断地下道の通用ドアをくぐると、駅の出札窓口や地下ホームが既に出来ていて、地下空間の広さに圧倒された。「市役所前駅になる」との説明に、新しい時代の訪れを子どもながらに感じた。

　地下開通後も大通りの工事が続き、在学中ずっと眺めて過ごした。今や背丈の数倍になったヒマラヤ杉に、工事と小学校生活を重ねて想い出す。

## 息子の大事件

庄村 順（上水内郡・69歳）

多くの少年がそうだったように、我が家の長男も電車が大好き。移動の手段が車だったので、電車に乗った時は、それはもう喜々としていました。

　昭和56年3月。今まで地上を走っていた電車が一部地下鉄になると聞いては、小学1年の長男がこれを見逃すはずもありません。

　都会では珍しくないこの光景も、長男にとっては大事件です。

　特に地下から地上へ出る下りの電車がお気に入りで、長野駅と本郷駅を何回となく往復しました。

　ドアツードアの車も便利ですが、切符を買って改札を抜け、ホームで電車を待つ……。この〝手続き〟が気持ちを高揚させます。

　……それは、40年近く経った今も電車に乗る時、大きく目を見開いて、嬉しい緊張いっぱいの長男の〝可愛いかった〟顔を思い出して、思わず頬が緩むからです。

# 長電ファンの息子と

下平　順（長野市・49歳）

私の幼い頃の長野電鉄の思い出……。まだ地上を電車が走っていて、今の昭和通りと長野大通りが交わるところに大きな踏切があり、電車がくると、係の人がクルクルと手動で遮断機の上げ下ろしをしていたような……。小学生の頃に地下鉄になって、記念の下敷きが学校で配られたような……。

今、私には3歳の息子がいて、彼は大の長電ファンになっている。近所の公園に遊びに行くときに電車が見えるのが嬉しくて、近頃は公園ではなく、駅に行くことが目的になっている。駅に停車する普通電車を観察し、時折来る「ゆけむり」や「スノーモンキー」に大きく手を振っている。運転士さんに手を振ってもらったり、駅員さんに声をかけてもらったりして、それもまた嬉しいようである。

最近は「電車に乗りたい」と言うようになった。彼にはどんな長野電鉄の思い出が残っていくのだろうか。息子と一緒に思い出作りができることの幸せを感じながら、今日もまた私は息子と駅に向かう。

地下鉄の開通記念で小学生らに配られた下敷き＝昭和56年（長野電鉄提供）

## 桜沢駅の桜

須佐 国臣（長野市・34歳）

忘れられない風景がある。

春の、桜が満開の頃のことである。

祖母と2人、電車に乗って延徳へ行く事があった。北須坂で駅員さんから硬券切符を買い、乗車。昼時ということもあって、人はあまり乗っていない。

良いお天気で、日なたぼっこには丁度(ちょうど)いい。駅に停車する度、暖かな空気と共に春独特の土の匂いが入ってくる。車掌さんのよく通る笛の音で扉が閉まり、電車が動きだす。一駅一駅がゆっくりと過ぎて行く。延徳の一つ手前、桜沢で扉が開くと視界一杯満開の桜が咲いていた。

乗る人も降りる人もいない。喋(しゃべ)る人もいない。静寂の中、ただただ美しい満開の桜が暖かい風に揺れていた。

あれから30年近く経(た)ったが、あの時ほど静かで、美しい桜を終(つい)ぞ見ない。

毎年春が来る度思い出す風景である。

## 両親と長野電鉄

鈴木 恵美子（長野市・58歳）

共に86歳の両親の楽しみは音楽会に行くことだ。長野電鉄に助けられている。長野市芸術館は駅のすぐ近くだし、ホクト文化ホールへ行くにも都合がよい。時には東京まで足を延ばし、音楽や美術に親しんでいる。

父は長い間、長野電鉄に乗って会社勤めをしていた。一時、松本に単身赴任し、土帰月来(どきげつらい)していたことがあった。洗濯物とお土産を手に帰宅し、翌々日早朝、出勤する。気が重い日もあったろう、しかし長野電鉄が父を無事、送り届けてくれた。母はそんな父を支え、両親力を合わせて子どもを育ててくれた。

今、母のもう一つのお目当ては、駅での買い物だ。地元の旬野菜や特産物が値打ちな価格で並ぶ。構内は整備され、心配りが行き届いている。気持ち良く買い物できるそうだ。

両親の人生は長野電鉄と共にある、と言っても過言ではないだろう。欠かせない足であり、生活に密着している。これからも伴走し、元気な毎日を与え続けてほしい。

## わたしが電車をすきになったわけ

関口　凛世（長野市・8歳）

わたしは、1年生のころ電車がこわかったです。なぜかと言うと、電車が地かてつに入って来る時の「ゴー」と言う音が、おばけが来そうな音だったからです。

だけど今は、大すきな学校にはこんでくれる長野電てつが大すきです。朝の電車と帰りの電車では、のっている人もちがい、けしきもちがって見えます。朝は、とちゅうのえきで、大すきなお友だちがのってくるのが楽しみです。帰りは、おやつのことを考えたり、お友だちとおしゃべりするのが楽しみです。

もう一つ、電車がすきになったりゆうがあります。それは、毎朝元気にあいさつしてくれるえきいんさんがいるからです。えきいんさんから元気をもらって、学校にしゅっ発できるのだなぁと思います。

「えきいんさんいつもありがとうございます」

---

## 坊主頭の彼

高野　こずえ（中野市・26歳）

「いいじゃん、長電で行こうよ。そしたら2人でお酒飲めるよ」。夫が珍しいことを言っている。お酒が大好きな夫と結婚してから、食事に行くときの運転はいつも私の役目だったので、その提案は意外だった。

電車に乗って、長野駅近くの居酒屋で一緒にお酒を飲んだ。お酒が入ると、特別な話はしなくても普段とは違う時間に思える。帰りの電車にほろ酔い気分で乗ると、夫が話し出した。「俺、野球部だったから長電の始発で朝練行って、帰りはいつも終電。それで寝過ごしちゃうと先の駅まで行っちゃって。冬は寒いし、悲惨だったなー」。大きなスポーツバッグを抱えて、眠そうにコックリコックリ船を漕いでいる坊主頭の彼を思い浮かべると思わず笑ってしまう。

今日は居眠りせず、家の最寄り駅で電車を降りた。家までタクシーを使おうと思っていたけど、途中のコンビニで甘いものでも買って、歩いて帰ろうかな。

帰り道「また電車で行こうね」と2人で話した。

車で混雑する長野市街地の緑町大踏切＝1967（昭和42）年6月＊

# 長野線地下化が見せた光景

高田　寛（大阪市・56歳）

　昭和56年、見慣れた光景が一夜にして一変する体験は、長野以外をまだ知らなかった自分には得難い機会だった。プレハブの仮駅舎が建ち、電車も多くが新旧交代して地下線への切り替えが迫ったことを感じていたが、市街を駆ける電車や昭和通りの踏切警手の姿が実際に見られなくなって、心が揺れた。永劫（えいごう）に続くような気がしていた街の、晴れやかさと寂しさを同時に突きつける雰囲気に戸惑った。

　地下化で廃止される踏切を全部見ておこうと足を運び、それぞれに名前が付けられていることを知った。役目を終えた旧駅舎や電車と同じように、さまざまな表情を見せていた踏切にも、きっと多くの知られざる物語や行き交った人たちの思い出があったのだろう。

　長じて、大規模公共事業で変貌する都市を全国各地で目の当たりにした。後に、記録に日々携わる職業を選んだ原点は、40年前に郷里で見た光景にあったのかもしれない。

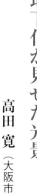

## 温かい1本のコーヒー

髙橋 正樹（伊那市・51歳）

私が大学生だった頃、バイト先で知り合った女子学生を誘い、志賀にスキーに行った時の思い出です。

初めてのデートで緊張していた私達は、会話を切り出すことができず、湯田中行きの電車の窓から、北信州の雪景色を眺めていました。そんな時、近くの席にいた年配の女性が「悪いねー。1本しかなくて。2人で飲んでね」と、ご自分が飲むはずだった温かい缶コーヒーを私にくれました。最初は拒みましたが、その女性の意図を理解した私は「せっかくいただいたんだから、2人で飲もうか」と彼女に声をかけると、彼女は小さく頷き、2人で交互に飲みました。お陰で2人の緊張は解れ、会話が弾んだことを覚えています。

その彼女はその後、私の妻となり、また2児の母となって我が家を支えてくれています。先日、久しぶりに湯田中行きの特急に乗りました。温かいコーヒーをくれた地元の女性の優しさを思い出し、思わず目頭が熱くなりました。ありがとうございました。

## 修学旅行でのハプニング

滝沢 恭子（千曲市・86歳）

旧制女学校最後の入学生として青春を過ごした私達は、小学校時代が戦時下であったため、修学旅行を体験できない世代だった。入学後に学制改革に伴って併設中学校となり、3年生となって初めて修学旅行に行けることになった。行く先は志賀高原で、湯田中1泊の行程だった。上田から長野駅へ、そこから長野電鉄に乗りかえ湯田中を目ざした。車内は友達と一緒に旅館に泊まれるという喜びと期待で、賑やかで楽しい雰囲気に溢れていた。

電車が中野駅に近づいた頃、突然「ガガガガアー」というもの凄い音と揺れと共に急停車！「キャー」という悲鳴と、何が起こったのかという不安が車内に広がった。程なくして車掌さんが「心棒が折れて脱線したので、中野まで歩いてください」とのこと。幸い怪我人はなく、線路上を中野駅まで歩き、迎えの電車に乗り無事、湯田中駅に着いた。

忘れることの出来ない思い出となっており、今もってクラス会での語り草となっている。

## 私となかでん

竹内 文男（千曲市・53歳）

私が生まれた時、我が家は善光寺下駅近くにあり間もなく、桐原駅の近くに引っ越しました。私の兄は交通事故で亡くなっているのですが、亡き母が「救急車で病院に行ったが、緑町の踏切がなかなか上がらなかったのが忘れられない」と言っていたのを覚えています。

私が中学2年生の時、長野—善光寺下間の地下鉄線が開通し、その前日、友人と錦町等の駅舎の写真撮影に行き、風邪をひいて肺炎になってしまった事を今でも覚えています。高校生になり、私は須坂駅まで電車を卒業までの3年間、利用しました。卒業式の朝、いつものように桐原駅の駅長さんに「おはようございます」と挨拶をして出かけ、帰ってきた時に母と一緒に「小さい時から利用してきて御世話になりました」と御礼を伝えました。その時、駅長さんが「あんなに小さかった子がもう社会人かぁ。これからも、いつも私にしていたように笑顔で挨拶を忘れないように頑張れ」と励ましてくれたことは一生、忘れません。

---

## 長野電鉄と私

武田 彰子（中野市・44歳）

小学生の頃、背筋をピンと伸ばし、どことなく鼻高な表情で初乗車した淡い記憶。高校生になり、居眠りする私を、善光寺下駅に着くと肘でつついて起こしてくれた隣のサラリーマン。夜の桜沢駅で停車中、目を開けると参考書に乗ってこちらを睨(にら)む大きなバッタ。男子高校生が目の前に数名立ち、女子高の私は顔を上げられず汗ばんだ手をぐっと握った長い時間……。

その後上京し、帰省すると、以前より車窓がよく見えるようになった。今まで気づかなかった遠くに見える菅平の山並み、千曲川の上を渡る鉄橋、黄金色に光る延徳田んぼ､全てがキラキラして見えた。家族を持ってからは、リンゴ電車に手を振る息子を腕が震えるまで必死に抱え上げた。息子たちが電車に乗るその自慢げな表情をとても愛おしく感じた。

そして今、高校入試に向かう制服姿の息子の隣に座る。静かな車内。その車窓を眺めながら、この心地よい振動、風景が、いつまでも続いてほしいと心から思った。

青紫色の花を見事に咲かせた柳原駅のアヤメ＝平成16年5月＊

# 駅長さん

立花 惠美子（長野市・91歳）

「一株分けていただけませんか」

「一株と言わず、何株でもどうぞ」

友達4～5人で、権堂駅から、須坂の臥竜公園へ行った時のことです。途中、車窓から見た、柳原駅のホームに添って咲いている見事な〝あやめ〟。美しくて、思わず目を見張りました。

須坂からの帰途、柳原駅で途中下車し、駅長さんにお願いしました。駅長さんは、電車の通過の合間をみて、大きなスコップで、ザックザックと根を掘り、みんなに沢山下さいました。


あれから数十年も経て、庭先に植えたあやめは、どんどん殖え、毎年毎年美しい花を咲かせてくれます。夕風に、たおやかに揺るる姿は、優美で風情があり、心癒やされます。

あやめが咲く頃になると、あのやさしかった駅長さんのお姿が目に浮かび、なつかしくなります。

（駅長さんお元気でいらっしゃいますか）

## 憧れのロマンスカー展望席

田中 和美（長野市・66歳）

「えー、何で何で？」。いつになく声高の彼女の声にびっくり。「えー、どうしてロマンスカーがいるの？ねぇ、どうして？」。高校時代の友人と長野駅から湯田中へ向かう電車を待っていた時のことです。

「そうだわ、一番前の展望席に座ってみる？」と私。「えー、座りたいけど（指定）取れてないんでしょ」と残念そうな彼女。箱根に乗り入れていたロマンスカーの展望席の指定は、滅多に取ることができませんでした。

そこで私はちょっぴり偉そうに「私に任せてよ。なんとかするから」と言いながら彼女を展望席にエスコートしたのです。憧れの展望席に座った私たちのテンションはすこぶるハイ。「実はね、ここ自由に座れるのよ。いいでしょ」と私は得意満面。長野に地下鉄があるなんて知らなかった、山が見える、川を渡った、リンゴの木があった…。とりとめのない話をしながら目的地の湯田中に到着。沿線のいろいろをあらためて眺めると、長野市って素晴らしい。長電、最高です。

## 須坂駅からの思い出

田村 みな子（長野市・62歳）

記憶をたぐり寄せてみる。家族で出掛けた初めての思い出は3～4歳の頃。昭和37、38年頃の須坂駅だ。

駅前には、小串鉱山から来たトラックが落とした硫黄のカケラが散らばって、特有のにおいがしていた。

冬だった。父の実家に向かう木島駅までは、長い旅のように感じた。

車内はスキーを抱えた大勢の人々でごった返していたが、立っている幼い私に気づいた都会風の青年が席を譲ってくれた。そして、「両手を出して」と言われるままに広げた両手いっぱいに粒チョコを分けてくれた。チョコの味の記憶はないが、初対面の人の親切が印象深く残っている。

亡き父も生きていれば今年で１００歳。長野電鉄と同い歳だったのかと、父の故郷「木島駅」と共に、なつかしく思い出される。

# 小学生の頃の私と河東線の思い出

東嶌(とうしま) 賀代子（須坂市・63歳）

私の小学2年生の絵日記（8月17日）には、見開き2ページに、焦げ茶色の2両編成の電車が大きく描かれ、車窓には母と弟と私の他、多くの乗客が描かれています。そして、こう綴(つづ)られています。

「きょうは、おとうさんはおやすみではないのでわたしと、おかあさんとじゅんちゃんと三人でおおむろへいきました。でんしゃは、とてもきもちがよいです。すずしいかぜがどんどんはいってきます。おおむろには、とんねるが一つあります。とんねるへはいるときは、でんきがつきました。じゅんちゃんはでんきがついたといってよろこびました。」

小学生の頃、私は河東線の電車に乗って、大室の母の実家に行くのがとても楽しみでした。４年生の夏休みには、初めて一人で電車に乗り、祖母の家に行きました。それは私にとって大きな自信になりました。河東線は廃線になりましたが、あの頃の大切な思い出とともに、今も鮮明に心に残っています。

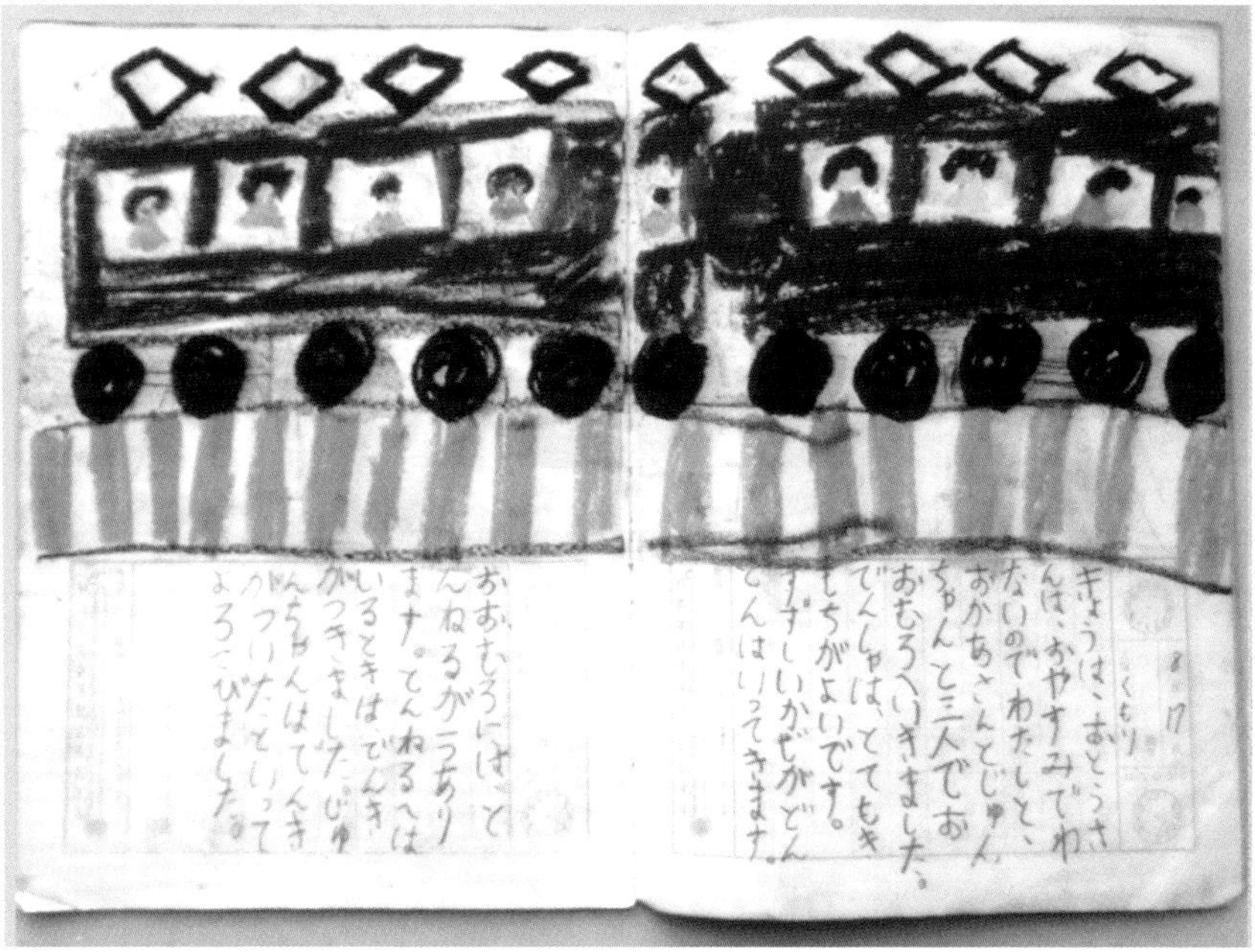

小学２年生の時の絵日記に描かれた焦げ茶色の河東線電車（東嶌賀代子さん提供）

## 繋いできた歴史

東島雄二（須坂市・66歳）

40年ほど前、小布施の老舗菓子店の社長から、河東線沿いほど全国的に著名な歴史・文化遺産が豊富なエリアはない、と教えていただいた。史跡では森将軍塚古墳、川中島合戦や真田氏の関係、松代大本営などがあり、人物では葛飾北斎や佐久間象山、松井須磨子や中山晋平などとのゆかりがある。他の地方では、どれか一つだけでも有力な地域おこしの材料となるものが連なっているのだ。

須坂市に住んでから、東京への出張や戸倉上山田などでの飲み会の際に河東線（屋代線）を利用するようになると、この路線を彩ってきた歴史への思いがますます強くなった。永遠の姿を留める北信五岳が車窓から刻々形を変えるのを眺めては、昔の人びとの思いを想像した。とくに象山口駅は国道に近く、踏切の警笛を聞きながら民家の脇を走るので、生活に根付いた歴史を実感できた。

屋代線は廃線となったが、繋いできた歴史は必ず形を変えて受け継がれてゆくと思う。

## 長電がつないだ、りんご畑の思い出

遠間敏史（千葉県習志野市・42歳）

長電が好きな僕は、四季の中にりんご特急を追いかけていた。桜うららの旧村山橋、夏のスコール苦行、はぜかけの舞台、りんご特急が引く雪煙……。中でも一番の思い出は、秋のりんご畑。

「りんご畑を行くりんご特急を撮らせてください」とお願いした畑は、ご家族総出で収穫作業の真っ最中。撮影場所を決めて待機の僕をよそに、せわしない畑の皆さま方。何だか申し訳なくなり、りんご大盛の収穫カゴを運搬するお手伝いを始めました。内心、部外者を受け入れてくれるのか不安でしたが、そんな僕を快く使ってくれました。

りんご特急を撮ってから作業に戻ると、収穫カゴが腰掛けに、ダンボールがテーブルになってて、おやつ休憩が始まりました。そこには空席のカゴがあって「カメラマンさんも、さぁ座って」。

僕はりんごの甘い香りと優しさにほっこり。長電が紡いだ、僕と信州との思い出です。

廃止直後の赤岩駅待合室で開いた徳竹義行さんの写真展＝平成14年4月＊

## 今も思い出す別れのシーン

徳竹 義行（中野市・71歳）

思えば19年前、木島線の廃止が決まり、非番公休は記録に残そうとカメラを持って、信州中野駅と木島駅間を電車に乗って何度往復した事か。車窓からの風景、時には土手に登って吹雪の中を走る風景、また、雪の中を歩いたり、朝一番の電車の撮影だったり、最終便だったり……。

３００カット以上をカメラに収め、せっかく撮ったのだから大勢の人に見てもらいたいとの気持ちから、運輸課にお願いをして『ああ無念木島線、電車はもう来ない』と題した写真展を２週間、旧赤岩駅で開いた。新聞社の取材やテレビ局の報道等もあり、この間１０００人を超える人達に見ていただき、お褒めの言葉やアドバイス等を頂戴し、写真展は大成功だった。

２００２年３月31日、77年間の役目を終えようとした信州中野駅発木島行きは超満員、28分遅れでのラストランとなった。ここは連写ではなく、ワンカットに集中した。電車がホームから離れ見えなくなった時、私の目にも若干の涙が……。

# 中野松川駅の灯り

富岡　章（長野市・62歳）

昭和40年代、私の10代の頃は家があった山ノ内町から、中野市へ買い物に出掛けたり、高校に進学して乗降していたのはおもに松川駅でした。

当時は木造の小さな駅舎を住まいとし駅務をこなされていた御家族がおりました。電車の発着時には木枠の窓を開け、手渡しで乗車券の販売と回収をされていた。始発から終電まで大変なお仕事だな、お休みはどうしているんだろうか、と思いながら利用していた。部活動を終え電車に乗る時間はきまって夜8時すぎ、薄明かりの待合室で電車を待つ間も、駅舎の灯りを見るとほっとして、温かな気持ちになりました。

就職し東京で働くようになり、年に数回帰省する時は松川駅は通過駅となり、降りる事はありませんでした。車窓から小さな駅舎を見るたびに、当時の駅舎住まいの御家族は今どうされているかな……と思いをめぐらせておりました。月日が流れ、いつしか無人駅となりましたが、松川駅の名前を聞くと昭和の時代と高校生の頃がなつかしく思い出されます。

# 未来を描く夢列車

豊田　貴子（須坂市・48歳）

土曜日の授業を終え、毎週ダッシュで信州中野駅に向かった高校時代。特急列車に飛び乗り、目指すは長野駅前のピアノ教室。当時の私は、夢のピアノ教師へまっしぐらだった。厳しいレッスンに向かう緊張からか、特急列車は超特急に感じるほどに。先生に褒められる日もあれば、思うように弾けず落ち込む日もあった。そんな私を慰めてくれるかのように、帰りの列車はゆっくりと自宅のある須坂駅まで運んでくれた。

時は流れ、ピアノ教師になった私だが、現在は都会から須坂市に移住を希望する方たちをサポートする市の移住支援事業に携わっている。今では移住希望者に、長野電鉄が市民の大切な足となっていることを案内する立場に変わった。変わらないのは、懸命に夢を追いかけ電車に飛び乗っていたあの日の記憶。あの時間があって今の私がいる。

さあ、今日もどこかで特急列車に飛び乗って夢を追いかけているのは誰かしら。

## 両親の思い出とともに

内藤 優歩（長野市・14歳）

私は毎日、長野電鉄で通学しています。小学校入学の日、不安だった私に母が「あなたが毎日乗る電車は、パパやママが乗っていた電車なんだよ。楽しい思い出が詰まった電車だよ」と話してくれました。県外出身の両親が乗っていた電車が何故、長野に？と不思議に思っていた私に母が「人気のあった電車が大集合だよ。すごいね。きっと何かの縁だ」と言ってくれた事で、少しずつ不安が小さくなった事を覚えています。

すぐに友人が出来、楽しく長野電鉄で通学し始めましたが、今でも電車内でふと、その時の母との会話を思い出し、何かに守られている温かな気持ちになる事があります。

毎日、安全に私達を乗せて目的地まで運んでくれる長野電鉄。運休や大きな遅れがほとんどない事は、両親が乗っていた時とは少し違うようです。当たり前だと思っている毎日に感謝しながら、長野電鉄での通学を楽しみたいです。

## 祖父と私と長野電鉄

新津 一真（飯山市・34歳）

物心付いた頃から鉄道好きだった私。そんな私と同じくらい、長野電鉄を愛していたのが祖父だった。思い返せば妹が生まれた時も、私は祖父と長野電鉄に乗って病院に向かい、またある日は家族で松代へ遊びに行った際、祖父は「どうしても電車に乗りたい！」とせがむ私を連れ、両親にはわざわざ無理を言って松代駅で降ろしてもらい、河東線に乗って祖父と2人で帰ったこともあった。

あれから二十数年。あの時走っていた赤とクリームのツートンカラーの車両も、私がわがままを言った松代駅の風景も、全て過去のものとなった。そして一緒に長電に乗ることを何より楽しんでくれた祖父も、一昨年天国へと旅立っていった。もう二度と、祖父と長電に乗ることはできない。

そう思った矢先、仕事で訪れたのが松代だった。ふと駅前に車を停め、僅かに残されている旧・松代駅のホームに立った時、2人でニコニコしながら電車を待つ、あの日の私と祖父がいたような気がした。

# 車内にて

中村 亜希子（東京都世田谷区・45歳）

「いやぁ、あの時はまいっちゃってさあ」

冷や汗をかく若き父の姿が容易に想像できる。昭和56年、長野に初めて「地下鉄」が走った。開通直後、父はどんなものかと、6歳の私を連れて権堂から乗車した。車内は物珍しさで超満員。幼いながらも、自分を取り囲む背の高い大人たち、ゴーっと響く音、天井で煌々と光る電灯を覚えている。怖くなった私は「嫌だ、降りる！」と大声で泣き叫び続けたそうだ。父は「高く抱き上げ、なだめたんだよ」と懐かしそうに振り返った。

時が経ち、平成最後の年に父と久々に長野電鉄に乗った。今度は地上区間で湯田中行き。海外からの観光客が多い車内で、じいちゃんになった父の隣には、いたずら盛りの3歳が座る。リュックの中にある電車のおもちゃをわざと背中で押し、ガタンゴトンと電子音を鳴らす孫に「あれれぇ？」「これ！　もうだめ」と父が笑っている。同じ線路の上で、何気なくても大切な思い出が、またひとつ増えた。

地下鉄開業初日の長野駅に入った10系。終日、都会のラッシュ並みの混雑だった＝昭和56年3月＊

## 河東線の思い出

西方 美祢子（須坂市・90歳）

信濃川田の駅から須坂駅までの通学をして居りました。長野空襲の日の出来事ですが、今の東高の生徒でした。此の日は電車が動かないから歩いて帰りなさいと先生に言われ、仲間と帰る途中電車が見えたので皆で半飛びに井上の駅へ行ったが電車の出た後でした。

次のが来るまでの間、井上駅で見たのは長野工機部の空襲と、若槻の療養所の空襲の後だったのです。次の電車が来たので乗る事が出来て川田の駅へ着き、降りたら、桜の木の根元に、亡くなった女の人がコモをかぶせられ、片足だけ出ているのが目に付き、駅の壁も穴だらけでした。前の電車が川田の駅で止まり、乗客が葦薮へ逃げ込んだらしいが、Ｂ29から機銃掃射をやられ、足やお尻をうたれた人が5、6人居たらしいですが、私はその電車に乗れなくて助かりました。

どうやって家に帰ったか解りません。運が良く、助かったことに感謝です。あの日の事は忘れません。戦争は決してしてはならないです。

## 河東線は私の宝物

萩原 忠一郎（長野市・84歳）

私は毎朝、河東線信濃川田駅から須坂駅経由で善光寺下駅まで電車に乗り、長野へ働きに出ていました。昭和25年10月、役所に給仕として採用されたのです。小さい頃から我が家の裏を通る河東線の一番電車の通過音を、目覚まし時計代わりにしていました。休日の朝飯のときなど裏の戸を開けて手を振ると、電車の中の人も手を振ってくれました。

役所に入ってからは憧れの河東線で通勤でき、本当に嬉しかったです。仲の良い友達は普通高校に進学、私も給仕になる前から決めていた長野北高夜間部に入りました。仕事が終わると直ぐに役所を出て、善光寺の裏から城山を通って明日の仕事のこと等を考えながら、北高に通いました。昼間の疲れから居眠りをしてしまうこともありましたが、授業が終わると本郷駅から河東線に接続する最終電車で帰りました。寒い時期には母は炬燵に弁当をつるして待っていてくれました。

廃線になりましたが、河東線は忘れられない私の宝物です。

# 「特急の普通」に歓喜した日々

西村 繁（長野市・58歳）

私は幼い頃、長野電鉄の特急車2000系に魅了された。しかし、特急にはまず乗せて貰えず、子供心に不満であった。或る時、母に連れられて外出した帰途で、2000系を使用した各駅停車に乗った。これに感激した私は、以来「各停運用の2000系」との遭遇が楽しみになった。それを見ていた父は、2000系使用の各駅停車を「特急の普通」と呼び、私も言い得て妙と思った。

私のこの嗜好は成人後も残った。1998〜2001年にかけて朝陽―信州中野間を通勤していた折は、「特急の普通」に乗れたため、早過ぎる出勤も気にならなかったのであった。

しかし、この2000系も2012年3月で引退した。今の「ゆけむり」「スノーモンキー」は特急専用車である。「特急の普通」は消えた。

現在の私は不自由なく特急に乗れる。ただそれでも、「特急の普通」に歓喜した日々が懐かしく、特急車使用の各駅停車の再来を願ったりもするのである。

ホーム全体を覆う権堂駅を発車する2000系の各駅停車＝昭和45年9月（小西純一さん提供）

## 新人の車掌さん

原　正美（長野市・74歳）

昭和50年代の半ば頃までだろうか？　まだ電車が3両とか4両の長い編成で、車掌さんが列車の最後部に乗っていた頃だった。

現在のように、行き先を伝える車内放送やデジタル表示が無かった時代で、電車の停車駅等を車掌さんが肉声で伝えていた。電車が走りだすと最後部の駅員室から出てきて、

「毎度ご乗車ありがとうございます。この列車は◯◯行きです。次は××駅にとまります」

……というような案内をしていた。滑らかな独特の口調は聞いていて気持ちよかったが、春先の新しい制服と制帽の、ピカピカの新人の車掌さんは口調が堅く、すぐに新人だとわかった。

恥ずかしさの中で緊張していたのだろう。車掌になったばかりの、新人のだれもが経験するに違いない恥ずかしさと緊張。「ああ、緊張しているな」と思い、通勤電車の中でほほえみながら「大丈夫だよ。がんばって！」と心の中で応援していたものだった。

## 長野電鉄とのご縁に「ありがとう」

藤澤　悦子（長野市・57歳）

長野電鉄と聞くと、今は亡き祖父や、父の存在を感じ胸が熱くなる。我が家は祖父が廃路線屋代線の金井山駅長を務めた縁で、今の住まいがある。今はもう線路も駅舎もないが、昔は祖父家族が住んでいた駅舎や待合室、プラットホーム、貨物倉庫など、全然違う景色があった。貨物倉庫の中で遊んだり、急行列車の車両数を数えたり、学生時代は電車の音が聞こえてから慌てて家を出てギリギリに飛び乗って通学した。

父が奥志賀高原ホテルに勤務した時は、家族で泊まり、自然散策したり、スキーを楽しんだりした。娘も屋代線で通学したので高校卒業と同時に、廃線になったタイミングは本当に感謝だった。娘は20歳でミス志賀高原に選ばれ、素晴らしい経験もさせてもらった。

その2年後に父は84歳で他界したが、朝陽駅の近くの墓で祖父母と一緒にいつも電車の音を聞いていることだろう。暖かくなったら87歳の母と「ゆけむり」か「スノーモンキー」に乗って、若い頃の父をめぐる旅をしたい。

## 駅員さんありがとう

藤澤 正利（長野市・83歳）

私達小学生の遊び場は、お堂（善光寺）、城山公園、駅でした。

当時の善光寺下駅は、本線の西側本郷寄りに引き込み線が1本あり、時々貨車が停まっていました。発着する電車に見飽きた私達は引き込み線の上に降り、又、貨車の下にもぐって遊びました。

昭和20年終戦後のこと、何もなかった時代でした。駅員さんも皆年配者、「気をつけろよ」と言われましたが、自由に遊ばせてくれました。

ある日、駅員さんの1人が、貨車の下でその構造を説明し、また中に入って貨車や貨物のことを教えてくれました。皆たいへん喜び、後々まで話に残りました。

当時の仲間5人は皆当地を離れ、私1人が残り、思い出すだけになりました。

お陰さまで、私は人後に落ちない鉄道ファンになり、今も鉄路の旅を楽しんでいます。

当時の駅員さんありがとうございました。

## 長野電鉄と私

古川 由比（長野市・53歳）

生まれた時から3歳までいたのが村山駅の近くで、その後ずっと住んでいるのが柳原駅の近く。そんな私にとっての長野電鉄は「そこにあるのが当たり前」の存在です。小さい頃から、50年以上がたった今も。朝や昼にはいつものように電車が走り、踏切で通過する電車を眺め、夜には聞こえてくる音で「あー、今のが終電だな」と思いながら床につく、そんな毎日を送っています。

２０１９年の台風19号の時には、運休していた長電が走った10月14日の朝、その音を聞いて安心感からか何故（なぜ）だか涙が止まりませんでした。電車が走り、それを見て聞いて生活していること。これからもずっと、この光景が「私の故郷の当たり前の風景」であり続けることを心から願っています。

# 2000系電車の思い出

船橋 保治（東京都世田谷区・91歳）

創立100周年、おめでとうございます。

わが国では、昭和28年頃から大手民鉄、車両および電機メーカーでは、高速電動機やカルダン駆動による高性能電車の開発が進められて来ました。

吊りかけ式モーター、HL制御の電車が主体であった貴社にとって、この時期に高性能の特急電車を新製することは、かなり思い切った決断だったといえる。しかも1067ミリ軌間でWN駆動の75kw主電動機を装備したのは、わが国最初のことであった。

昭和31年5月初旬の打ち合わせ会議で、製造のスタートが切られた。当時の内山専務、金山工場長たちの熱のこもった対応が、説明する当方にひしひしと伝ってきた。運転室や床下の機器配置、電車全体の電気回路など、私の設計も十分に納得して頂けた。

翌32年3月の営業開始から約60年、好評を得て活躍できたことは、私にとっても望外の喜びです。

2000系による長野—湯田中間特急運行開始のパンフレットの表紙（昭和32年3月・長野電鉄提供）

## 長野電鉄は私の思い出の宝箱

堀　義子（長野市・80歳）

信濃吉田駅そばで生まれ育った私には、幼い頃からの沢山の思い出がある。須坂の祖母の家には小学生の頃から1人で電車に乗り、泊まりに行った。また、叔父とえびす講の花火を見に須坂へ向かう満員電車の中、急ブレーキで止まった際、将棋倒しの下敷きになり「助けてー、助けてー」と叫んだことも忘れられない。旧須坂駅の地下道がとても好きだった。

中学生の頃は我が家の前を高下駄をはいた高校生や、宝塚スターのような8頭身の女子高生が、颯爽と駅に向かう姿に憧れ、私も電車通いの高校に進学した。しかし昭和30年頃の電車は都会並みの混みようで、中に押し込まれたままの体勢で手下げ鞄を手放しても、下に落ちなかった。

通勤には信濃吉田駅から長野駅まで利用させていただいた。改札口に立つ若い駅員さんに憧れていたが、友人の結婚式に招かれた時、お相手が彼だったので驚いた。長野―善光寺下間が地下鉄化した電車に大喜びの子供を連れ、実家に行った事は数知れない。

## 長野電鉄のオリンピック

前坂　政明（須坂市・61歳）

１９９８年長野オリンピック。スピードスケートの清水が金メダルを取った事から始まり大フィーバー。大騒ぎ。当時、選手村にヘアカットのボランティアに行った私は、その帰り道、仲間で長野駅近くの居酒屋に立ち寄りました。カナダの選手がたくさんいた事を思い出します。お酒をいただき、調子よく英語も話してみました。

夜9時頃そろそろ帰ろうと長電に乗ると、もうほぼ満員状態。発車して権堂駅に着いたらまた大変。セントラルスクゥエアで表彰式でもあったのでしょうか？大勢の乗客がドカーンと乗り込んできました。一度押されて端のほうに、2度押されてドアまで行き、3度押されたらドアに身体がへばりついて全く身動きできません。まるで東京の山手線のラッシュ、いやそれ以上でした。後にも先にもこんなに混雑した長野電鉄の電車は初めてでした。

長野オリンピックのよい思い出になりました。またいつか、こんな賑わいが訪れることを願っています。

## ロマンスカーと各駅停車

町田 清（佐久市・66歳）

新幹線の駅を降り、駅前の狭い階段を降りると、そこに長野電鉄の駅があった。平日の昼間なのに、ホームは暗く、ひんやりしている。ほとんど人影もない。

ホームの両側には、タイプの異なる二つの電車が停まっている。右側には年代物の箱型の電車。一目でそれとわかる各駅停車の電車だ。左側には流線型の近代的な電車。どこかで見たことがあった。小田急のロマンスカーだ。

33年前に乗った電車だった。私は司法試験に落ちて失意の中にあったが、都会の喧騒（けんそう）を抜け、初夏の陽光の中を伊豆に向かうのは格別の気分だった。

しかし、今日は右側に停まっている各駅電車に乗って善光寺下で降り、炎天下を鑑別所まで歩く。事件を起こした少年に会うためだ。どう言葉をかけようかと考える。二つの電車のことが頭をよぎる。「ロマンスカーもいいけど、各駅停車もいいよ」。一歩ずつ歩いて行こう。そう声をかけようと思った。

## 父と河東線

松橋 恵子（上水内郡・66歳）

父は、1枚の記念写真を見せてくれた。子どもから大人まで大勢の人が写っていて、その中ほどに少年の父がいた。初めて見る不思議な写真だった。

夏休みの数日間、叔父の紹介で参加した長野市内で開催された吃音（きつおん）を治す講習会のもので、その後努力もあって完治できたのだという。

「あの時、電車が来なかったから……」と父はポツリと言った。うまく言葉が出ず、友だちや大人にいじめられたりバカにされたりで、とても切なくなった父は、家から数十メートルのところにある河東線のレールの上に横になったが、待っても待っても電車が来ないので諦めて帰って来たことが2度あったという。「今にしてみれば河東線は命の恩人だね」。そう言って写真をしまいはじめた。

3日後、私は進学のため河東線に乗り、屋代駅まで行き上京した。父の話は「はなむけ」として胸に刻んで。四十数年前のことです。

## 戻ってきた電車

峯村 美津子（長野市・69歳）

60年も前のお話です。私の母の実家は須坂市井上、子供の頃、お盆にもお正月にも農繁休業にも「おばあちゃんの家」へ行って遊んでいました。上田から汽車で屋代まで、屋代駅で長野電鉄に乗り換え井上まで。

その時は私が小学2年生、私はもうすぐ井上、とわくわくする思いで、電車が川田の駅に到着し電車のドアが開いた時、ホームに降りたのです。そしてまた電車に乗って、またホームに降りてまた乗って、また降りて……と、その時、電車のドアは閉まって発車してしまいました。

大きな声で泣き出した私に、駅員さんか運転手さんが気付き、なんと、電車がバックしてくれたのです。私は川田の駅に取り残されることなく再び電車に乗せてもらいました。

子供ながらに少し恥ずかしかったのですが、あの頃は世の中も電車も、時間ではなく、ひとの気持ちで動いていたように思います。

## 鳥鉄

宮崎 愛斗（須坂市・19歳）

鳥鉄とは「鳥瞰図を楽しむ鉄道ファン」のことである。勿論これは造語であり、鳥瞰図が好きな私が勝手に考えた。

鳥瞰図とはなにか。これは端的にいえば、大正・昭和初期の絵師による観光地図である。まだカラー写真のない時代に人々は絵を見て旅をした。出会いは高校時代、『長野鉄道沿線名所案内』（大正15年）を探求したことに始まる。地図なのに至る所に湯煙、傍らには可愛らしいスキーヤーがいた。なるほど、温泉やスキー場は格好の鳥瞰図の舞台になったわけだ。路線図として実用的な一方で遊び心に感銘を受けた。

それ以来、私は今昔を比べる時間旅行を楽しむようになった。特に吉田初三郎作品は素晴らしい。神秘的な群青色の山々、大胆なデフォルメは彼の専売特許だ。日本中を描いただけに地元長電を何度も描いていることがうれしい。横3ｍを超える主絹本原画は長野駅にある。新しさばかりが評価される今日、息苦しさを感じたら「鳥鉄」をお勧めする。

# 私の社会人出発駅、湯田中。

宮下 和彦（長野市・67歳）

昭和51年春、長野電鉄に入社した私の最初の勤務地は湯田中駅。直通急行「志賀号」が上野から1日2往復で乗り入れていました。1時間弱の折り返し時間には汗だくで、手分けして車内清掃をしましたが、都会のゴミや喧騒（けんそう）が、1本のレールに乗って直接運ばれて来ることを何故（なぜ）か誇らしく感じていました。出札口では国鉄の連絡乗車券も発券していましたが、入社間もない私は、国鉄の駅名を覚えるのに大変苦労しました。

終電後の楽しみは、近くの旅館へもらい湯に行くこと。「今日はお客さんを紹介してくれて有り難う」とビールを出してくれる時もあり、地元とのつながりの深さを実感しました。

泊まり勤務明けの非番公休を利用して一人旅にも出かけましたが、職務乗車証で乗せてくれる私鉄もあった良き時代でした。

アッと言う間の3年間でしたが、湯田中は乗客や地元の方々から多くのことを学ばせてもらった貴重な社会人出発駅となりました。

電車に乗るスキー客が大行列をつくる湯田中駅前＝昭和46年2月（小西純一さん提供）

## 車両の荷台がベビーベッド

宮本 圭子（須坂市・74歳）

昭和20年8月13日、長野市内の上空は朝から異常な雰囲気となった。戦争が激化して長閑な長野市内の空にも敵機が飛び交っていた。家族は、須坂の親戚を頼って疎開することになった。

電車で須坂駅まで向かう予定が、長野駅周辺で爆撃されて、権堂駅へ着いても電車は運休。戸惑う最中にも容赦なく爆撃が続き、権堂駅舎前に造られた地下壕へ逃げ込んだ。当時の私は生後2ヵ月余り、そこで家族5人は徒歩で須坂へと向かった。須坂で無事に終戦を迎え、再び長野の家に帰るときには電車は超満員だったという。その中で未だ首も据わらない赤ん坊は、人ごみの中で圧迫死されそうになる。

私は荷台の上に寝かされた。その頃の車両の荷台はロープで網状に編まれたハンモックのようなもので、私は辛うじて帰宅することが出来た。後に兄弟からよく当時の話を聞かされ、荷物扱いにされたことに苦笑しながら、混乱の中で守り抜いてくれた人々に感謝です。

## 最後の旅

森山 いさ子（小諸市・64歳）

あ～晴れた！　仕事が忙しい主人を残して、義母と二人旅。長野駅から湯田中駅へ。いつもは足の悪い義母のために車で行くのですが、長野電鉄の長野駅はエスカレーターがあるから大丈夫よと、きょうは電車旅です。私も車でないと車窓からの景色をゆっくり楽しめてとてもいい気分でした。

今日の宿は、義母お気に入りの上林温泉仙壽閣。静かで落ちついていて心から寛げる宿。

母の体のこと、私達夫婦のこと、東京に住んでいる子供達のこと、話は尽きません。ふかふかな布団でゆっくり休み、上げ膳据え膳の嬉しいこと！

最近、いつも疲れた疲れたと言っていた義母の病気がこの直後に見つかりました。闘病生活が始まりましたが、程なく義母は亡くなりました。

あの日の義母の、ゆったりと寛いだ嬉しそうな姿が今も目に浮かびます。もっと一緒に行きたかったね、お義母さん……。見上げる明るい空、3月は義母の祥月命日です。

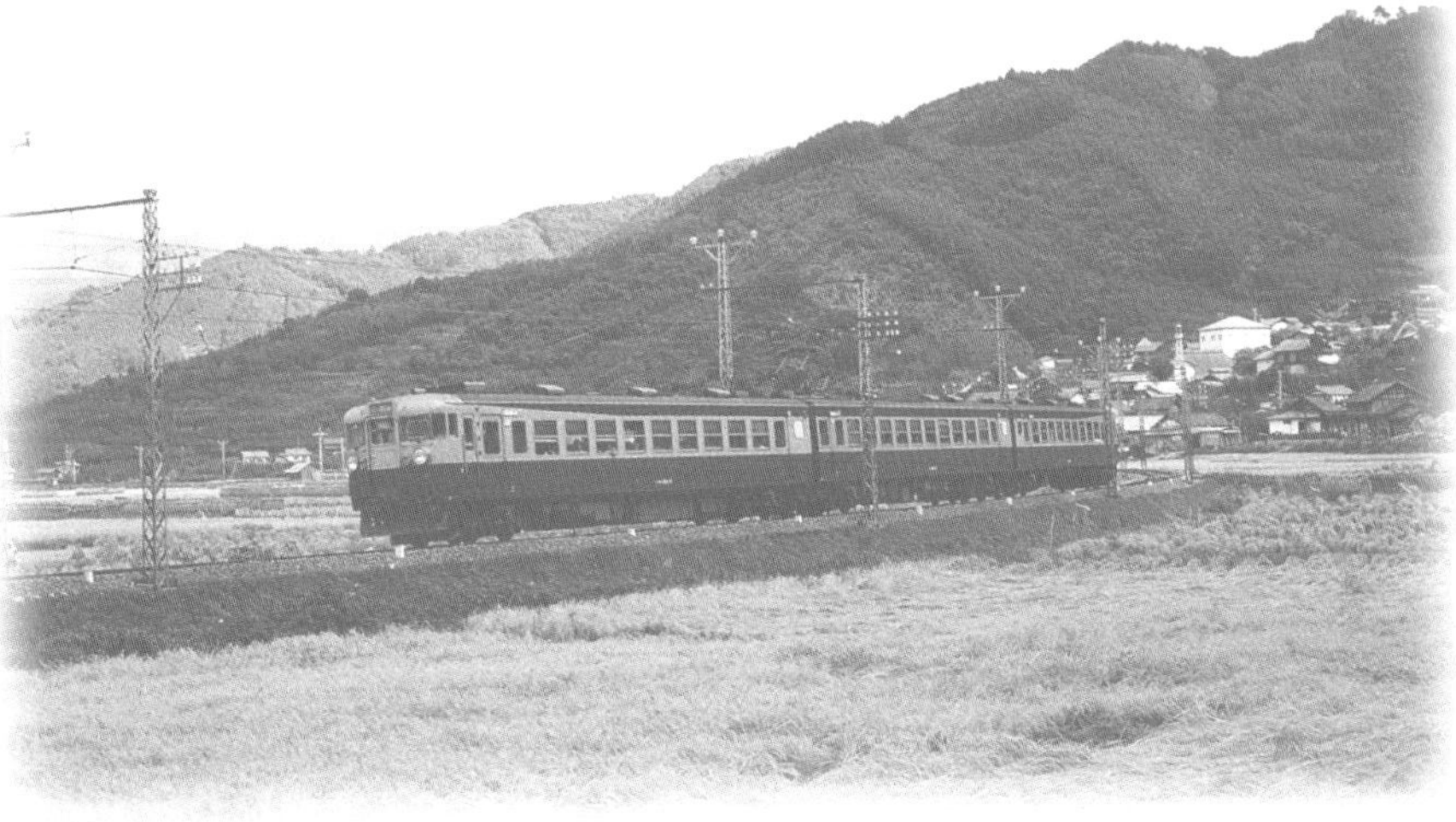

都住―桜沢間のカーブを疾走する国鉄からの乗り入れ急行「志賀」＝昭和45年10月（小西純一さん提供）

# 急行「志賀」の思い出

村山 信子（千曲市・75歳）

東京で働いていた頃、帰省で利用していたのが急行「志賀」だった。年末の信越線夜のプラットホームは帰省客でごった返し長蛇の列をなしていた。故郷への土産を両手に友人たちと列に並んだ。短めのスカートの裾のあたりがスースーして寒く誰も無口だった。

列車がホームに入ってドアが開いた瞬間の席取りはすさまじく、あっという間に座席はうまった。荷物を網棚に、足元に新聞紙を敷き靴を脱いだ。車窓からの夜景がまばらに見える頃には眠りについた。

満員の夜行列車は碓氷峠を越え、長野県に入った。しばらくすると静まり返った車内に「この列車は前寄り3両は長野行き、後寄り3両は湯田中行きになります」との車内放送が流れた。篠ノ井の友は信越線に、松代の友は河東線に、そして私は屋代で降り、それぞれの故郷に向かうのだった。

今、河東線の廃線跡地は枯れ草が寒そうに風にゆれている。「夏草やつわものどもが夢のあと」。ふと芭蕉の句が脳裏をよぎった。

# ありがとう、長野電鉄

柳澤 知子（東御市・42歳）

長野電鉄100年の歴史の中で、我が家が長電ファンになったのは10年程前から。幼い娘が大の鉄道好きだったのだ。数ある鉄道会社の中でなぜ長電が良かったのか――。娘曰く「わくわくする！」からだそうだ。

娘のお気に入りは、マルーンカラーの2000系。車両目当てによくイベントにも参加した。コロンとした丸いレトロな車体は独特で、のどかな長野の田園風景を背にすると、何ともノスタルジックな気持ちになってくる。

ゆけむり号が導入された折には、乗車2時間前から並んで前席に座った。180度のパノラマビューから見る景色は新鮮で、まるで異国を旅しているようだった。スノーモンキー導入の際には、主人も私もすっかり長電の虜（とりこ）になっていた。近未来的な車体がするりとホームに滑り込んできた時は、娘と手を取り合ってはしゃいだ。

長電には数えきれない感動を与えてもらった。ありがとう、長野電鉄。そしてこれからもよろしくね。

お気に入りの2000系と一緒に。りんご色とマルーン色が並んだ（柳澤知子さん提供）

## 双子コンプレックスと電車通学

両角千彬（東御市・33歳）

私は双子だ。瓜二つの妹と、生まれた時からずっと一緒。思春期真っ只中の中学時代、双子の片方としてではなく、個人としての自分を試してみたかった私は、妹とは別の高校に進んだ。信州中野から、妹は須坂、私はその先の東屋代までの電車通学が始まった。

寝過ごしそうな私を起こしてくれた子と友達になった。雨の日だけ乗ってくる彼に恋をした。いつも同じ電車で帰るおじさんに、勤め先の温泉の入浴券をもらった。妹の修学旅行の朝、知らない人に「何してるんだ⁉ 集合は長野駅だぞ‼」と突然言われた。妹の担任の先生だった。電車は毎日、私を、私だけの世界へと運んでくれた。ちょっとした旅だった。

卒業間近、暖房の効いた屋代線の車内で、見慣れた景色を眺めながら、ふと「私は私。双子であることに囚われていたのは私自身だった」と気付いた。電車で通学した3年間が宝物に思えた。この先も、自信を持って私だけの人生を歩んで行こうと勇気が湧いた。

## のんびり夫婦

山岸秋美（須坂市・37歳）

新婚旅行からの帰り路。発車間近の特急列車に飛び乗る。次の列車を悠長に待っていられるものか。しかし遅い。特急列車なのに何故。どうやら私たち夫婦が乗車したのは「特急ゆけむりのんびり号」。各駅停車の列車と同じくらい、むしろ遅いのではないかというくらいゆっくり。早く帰りたいのに。

しかしその思いは180度変わる。

村山橋で一旦停車。橋から一望できる千曲川や信州の山について放送アナウンスが流れた。信州の特産品が並んだ車内販売。ネーミングに惹かれてエリンギ寿司を購入。美味しいじゃないか。手ブレせずに写真も撮れる。なんて粋な計らいだろう。

のんびり号に乗車し、普段忙しなく過ごしている自分たちに反省した。少し立ち止まって風景を眺める、ゆっくり目的地へ向かう――。マイナスなことはない。人生急がず焦らずを教えてくれたかのような「のんびり号」。新婚さんに限らず、お勧めしたい特別列車だ。

## 私にとってのメモリアルパーク

山本　聡美（長野市・31歳）

ここ1年通い続けている場所があります。2人目が産まれてあれる長男。なかなか寝ない次男。家に居るのが本当につらかった。そんな時いつも行くのは、村山のメモリアルパーク。雨の日も雪の日も、嫌な気持ちになると3人で電車を見にメモリアルパークに出かけました。次男を寝かせ長男と電車タイム。3人すっきりして家に帰りました。

あれから1年が経ち、メモリアルパークだけではなく、散歩がてらいろいろな所に長電を見に行っています。長男は長電の運転手になりたいそうです。次男は生後1ヵ月から電車を見ていたせいか、初めて手を振ったのは長電に。3語目の言葉は電車。今では3人で楽しく電車を見ています。

学生の頃何も考えず乗っていた長電。今では育児の大切な戦友です。きっとこれからも長電にたくさんお世話になり、メモリアルパークに通い続けると思います。村山のメモリアルパークを通るたびに、子どものことを思い出し続けると思います。

## これからもよろしくね、長野電鉄！

吉澤　奏汰（長野市・11歳）

僕は、長野電鉄と共に成長してきました。小さい頃は母に抱っこされて、家の近くの長野電鉄の線路沿いで毎日電車を見ていました。最近は休日のたびに、家族で須坂駅に行き、父から借りたカメラでたくさんの電車を撮るのが大好きです。

そんな中、僕は長野電鉄の歩みにとても興味を持ちました。一つ目は、特急電車についてです。インターネットで調べてみたら、今走っている特急電車の前に2000系という特急電車があったことを知りました。僕が4歳頃の時まで走っていたらしいのですが、記憶にありません。写真を見たら、他にはない形がとてもカッコよかったです。

二つ目は、屋代線についてです。屋代駅は、祖父母の家の近くです。こんな近くに長野電鉄が走っていたのかと思うと、わくわくします。緑の中を走る屋代線を見てみたかったです。

僕は、これからも変わっていく長野電鉄を見続けていきたいなと思います。

## 木島線によせて（平成14年3月31日のこと）

吉田　長美（長野市・69歳）

その日の昼下がり、木島行きの電車は中野駅を静かに発車した。

南信の実家の近くに木島平村出身のおばさんがいて、幼い頃よく木島線の話をしてくれた。中野の女学校まで、長野の街まで、さらにその先の世界へと続く線。菜の花の咲く千曲川沿いを、また紅葉や雪の北信五岳を望みながら走るという話は、おとぎ話のように心に染みた。笑いあり涙ありの話はいつも「ああもう一度乗れないかなあ」で終わっていた。望郷心溢（あふ）れた話は、いつしか私の心の故郷を走る線となり、いつの日か乗ってみたいと思うようになった。が、その機会を得ぬままとうとう運行最後の日を迎えてしまった。

発車して間もなく、車窓に名残の雪が舞い始めた。車内も終着駅も廃線を惜しむ人々で溢れていた。その人混みに紛れ、今度は中野駅までのキップを買い車内で発車を待った。そして遠い日のおばさんと自分自身に語りかけた。「とうとう来たよ。木島線に乗っておばさんの故郷、木島平村へ！」

## 自転車が電車にのってやってきた

依田　博（東京都練馬区・64歳）

昭和35年頃、権堂駅はまだ地上にあった。祖父が須坂の勤めから長野電鉄に乗って田町にあった自宅に帰ってくると、私を再び駅へ連れて行ってくれた。そこで私が見たのは、真新しい子供用の自転車であった。お前もそろそろ大きくなってきたから、自転車を買ってきたよ、と言われた。

今になって思うと、祖父は須坂の自転車屋で孫の自転車を買い、長野電鉄のチッキ（手荷物便）を使い、電車に載せて運んできたのではなかろうか。祖父は駅で引き取った、補助輪の付いた小さな自転車を、私と一緒に引っ張ったり、押したりしながら、踏切を渡り、家まで運んで帰ってきた。

私は大喜びではしゃぎながら家に帰ってきたことと思う。自転車が電車にのって、わが家にやってきたのである。当時はトラック便が今ほど発達してなく、国鉄も長野電鉄もチッキを取り扱い、物流の重要な役割を果たしていたようだ。いつ頃チッキは廃止されたか、私にとっては楽しい思い出である。

# 記憶と屋代線

六川 宗弘（千曲市・57歳）

長野電鉄の屋代線の廃止直前に、今も続いている千曲市演劇祭で、松代高校と篠ノ井高校の演劇部が創作劇『黄昏電車』を上演した。

2人のおばあちゃんが乗った車両に、女子高生が乗り合わせてお喋り(しゃべ)が始まる。そこに鉄オタの田中君も加わって、4人を乗せて終点に向かう黄昏電車――。沿線に住む生徒が脚本を書き、通学で利用する生徒が舞台に立った。

脚本作りのため河東線の歴史を調べ、利用した方に思い出話も聞いた。大道具作りや踏切通過の効果音を録音するために電車に乗り、車内の風景も心に刻んだ。屋代線への感謝と記憶に残してほしいと願う高校生の素直な気持ちが、台詞(せりふ)から観る人に伝わる劇だった。

劇の上演から8年。線路は跡形もなく、駅も取り壊され、彼らもそれぞれの道を歩んでいる。風景はかわってしまったけれど、上演した劇と屋代線のことは、今でもしっかり覚えている。覚えている人がいる限り、屋代線は記憶の中で今でも走り続けている。

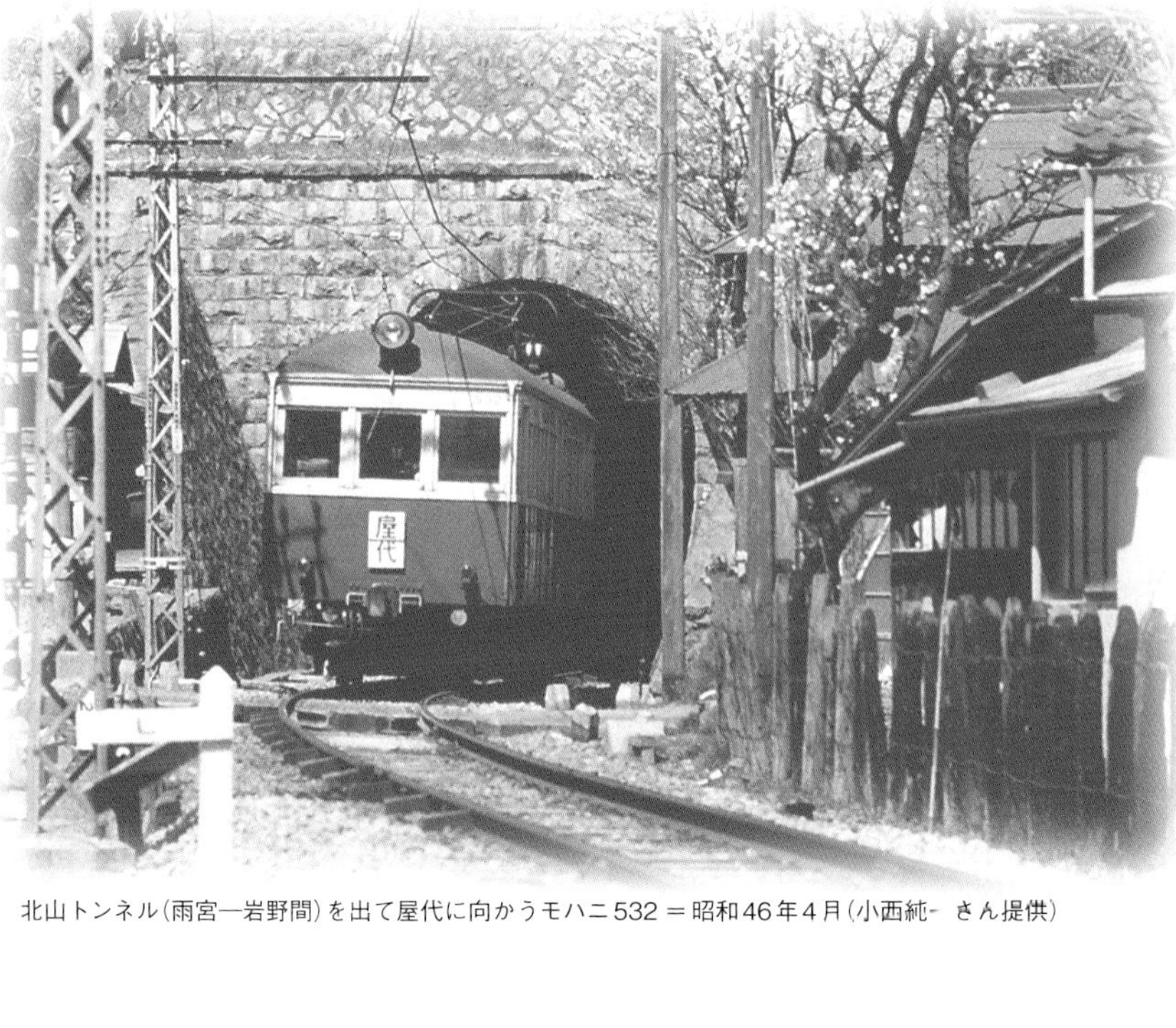


北山トンネル（雨宮―岩野間）を出て屋代に向かうモハニ532＝昭和46年4月（小西純一さん提供）

# 父の失敗

若槻　俊樹（長野市・48歳）

　私が小学生の頃、父と弟と一緒に権堂へ出かけた時の事です。当時、仕事のため関西で働いていた父と出かける事は、とても楽しみな事でした。

　映画を観て、お昼を食べた後、長電で帰る事になりました。権堂駅で切符を買い改札を入った時、ちょうど電車が到着する音が聞こえてきました。「いそげ」。そう言って父は階段をかけ降り、私達が電車に乗るまでドアが閉まらないよう出入り口に立っていました。「間に合って良かった」

　ホッと一息ついた私達は、母の待つ柳原駅へ向かいました。「終点、朝陽です」。その放送で初めて、私達は朝陽止まりの電車に乗った事に気付いたのでした。折り返し長野駅へ走り去った赤がえるを見送りながら「あわてて乗らなくてもよかったな」とつぶやいた父の顔は、少しバツが悪そうでした。

　父も母も亡くなり、長電も銀色の電車になりましたが、この日の出来事は幼い日の想い出として私の心に刻まれています。

# 私と長野電鉄線

若林　悠太（千曲市・34歳）

　私が初めて長野電鉄の河東線に乗車したのは、小学校の社会見学で、屋代駅から象山口駅まででした。長イモ畑の中を単線で走行していたので、子供心にどうやって擦れ違うのか不思議に思ったのを、今でも覚えています。

　それからは御多分にもれず車社会、乗車する機会は数回程度に減りました。その私が高校生になり、列車を乗り継ぎ長野駅から本郷駅まで3年間遅刻せずに通学できたのも、時間正確で天候に左右されにくい電車ならではのお陰です。その後進学した大学も、東京の本郷にあったので、地名に縁を感じました。

　社会人になってからは、転勤族で殆(ほとん)ど乗車する機会はなくなりましたが、旅行先の駅前書店でふと見つけた河東線のＤＶＤは迷わず直(す)ぐ購入、観光地の見物よりも、早く帰宅して見るのが待ち遠しかったです。案の定とても懐かしく、県職員だった亡き祖父も、屋代駅から須坂駅まで通勤していたので、さぞかし見たかっただろうと思うと残念でなりません。

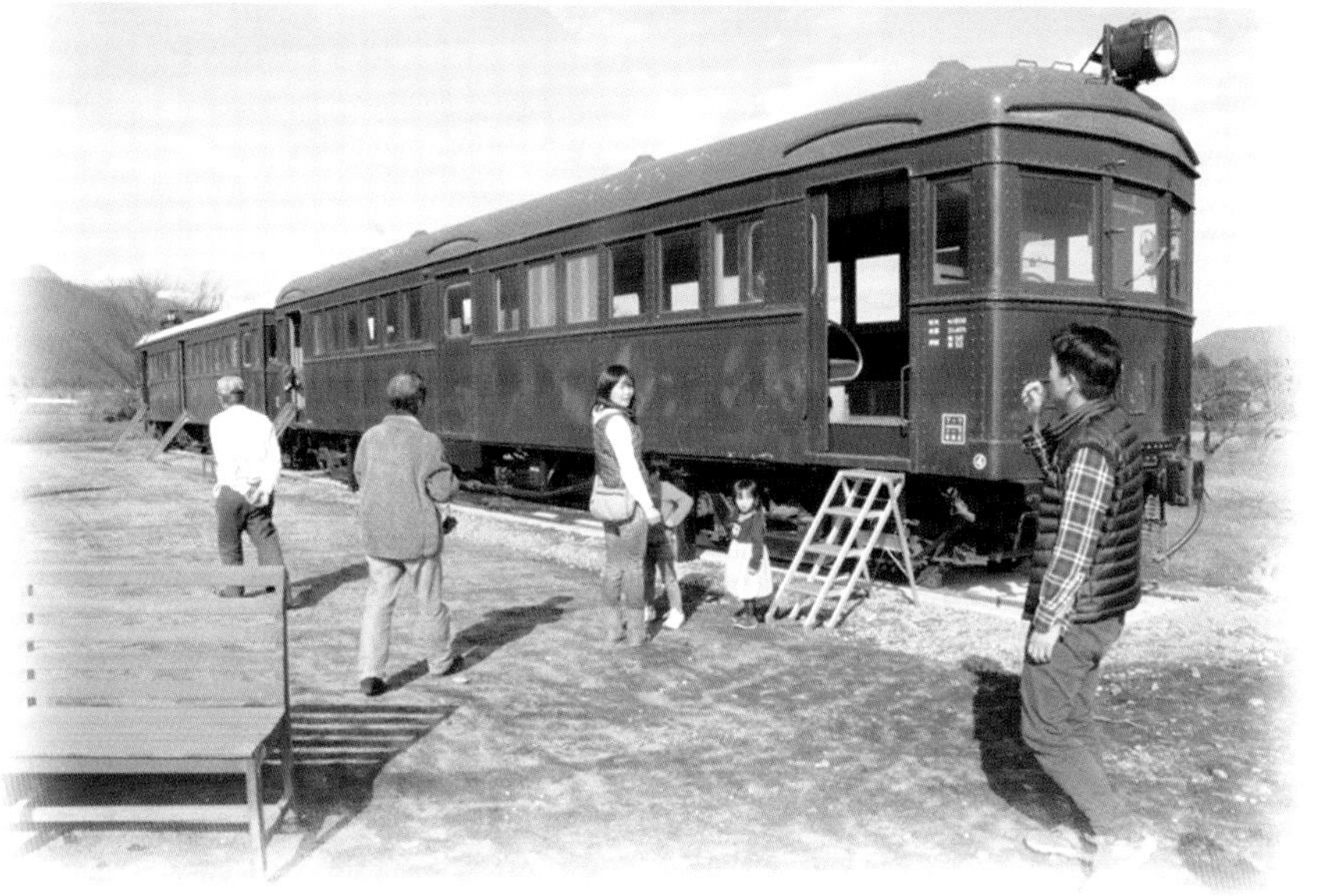

安曇野ちひろ美術館の隣接地に置かれたデハ201、モハ604＝平成26年11月＊

## 心揺さぶる！トットちゃんの電車がやってきた。

和田 珠実（安曇野市・46歳）

「長電の電車、トットちゃんの電車校舎になる！」のニュースを聞いて万歳した。屋代線が廃線になり寂しく思っていたところ。「電車校舎に再現」なんてうれしすぎ。おまけに「窓ぎわのトットちゃん」同様、お泊まり会をして夜中に引っ越してくる電車を待つというのだ。「長電さんやるね〜！」とニヤリ。Ｇｏｏサインもしちゃったよ。

子供の頃『窓ぎわのトットちゃん』を読み、黒柳徹子さんを大好きになったから企画にわくわく、ドキドキ。すぐに娘と川田駅に電車を見に行った。一緒に写真を撮ったり、たっぷり長電を楽しんだ。当日、電車は大勢のファンに見送られて出発。「愛されていたんだなぁ」と長電愛をひしひしと感じた。

「電車の図書館」「電車の教室」に生まれ変わった電車。輝き続けているね。偶然に私も安曇野に移住。「わくわくをもう一度」と時々足を運んでいる。これからも現役時代同様、屋代線での勇姿を背に活躍してね。生まれ変わった君たちに、大勢の人が乗るからね。

## 子どもと一緒に乗ったO２編成ラストラン

和田 有紀子（長野市・39歳）

小学1年生になる私の息子は電車が大好きで、特に通っていた幼稚園から走っている様子が見えた長電が大好き。ランドセルも「長電のラインみたい」と、赤いラインの入っているランドセルを選びました。

最近は12月7日、15日にO２編成ラストランイベントに参加しました。両日とも、大人の鉄道好きの人が集まるイベントで、小さな子どもは楽しめるのか、不安でしたが、息子は目を輝かせて大喜び。周りの方々も「あと10分くらいで、O２編成来るよ」と教えてくれたり、「写真とるのに良い場所取れたね」と言ってくれたり、運転士さんは最後に「良い写真とれた？」と気にかけてくれたり、帰りの電車乗り場が分からなかったら「長野行きはここで大丈夫ですよ」と教えてくれたり……。

日常生活では知らない人と言葉を交わすこともないのに、知らない人の親切にたくさん触れることができたO２編成ラストランは、とても良い思い出になりました。

## ありがとう、長野電鉄

渡辺 佳子（須坂市・69歳）

55年前の3月、15歳の私は看護学校の寮にはいる為、家族と離れる寂しさに負けそうになりながら硫黄の臭い漂う須坂駅から電車に乗った。2年後、准看護師として神奈川の病院で働く為、再び須坂駅から電車に乗った。看護の仕事は喜びもあったが、日々生と死と向きあう厳しいものでつらい事の方が多かったが、夏休みを楽しみに働いた。

8月、初めての帰省、須坂までの一人旅は嬉しさよりも不安でいっぱいだった。

上野駅の18番線ホームだったと思う。見覚えのある緑の車体に黄色のラインをつけた湯田中行きの電車が私を待っていてくれた。これで帰れる。お帰りと言われたような気がして涙が出た。電車は6時間かけて私を故郷に連れて帰ってくれた。

思い返すと私の人生の節目にはいつも長電の電車があった。あれから電車の色は変わったが、走る電車を見ながら伝えたい。ありがとうと。

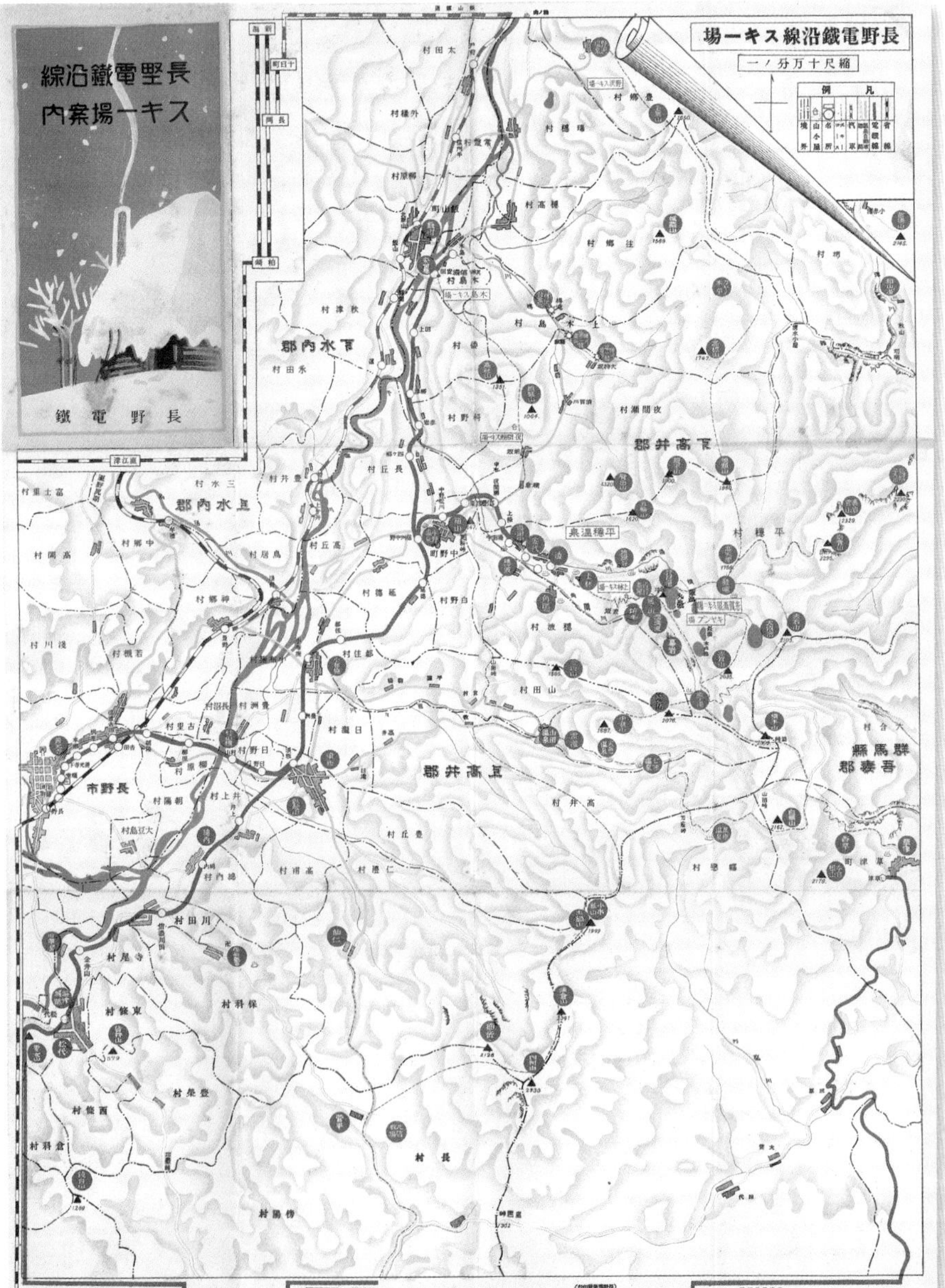


長野電鉄発行の「沿線スキー場案内」。発行時期は不明だが、駅名や駅の開業状況、周辺路線（飯山鉄道）などの表記から昭和5年（1930）以降数年間のものと推測される。赤丸は主な観光地。スキーコース（赤点線）は数km～10km超の山越えなどの長距離も。当時の市町村区分も分かる。

## 参考文献・資料


### 第1章

▶書籍

日本鉄道請負業史 明治篇（社団法人鉄道建設業協会、1967）
新版角川日本地名大辞典 DVD-ROM（角川日本地名大辞典編纂委員会編、KADOKAWA、2011）
長野電鉄80年のあゆみ（長野電鉄総務部編、長野電鉄、2000）
信州の鉄道物語〈下〉走り続ける鉄道編（小林宇一郎・小西純一監修、信濃毎日新聞社、2014）
地方鉄道軌道一覧（鉄道省監督局調、社団法人鉄道同志会、1932）＝アテネ書房1993 復刻

▶雑誌

鉄道ピクトリアル 通巻第431号（昭和59年4月臨時増刊より「長野電鉄よもやま話」）
ポケット汽車汽船旅行案内（大正11年9月号、旅行案内社）
公認汽車汽舩旅行案内（大正16年1月号、旅行案内社）

▶文書

鉄道省文書　国立公文書館蔵
「長野電鉄（元河東鉄道）」巻一　大正9年～11年
「長野電鉄（元河東鉄道）」巻二　大正12年～14年
「長野電鉄（元河東鉄道）」巻三　大正15年
「長野電鉄（元長野電気鉄道）」全　大正12年～15年
「長野電鉄」巻四　昭和2年
「長野電鉄」巻五　昭和3年
「長野電鉄」巻六　昭和4年～8年
「長野電鉄」巻七　昭和9年～14年
「長野電鉄」巻八　昭和15年～21年
「長野電鉄」昭和22年～24年
「長野電鉄」昭和25年・26年
「東武鉄道」巻一二　昭和2年

▶インターネット

中野市合併10周年記念 ふるさと地名百科 ～豊田地域編～（中野市）
Carl Roman Abt　ウィキペディア（ドイツ語版）

### 第2章／資料編

長野電鉄80年のあゆみ（長野電鉄総務部編、長野電鉄、2000）
神津藤平の横顔（長野電鉄株式会社、1961）
信州人物風土記・近代を拓く12 神津藤平（宮坂勝彦編、銀河書房、1989）
信州の鉄道物語〈上／下〉（小林宇一郎・小西純一監修、信濃毎日新聞社、2014）
電車たちの「第二の人生」（梅原淳、交通新聞社、2018）
信濃の橋百選（「信濃の橋百選」刊行会、信濃毎日新聞社、2011）
長野県鉄道全駅 増補改訂版（信濃毎日新聞社出版部編、信濃毎日新聞社、2011）
信州観光パノラマ絵図（今尾恵介監修、信濃毎日新聞社出版部編、信濃毎日新聞社、2013）
週刊 歴史でめぐる鉄道全路線 公営鉄道私鉄22号（朝日新聞出版、2011）
日本鉄道旅行地図帳〈北信越〉（今尾恵介監修、2008）
図説日本の鉄道 中部ライン第9巻（川島令三編著、講談社、2010）
DVD長野電鉄1000系ゆけむり（日本車輛製造／ビコム、2007）
信濃毎日新聞記事、沿線市郡町誌・史



写真・資料提供（敬称略）

今尾恵介　　共同通信社
内山郁夫　　国際日本文化研究センター
小西純一　　信濃毎日新聞社
藤本一美　　長野電鉄株式会社
谷和原のぞみ
渡辺浩太郎


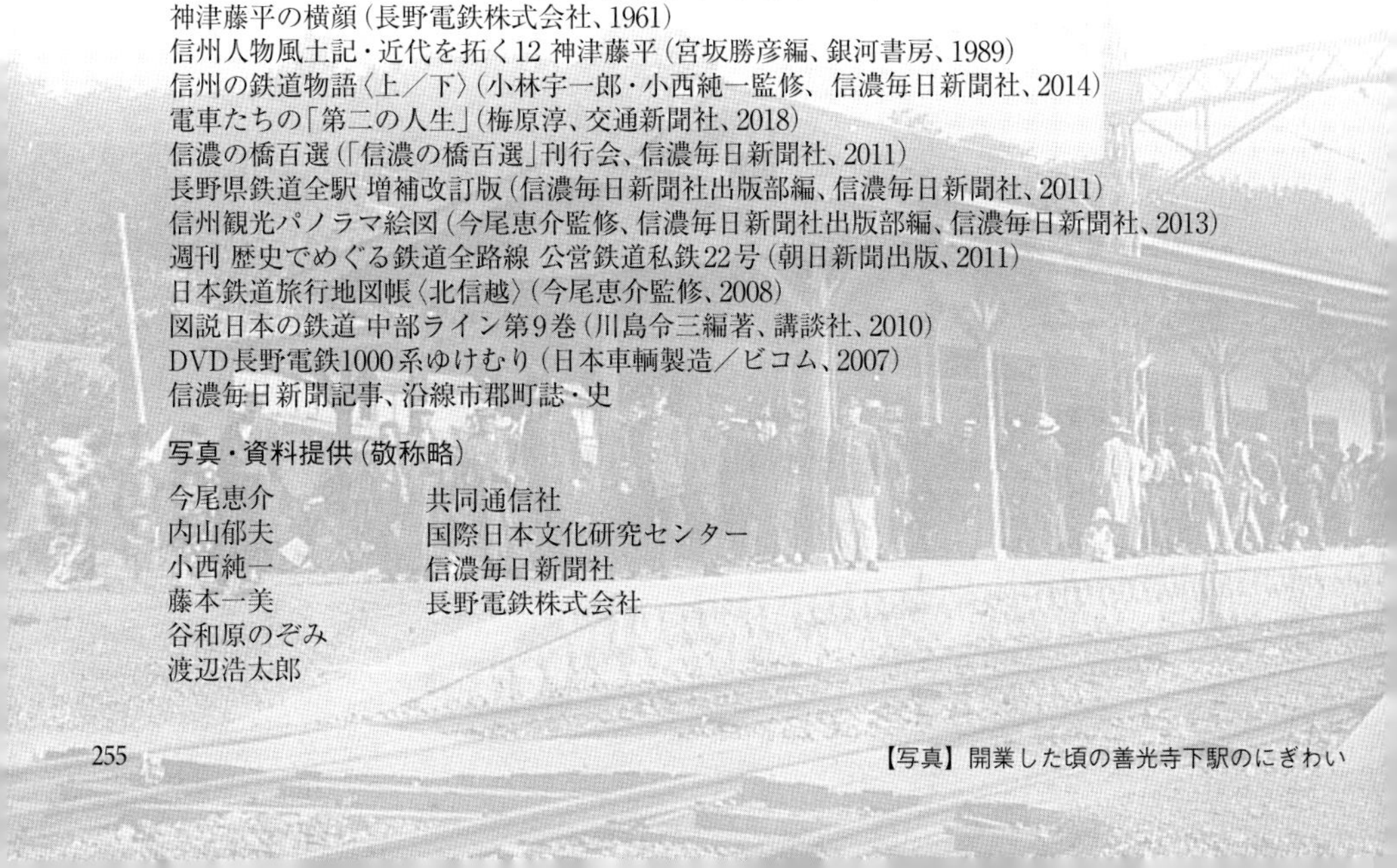

【写真】開業した頃の善光寺下駅のにぎわい

【著者】**今尾恵介**（いまお・けいすけ）

1959年横浜市生まれ。地図研究家。明治大学文学部中退。中学生の頃から国土地理院発行の地形図や時刻表を眺めるのが趣味。音楽出版社勤務を経て、1991年にフリーランサーとして独立、1991年より執筆業を開始。地図や地形図の著作を主に手がけるほか、地名や鉄道にも造詣が深い。主な著書に『地図で読む戦争の時代』『地図と鉄道省文書で読む私鉄の歩み』（白水社）『鉄道でゆく凸凹地形の旅』（朝日新書）『地図帳の深読み』シリーズ（帝国書院）など多数。現在（一財）日本地図センター客員研究員、（一財）地図情報センター評議員、日本地図学会「地図と地名」専門部会主査。

【鳥瞰図作成】**村松昭**（むらまつ・あきら）

1940年千葉県市川市生まれ。都立立川高卒業、桑沢デザイン研究所などでデザイン、油絵、リトグラフ（石版画）を学び、1972年頃より絵地図、鳥瞰図を作成を開始。主な作品に『北陸新幹線鳥瞰絵巻』『南アルプス鳥瞰絵図』（信濃毎日新聞社）など。府中市在住。

●編集・執筆　内山郁夫（信濃毎日新聞社出版部）

●ブックデザイン　酒井隆志　●路線図作成　株式会社千秋社

# 長野電鉄百年探訪

## 公文書・報道・記憶でたどる地方鉄道の歴史

初 版 発 行　2020年8月31日
第3刷発行　2021年12月24日

著　　者　今尾恵介
編　　者　信濃毎日新聞社出版部
共同企画　長野電鉄株式会社
発 行 者　信濃毎日新聞社
〒380-8546　長野市南県町657番地
電話 026-236-3377　ファクス 026-236-3096
https://shop.shinmai.co.jp/books/
印 刷 所　信毎書籍印刷株式会社
製 本 所　株式会社渋谷文泉閣

ISBN978-4-7840-7370-2　C0021

# 長野電鉄長野線 線路縦断面図
および略平面図 作図:今尾恵介

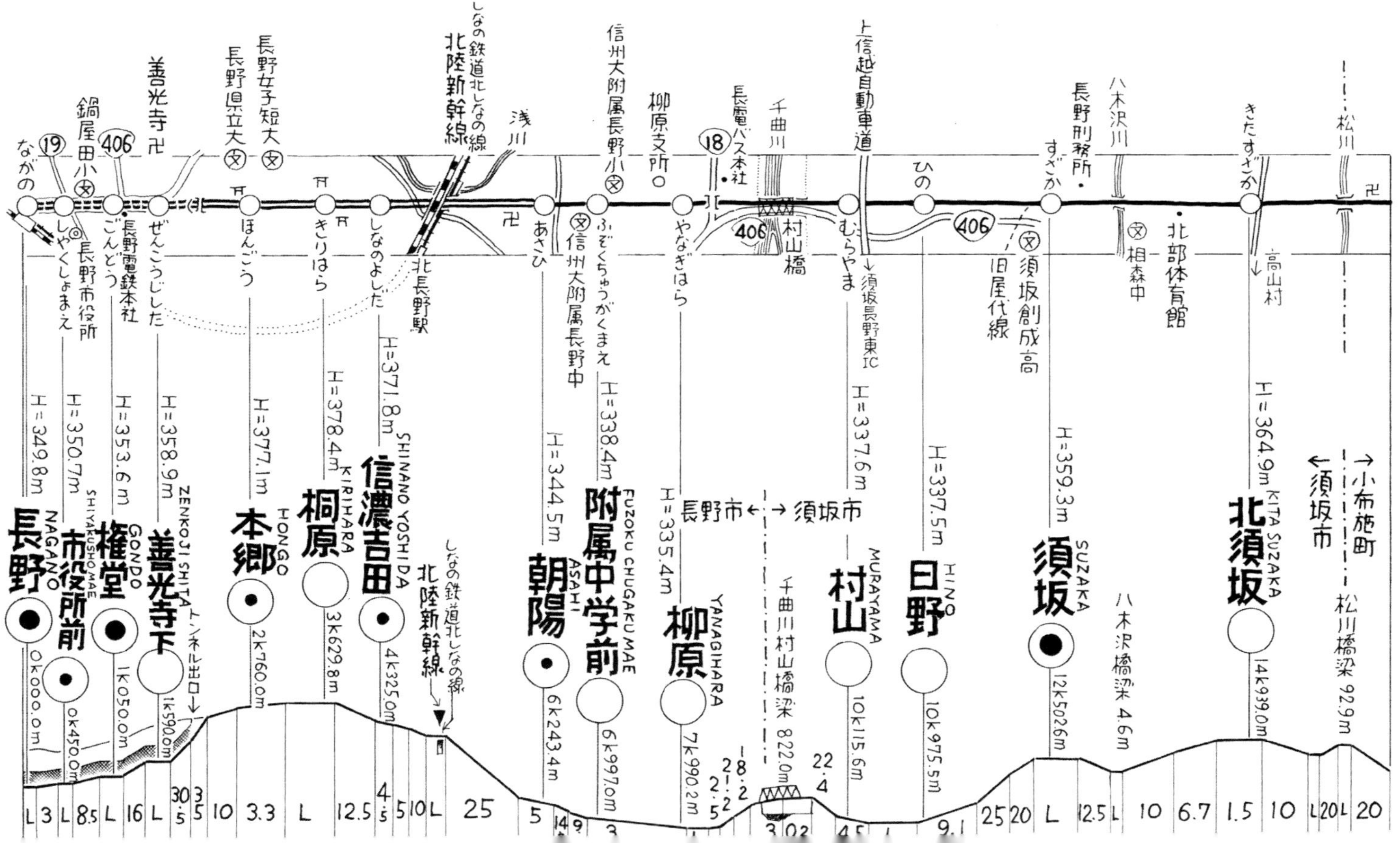